KB233010

교양인의 삶

과학과 철학의 소통

이담
Books

이 책은 필자가 대학에서 철학 교양 강좌를 하면서 틈틈이 모아 둔 자료들을 묶은 것이다. 그러니 구성이 조잡하고 엉성하다는 것을 먼저 고백하지 않으면 안 될 것 같다.

이미 다른 책들에 있는 내용들과의 중복을 피하기 위해 때로 논리 비약이 있음을 고백한다. 나는 주로 자연과학부 학생들과 공대생들을 상대로 강의하고 있다. 나는 이들과 대화의 필요성을 절감했다. 그래서 수학과 자연과학을 공부하지 않으면 안 되었다. 전문화는 필요하지만 동시에 통섭도 같이 요구된다. 하지만 학제 간 대화는 전문성을 잃지 않으면서도 유지되어야 하는데 이것은 늘 과제로 남는다.

오늘의 우리를 이해하기 위해 우리가 어떻게 살아왔는가를 이해하는 것은 중요하다. 철학에 있어서 고전은 그것이 아직도 우리에게 생생하게 말을 걸기 때문에 고전이라는 자격을 얻는 것이다. 고전은 대화를 지속적으로 이어 갈 수 있을 때만 그 의미를 얻는다. 철학사에서는 수없이 많은 저서들이 있었지만 고전을 이어 가는 작품은 그렇게 흔하지 않다. 나의 강의는 오늘의 우리에게 말을 걸어오는 그런 근본적인 문제들에 향해 있다. 지금도 이것은 변함이 없다. 고전은 늘 현재를 창조할 수 있는 그런 대화로서 우리에게 말 걸어온다.

한 공대생이 나에게 물었다. 도대체 무엇 때문에 우리가 철학을 해야 하고 배워야 되는 것인가? 너무 근본적인 질문이라 나는 말문이 막혀 버렸다. 이미 아도르노는 "무엇을 위한 철학인가?(Wozu noch Philosophie?)"에서 이와 유사한 질문을 던지고 대답하고 있다. 우리는 살아가면서 이런 문제를 피할 수가 없다. 인간이 인간에 대해 근본적으로 탐구하기를 원한다면 이 물음은 언제나 철학의 고유 물음을 형성할 것이다. 나는 이미 『성좌』라는 저서에서 이 문제를 다룬 적이 있었다.

철학은 예나 지금이나 제일 근거를 묻지 않을 수 없다. 탈레스 이후로 오늘의 철학적 최후근거 요구에 이르기까지 이 근본 물음이 철학에서 사라진 적은 한 번도 없었다. 하지만 제시된 대답이 불충분하기 때문에 철학사가 비판적으로 탐구되어 온 것 역시 사실이다. 물음은 방향이 있어 왔고 그 해결은 미완성의 과정에 있는 방식으로 전개되어 왔다. 그리고 이 물음에 대한 대답은 지금도 진행형이다. 철학과 과학이 비록 하는 역할 때문에 구별될 필요는 있지만 배척관계에 있을 필요는 없다. 과학은 근원적으로 사고하지 않는다는 하이데거의 반과학적 사고는 어느 정도 수정되지 않으면 안 된다.

오늘날 과학은 전 세계가 평준화되어 가는 경향이 있다. 아는 것이 힘이다. 힘이 지배한다. 그렇다면 힘이 지배한다는 것이 도출된다. 과학에서 힘은 원리를 이해하고 지배하는 데 있다. 아인슈타인의 일반상대성 이론을 공부하기 위해 우리가 아리스토텔레스의 운동론을 공부할 필요는 없다. 자연과학에서는 원리를 아는 것은 필요하지만 그것이 반드시 역사적 공부까지 포함할 필요는 없다. 이것은 수학도 마찬가지다.

학문이 유럽의 것이었다는 주장만큼 이데올로기를 반영하는 것도 없다. 자연과학에서는 원리를 이해하고 지배하는 자가 승자가 된다. 무한경쟁 시대에 누가 이것을 먼저 확보할 수 있는가가 중요하다. 과학의 거센 도전 앞에 철학은 학문의 타당성 자체가 좁혀지거나 의문시 되어 가고 있다. 철학이 과학에 대해 메타 근거를 줄 수 있다는 것만큼 시대착오적인 주장도 없다. 과학자들은 과학철학으로부터 어떤 영감도 얻지 못한다고 불평하고 있다. 철학이 제도적 관성에 사로잡혀서 문헌학적 엄격성을 재생산할 때 철학은 때로 현실과 무관한 것을 재생산하고 있는 것이다. 고립되면 사람들은 천재가 되는 경향이 있다. 물질들이 없어지면 시간과 공간도 같이 사라진다고 아인슈타인이 주장하고 있는데도 불구하고 대학은 여전히 칸트의 시간과 공간의 선험적 형식을 가르치고 있다. 그러니 영리한 공대생들이 도대체 철학 교수들은 무슨 말을 하는지 알 수 없다고 푸념한다. 그리고 이 푸념은 지극히 정당한 항의다. 학제 간의 대화는 필요하지만 철학은 이제 이 대화를 주도적으로 이끌고 있지 못하다.

근거를 제시하는 능력(logon didonai)은 학문의 기본이다. 검증되지 않은 삶은 살 가치가 없는 것이다. 검증을 통해 살아남은 것만이 진리를 얻을 자격이 있다. 우리는 이 점에서 독사(doxa)를 참인 것(really real)으로 입증할 수 있어야 한다. 이것이 이 책에서 말하고자 하는 기본 골격이다. 나는 이런 관점에서 철학과 과학의 지속적인 대화가 필요하다고 본다. 이 필요성은 내가 공대생들과 대화하는 것을 매우 즐겁게 하고 있다.

제1부에서는 학문일반과 우리의 일상생활 모두가 근거를 제시하는 능력과의 연관 아래 다루어지고 있다. 제2부에서는 학문일반과 과학

의 관계가 포괄적으로 설명되었다. 제3부에서는 근대 학문의 근본 위상이 검토되고 있다. 여기에서는 합리화의 성립 배경과 그 영향으로서 탈합리화가 왜 뒤따르게 되었는지를 불충분하나마 문제중심적으로 다루어지고 있다. 제4부에서는 인간의 실천적 삶이 어떻게 의미 있는 공동체를 형성하는가가 다루어지고 있다. 그리고 끝 부분에서는 완결되지 못한 잡다한 단상들이 열거되었다. 여기서는 어떤 완결된 것을 전달하는 것이 목적이 아니다. 그것은 가능한 한에서 같이 생각해 봄으로써 공통의 관심사를 더 확장하려는 의도에서 쓰인 것이다.

나는 어떤 경우에도 학문이 이데올로기화되는 것을 거부하고 비판한다. 이것은 이 책 전체에서 자주 확인된다. 나는 이 점에서 학문을 이데올로기화하는 학파나 패거리 집단들을 아주 경멸한다. 진리가 학자들을 심판하지 학자들이 진리를 독점하는 것은 아니다. 이 자명한 기본조차도 안 지켜지는 것이 우리 학계의 슬픈 현실이다. 철학 용어 하나를 통일해서 사용하기 위해 온갖 인맥을 동원하는 것을 보면 한심하기 짝이 없다는 생각밖에 들지 않는다. 벌거벗은 임금들이 너무 많은데 아무도 밥벌이 때문에 벌거벗었다고 말하지 못하고 있다. 교조 우상화는 학문의 발전에 암적인 방해물인데도 불구하고 현실적 불이익 때문에 누구 하나 나서지 못한다. 분서와 갱유는 예나 지금이나 존재한다. 니체는 자신이 니체주의의 교조가 되는 것을 거부했기에 스스로를 망치로 비유하면서 철학사 전체를 회의와 비판적으로 대결할 수 있었다. 니체의 사고를 공유하든 아니면 비판하든 간에 니체는 진리가 어떤 경우에도 우상화되어서는 안 된다는 것을 분명하게 천명한다.

하늘 아래 새로운 것은 없다. 하지만 모든 것은 철저하게 검증되지 않으면 안 된다. 오직 검증을 통해서 살아남은 것만이 고전의 자격을 얻을 수 있다. 강요된 고전이 아니라 살아 움직이면서 우리에게 대화를 할 수 있는 그런 고전이 필요하다. 나는 공대생들에게 이런 것을 가르치려고 노력했다. 물론 나의 노력 자체가 검증되어야만 하는 것은 말할 필요도 없다. "교사는 그러면 누가 가르치는가?"라는 물음은 늘 필요하다.

이정일

목 차

제3부

제1부

1장 삶의 검증

1. 믿고 있는 것을 참으로 완성하기

우리 모두는 우리가 알고 있는 것을 너무 자명한 것으로 알고 있기에 의식적으로 이것을 검증하며 살고 있지 않는 경향이 있다. 우리가 너무 잘 알고 있다고 믿고 있으며 또한 우리가 잘 알고 있다는 것을 맹신한 나머지 우리는 우리 선입관의 포로가 되어서 그것에 희생당할 때가 종종 있다. 우리가 우리의 고정 관념의 포로에 사로잡힐 때 우리는 새롭게 경험할 수 있는 기회 자체를 우리 스스로가 가로막고 있는 것이다. 이런 점에서 플라톤의 동굴의 우화가 잘 지적한 것과 같이 우리는 자기 선입관의 지배자가 아니라 희생자로 전락한다. 우리 모두는 동굴에 갇혀서 허상을 진상으로 잘못 알고 지낼 수가 있기 때문에 우리가 알고 있는 그 허상에 지배당하게 된다.

우리가 자기 선입관에 지배당하지 않고 그것을 지배하기 위해서는 선입관을 의식적으로 검증하며 사는 것을 불가피하게 요구하고 있다. 우리는 이것을 정당화를 제시하는 능력(giving a justification＝logon didonai)

으로 규정한다. 정당화를 제시하는 능력이 바로 학문의 검증에 속한다. 우리가 아무 의심 없이 우리가 믿고 있는 것을 우리의 출발점으로 여기며 살고 있기에 우리는 때로 이런 선입관의 희생자가 될 수도 있다. 가상의 지배를 더 이상 받지 않으려면 가상과 오류로부터 자신을 구해 내야만 한다. 철학은 이것을 자기 계몽으로 규정한다. 이런 맥락에서만 소크라테스도 검증되지 않은 삶은 가치가 없다고 말할 수 있었다. 하늘 아래 새로운 것은 없다. 모든 것은 다 검증되지 않으면 안 된다. 검증을 통해 살아남는 것만이 진리라는 자격을 비로소 얻는다. 그렇다면 우리가 믿고 있는 것은 출발은 될 수 있지만 궁극적인 것은 되지 못한다. 우리가 참이라고 믿고 있는 것과 실제로 참인 것 사이에 차이가 있을 수 있기에 우리는 우리가 믿고 있는 것을 참으로 입증할 수 있어야만 한다.

우리가 아무 의심 없이 자명한 것으로 믿거나 알고 있는 것이 과연 참인가라는 의문이 들 때가 있다. 이런 의심은 불가피하다. 하지만 의심을 위한 의심이 아니라 무엇을 의심하는지에 대한 명백한 방향이 있어야만 한다. 맹목적이고 무차별적인 의심은 방향도 없고 때로 자기 파괴적으로 작용하기도 한다. 의심은 항상 무엇을 의심하는 것으로 진행되어야 한다.

이렇게 어떤 것을 너무 당연하게 자명한 것으로 알고 있어서 그것에 대해 의식적인 검증을 하지 않고 있는 세계를 가리켜 우리는 독사 (δοξα)라고 부를 수 있다. 우리 모두는 일차적으로 이런 독사의 세계에서 살고 있다. 누구나 다 독사의 세계에 살고 있기에 이것으로부터 자유로울 수는 없다. 독사는 우리 이해의 조건이자 한계다. 해석학은 우리가 항상 이미 어떤 것을 이해하고 있음을 전제로 한다. 이해의 선이해 구조는 해석의 불가결한 조건이다. 과학조차 탐구진행과 가설 설정은 이미 어떤 선이해를 전제로 해서만 진행된다. 이 점에서 독사는 우리가 처한 근본 현실을 말한다. 누구나 독사를 출발점으로 삼고 있다는 점에서 독사는 우리 이해와 탐구의 피할 수 없는 조건이 된다. 하지만 그렇다고 해서 독사가 궁극적이거나 완성된 것은 아니다. 그렇기에 우리는 우리 이해의 불가결한 조건을 형성하고 있는 독사를 의식적으로 검증하지 않을 수 없다. 독사는 출발점은 형성하지만 궁극적인 것은 아닐 수 있기에 우리는 독사를 의식적으로 검증하며 살지 않을 수 없다.

누구나 다 독사의 세계에 살고 있고 누구나 다 이것의 영향을 받으며 살고 있다고 해서 독사가 진리라는 것을 의미하지는 않는다. 독사는 우리가 무엇을 아무 의심 없이 당연한 것으로 여기고 있는 우리의 믿음체계의 조건들을 그때그때 형성할 뿐이다. 플라톤은 우리가 당연한 것으로 여기며 살고 있는 독사가 아니라 참으로(ontos on＝really real) 있는 것을 궁극적으로 물어보았다. 그에게 진리의 기준은 독사가 아니라 참으로 있는 것이었다. 참으로의 지평에서 독사를 검증하는 것은 피할 수가 없다.

독사는 출발점이지만 궁극적인 것이 아닐 수도 있다. 우리는 궁극적인 것을 통해서만 우리가 알고 있는 독사를 검증할 수 있을 뿐이다. 참으로 있는 것은 독사를 검증하는 기준이 된다. 이 점에서 독사와 함께 그러나 독사에 거역해서 사고하는 것은 필연적이다. 참의 지평에서 독사가 지닌 근본 한계를 밝히는 것이 가능하다. 그렇기에 독사는 궁극적인 것이 아니라 하나의 이행 과정에 처하게 된다. 우리는 독사를 의식적으로 검증함으로써 독사의 비진리를 끊임없이 넘어서

지 않으면 안 된다. 참이 들어와 살게 하고 거짓 독사를 몰아내는 작업은 자기 해방을 위해서 필수적이다. 거짓을 타파하고 참을 드러내게 하라는 것(斯破顯正)과 같이 거짓을 비우는 것은 참으로 가는 해방과 같다. 그렇기 때문에 계몽적 사고는 필연적으로 이것을 반대로 이해하고 있는 이데올로기를 비판하지 않으면 안 된다.

독사는 출발점이지만 완성된 것은 아닐 수도 있다. 궁극적인 것은 독사를 검증함으로써만 진리의 기능을 수행한다. 이렇게 독사와 참으로 있는 것은 긴장관계를 형성하면서 유지된다. 우리가 독사를 절대화할 아무런 이유가 없다. 진리는 검증을 통과할 때만 타당한 것으로 받아들여질 수 있다. 우리가 거짓을 참으로 알고 있을 수는 있어도 거짓 자체를 진리로 수용할 수는 없다. 우리가 알고 있거나 믿고 있는 것은 제대로 된 것도 있을 수 있고 잘못된 것도 있을 수 있다. 오류 가능성에 노출되어 있을 수도 있기에 우리는 독사를 절대화할 수가 없는 것이다.

도둑이 은행을 털고 나서 경찰에게 체포되었다. 경찰은 "은행을 털었는가?"라고 심문했다. 그러면 도둑은 "은행에는 돈이 많이 있어서 은행을 털게 되었다."라고 대답할 것이다. 은행에 돈이 많이 있다는 것은 우리 모두가 믿고 있는 독사다. 이것은 분명 옳다. 하지만 우리가 지구는 평평하다고 믿고 있다면 이런 독사는 잘못된 것이다. 어떤 독사는 옳지만 다른 어떤 독사들은 옳지 않을 수도 있다. 제대로 된 독사도 있지만 또한 잘못된 독사도 있을 수 있다. 우리가 믿고 있는 것은 참일 수도 있고 아닐 수도 있다. 그렇기에 우리는 독사를 의식적으로 검증하며 살지 않으면 안 된다. 거짓이 더 이상 지배하지 못하도록 하려면 우리는 독사를 검증해서 그것을 참으로 완성하지 않으면 안 된다. 독사와 함께 그러나 독사에 거역해서 사고하는 것이 필요한 것은 이 때문이다. 철학은 이 점에서 독사의 검증이고 그런 한에서 항상 변증법적이다.

변증법이란 참으로 있는 것을 밝히는 것과 우리 독사를 검증할 때 불가피하게 거치지 않으면 안 되는 과정을 형성한다. 독사와 참으로 있는 것을 교차 검증함으로써 거짓을 참으로 고양시키는 것이 진행되도록 해야 한다. 이것이 바로 가상의 지배로부터 자신을 구제하고자 하는 자기 계몽의 모습이다. 키에르케고르의 실존적 성실함은 이 점에서 소크라테스의 문답법을 생활화한 아주 좋은 자기 계몽 사례다.

소크라테스는 자신이 무지하다는 것을 알고 있기에 무지하다는 것조차 모르는 자들보다는 행복하다고 여겼다. 그에게 안다는 것은 어느 의미에서는 자신의 무지를 안다는 것을 뜻했다. 무지를 알고 있다는 것은 더 이상 무지에 사로잡히지 않는다는 점에서 우리를 무지의 맹목성으로부터 해방시킨다. 무지를 안다는 것은 자신의 한계를 안다는 것을 뜻한다. 우리는 한계를 설정하고 한계를 초월하는 작업을 통해서 우리의 무지를 지의 발전 단계 안에 편입시키지 않으면 안 된다. 계몽(enlightenment)이란 말 그대로 편견이나 독사가 지배하지 못하도록 하기 위해 우리가 참이라는 것을 지속적으로 켜 놓는 검증 행위를 말한다. 소크라테스와 플라톤을 거쳐서 키에르케고르에 이르기까지 실존의 참 의미는 결국 자기를 검증하며 사는 삶을 뜻했다. 정당화 검증능력을 우리는 플라톤을 따라 정당화 제시능력이라고 부를 수 있다. 철학이 존재하는 한 우리는 정당화 근거충족을 제시할 수 있어야만 한다. 독사를 정당화하는 능력을 우리는 참으로 가는 과정의 진리추구로 인정할 수 있다. 편견과 그릇된 선이해와 싸우는 과정 자체

가 바로 계몽으로 가는 길이다. 계몽은 철학이 존재한 이래로 철학과
함께 항상 같이 철학을 지배하는 근본 담론으로 작용해 왔다. 무지로
부터의 해방 역시 자기 구제에 이르는 정당한 길이다. 니체의 소크라
테스 비판은 아쉽게도 이런 소크라테스의 자기 계몽을 간과하는 위
험이 있다.

2. 잘못된 독사들의 사례

다음의 사례들은 잘못된 독사들에 대한 사례들이다. 우리는 삶의
도처에서 발견되는 잘못된 믿음들에 대한 사례를 수없이 제시할 수
있다. 우리가 참이라고 믿고 있는 것과 실제로 참으로 드러난 것 사
이에는 피할 수 없는 차이가 있을 수 있다. 우리가 믿고 있는 것은 우
리가 단지 믿고 있는 것일 뿐 참은 아니다. 그렇기에 우리는 우리가
믿고 있는 것을 단지 우리가 참이라고 믿고 있었던 것에 불과하다는
것을 알게 된다. 참이라고 믿고 있었던 것은 참이 아니기에 우리는
그것을 극복해가지 않으면 안 된다. 자기 부정 없이 자기 발전 없다.
무엇을 안다는 것은 무엇의 한계를 명백히 하는 것이다.

아래에 제시하는 단편적인 사례들과 주장들은 우리가 독사라고 믿
고 있었던 것들이 사실은 우리가 믿었던 주관적 편견들에 불과했었
고 그런 한에서 실제 모습은 그렇지 않았다는 것들에 반전 사례들이
다. 사태의 본성을 너무 단순화 시킨 점이 없지 않은 측면도 있지만
이해를 위해 단순화했을 뿐이다. 문제는 단순화에 있는 것이 아니라
우리의 독사들이 수정될 수 있다는 것과 또 수정되지 않으면 안 된다

는 그런 개방성에 있다. 오류 가능성으로부터 스스로를 면책하려는
모든 그릇된 독단적 태도를 해체시킨다는 점에서 비판의 자기 구제
능력과 화해 가능성이 있다.

2.1. 잘못된 믿음들

고대 그리스 원자론자들은 원자가 더 이상 쪼갤 수 없다고 주장했
다. 이것은 그들이 믿고 있었던 물질에 대한 이해방식에 지나지 않는
다. 하지만 현대 물리학은 우리가 입자 가속기(CERN)를 통해 충돌시
킬 때 원자들이 쿼크들로, 쿼크들이 초끈으로 분열되어 가는 것을 실
험적 검증을 통해 밝혀냈다. 우리는 그리스 원자론 철학자들이 믿었
던 것과 같이 물질을 더 이상 쪼갤 수 없는 것(A-tom)으로 여길 수는
없다. 그것은 이미 실험을 통해 반박되었다. 원자론자들이 믿고 있었
던 것은 원자에 대한 그들의 주관적 생각에 지나지 않은 것이었다.
그들이 믿고 있었던 것과 참으로 드러난 것 사이에는 피할 수 없는
차이가 존재한다. 이 차이의 확인은 우리가 믿고 있는 믿음이 잘못되
었다는 것을 확인시켜 준다. 이 점에서 우리는 우주의 이해에 있어서
더 이상 고대 원자론자들의 사고나 세계관을 공유할 수 없다. 탈레스
가 모든 것의 근원을 물로 설정한 것을 오늘의 물리학은 더 이상 받
아들이지 않는다. 실험을 통해 반박된 것을 우리가 더 이상 고수할
필요는 없다.

아리스토텔레스는 무거운 물체가 가벼운 물체보다 더 빨리 떨어진
다고 주장했다. 하지만 이것을 검증한 결과 사실은 그렇지 않은 것으
로 밝혀졌다. 갈릴레이는 자유낙하 운동을 통해 아리스토텔레스의 이

론을 조목조목 반박했다. 모든 물체들은 중력의 지배를 받기 때문에 아래로 떨어지는 것에 불과하다. 중력은 시간과 공간을 변형시키는 힘으로 측정된다. 이 힘을 우리는 중력 가속도로 계량화할 수 있다. 중요한 것은 시간과 공간을 변형시키는 물질의 분포가 어떠한가에 따라서 중력 가속도가 측정될 수 있다는 것이다. 태양의 중력이 지구의 중력보다 더 크게 계산될 수밖에 없는 것은 태양의 물질분포가 지구보다 더 크게 시공간을 변형시키는 힘 때문에 그렇다. 중력의 본질이 가속이라는 것을 밝혀낸 점에서 아인슈타인은 참 위대한 발견을 한 것이다.

우리는 오늘날 물질의 운동을 목적론적으로 설명하는 아리스토텔레스의 세계상을 더 이상 자명한 것으로 받아들이지 못한다. 물체는 그것들이 차지하는 고유한 위치에 따라서가 아니라 중력의 지배를 받기 때문에 아래로 자유낙하하는 것에 불과하다. 현대 물리학이 말하는 '빅뱅이 옳다면 세계는 시작도 없고 끝도 없다.'라고 믿고 있었던 그리스인들의 우주상은 더 이상 유지될 수 없다. 엔트로피는 무질서의 증가를 뜻하기에 어떤 물질도 영원할 수 없다는 것을 알려 준다. 오늘날 밝혀진 현대과학의 세계상은 더 이상 그리스적 우주이해를 수용할 수 없다는 것을 알려 주고 있다. 모든 것의 근거를 밝히는 시도는 필요하지만 이제 우리는 더 이상 만물의 근원은 물, 불, 공기, 흙 등으로 설명하는 고대 그리스인들의 세계상을 공유할 수 없게 되었다. 진리는 철저하게 잘못된 독사와 그릇된 우상을 파괴하는 것이다. 그들이 어떻게 생각한 것이 중요한 것이 아니라 실제로 세계가 어떻게 있는가를 밝히는 것이 중요하다. 우주에 대한 그리스인들의 사고는 단지 우주에 대한 그들의 주관적 선입관에 지나지 않았을 뿐이다.

신화가 중요한 것이 아니라 검증된 신화만이 살아남을 수 있다는 것이 중요하다.

과학에서는 가설이 중요한 것이 아니라 가설의 공적 검증이 중요하다. 우리가 믿고 있는 것과 실제로 밝혀진 것 사이에는 차이가 있을 수 있다. 발견의 주관적 맥락은 중요한 계기로 작용한다. 하지만 정작 중요한 것은 가설의 공적인 검증이고 정당화다. 이 검증과 정당화를 통해 살아남은 것만이 과학은 진리로 인정한다. 그리스인들의 우주상은 현대 자연과학의 엄격한 검증을 더 이상 충족시키지 못하기 때문에 시대적으로 이미 극복된 것이다. 오늘에 있는 것은 오늘에 있다. 더 이상 그리스 환원주의로 돌아가는 것은 필요하지도 않고 경우에 따라서는 이것은 진리 도피적이다. 우주에 대한 사변적 해석이나 신화가 중요한 것이 아니라 우주가 실제로 어떠한가를 밝히는 것이 중요하다. 과학의 검증이 진리의 유일한 기준이 아니라 할지라도 우리는 자연이나 우주에 대한 사변적 가설에 만족할 수는 없다. 실험과 검증을 통해 살아남지 못하는 주관적 견해들은 모두 진리의 형장에서 사라질 운명에 처한다.

여기에 제시하는 단편적인 사례들과 주장들은 우리가 독사라고 믿고 있었던 것들이 사실은 우리가 믿었던 주관적 편견들이었고 실제 모습은 그렇지 않았다는 것들에 대한 사례들이다. 아리스토텔레스의 자연철학이 많은 점에서 이미 부적합하거나 시대착오적으로 밝혀진 마당에 우리가 그것을 재생산할 필요는 없다. 현실을 설명하지 못하는 이론은 그냥 주관적 가설로서 진화의 과정에서 도태되지 않으면 안 된다. 이론과 경험의 충돌은 항상 이론을 폐지하는 쪽으로 진화가 이루어졌다. 나사의 우주 탐험이 그리스의 세계상에 입각해서 이루어지지 않는 것은 이제 더 말할 필요도 없다.

2.2. 언어에 대한 왜곡된 편견

도대체 야만이라는 주장은 누가 만들어냈고 이것은 왜 아직도 역사에서 아무 검증 없이 통용되고 있는 것인가? 우리는 이 주장이 성립한 계보를 추적함으로써 이것의 왜곡된 주장을 해체시키지 않으면 안 된다. 문명과 야만이라는 그릇된 편견은 아직도 21세기에 여전히 통용되고 있기에 그 심각성이 제법 크다.

잘 알다시피 그리스인들은 페니키아인들로부터 알파벳을 차용했다. 페니키아 문자에는 모음이 없었다. 그리스인들은 여기에다가 모음을 첨가해서 사용하기 시작했다. 그리스인들이 페니키아로부터 문자를 빌려 왔다고 해서 그리스인들의 독창성이 없다고 주장할 수는 없다. 우리가 타인들에게 빚지고 있다고 해서 우리들에게 독창성이 없다고 주장해서는 안 된다. 문제는 그리스인들이 언어를 자체 개발해서 사용하지 않았으면서도 언어에 대해 쇼비니즘적 편견을 퍼트렸다는 데 있다.

그리스인들은 자신들이 사는 삶을 문화로 규정하면서 그리스 이외의 문화들에 대해서는 야만으로 규정했다. 야만을 뜻하는 영어 barbarian은 말 그대로 야만인들이 사용하는 의미 없는 중얼거림 정도(블라블라)를 뜻하는 아주 경멸적인 것이었다. 우리는 오늘날 하나의 언어를 강조하는, 그리고 그 언어에다가 문명이라는 특권을 부여하는 이런 언어 쇼비니즘적 태도에 익숙하지 않다. 비트겐슈타인이 가족유사성을 도입한 이래로 우리는 다양한 복수들의 삶들이 있고 그 삶들은 각기 그 안에서 고유한 생활방식을 지니고 있다고 인정한다. 언어는 그 언어를 사용하고 유지해 가는 사람들의 삶을 드러내는 것이다. 언어들이 있지 하나의 배타적이고 특권적인 언어는 없다. 철학하는데 적합한 유일한 언어가 바로 독일어와 그리스어라는 하이데거의 주장은 그야말로 하이데거의 주관적 독단과 편견에 불과하다. 우리가 하이데거의 편견과 독단까지 책임질 필요는 없다고 본다.

철학을 하는 데 있어서 특정한 언어가 적합하게 선택되는 것은 아니다. 우리는 언어 자체를 만들어 낼 수 있는 능력이 있지 특정한 언어를 특화하는 능력이 있는 것이 아니다. 언어와 삶의 불가결한 공속성 때문에 우리는 이 둘을 한 사태의 상이한 측면으로 보지 않으면 안 된다. 우리는 어떤 고정된 언어를 지니고 있는 것이 아니다. 우리는 언어 자체를 산출할 수 있는 능력만이 있을 뿐이다. 언어가 우리의 사고를 안내하기도 하지만 때로 이것이 사고를 방해하기도 한다. 우리는 언어결정론자이어서는 안 된다. 언어의 진정한 의미는 사용에 있고 사용은 부단히 침전되어 간다. 어느 한 사람이 언어를 만들어서 독점하는 것은 아니다. 그것은 언어를 사용하는 자들의 공통된 삶의 양식이다. 삶들은 언어로 표현되고 언어는 삶을 수용하고 형성해 간다. 이 둘은 떼려야 뗄 수 없는 상관관계 속에서 역동적으로 진행된다. 언어를 나누어 갖는다는 것은 그 언어를 형성한 특정한 삶을 공유하는 것을 의미한다. 오늘날 세계화 시대에는 언어의 자유로운 교환만이 아니라 그 언어를 통해 드러낸 삶들을 같이 공유하고 있다. 나는 마야의 문자와 잉카의 문자를 잘 모르기 때문에 그 삶이 실제로 어떠했는지를 잘 알지 못한다. 유적들이 있지만 그 유적을 판독할 언어가 부재하기에 우리는 그 문명을 보다 잘 이해할 수가 없는 것이다.

인간들이 자기를 증명하기 위해 드러낸 모든 유산들은 그것을 판독할 언어가 없다면 우리에게 이해되지 않는다. 이해가 없으면 단순히 느낌 정도의 수준에서 공감하는 정도밖에 삶을 같이 나누어 갖는 것이 힘들다. 이 점에서 인간들이 원숭이들과 비언어적 소통은 할 수 있지만 언어를 통한 이해는 같이 공유할 수 없는 것이다.

촘스키가 절절히 지적한 것과 같이 우리는 언어를 형성하고 창조할 수 있는 능력이 있다. 이 능력은 인간들에게 상당히 공통적이다. 전 세계에는 대략 6,500여 종의 언어들이 있다고 한다. 그 언어들 사이에는 일종의 의사소통의 가능공간이 열려 있다. 우리가 언어를 이해한다는 것은 그 언어 사용 속에 전제된 어떤 삶을 이해하기 때문에 가능하다. 특정한 언어가 특권을 누리는 것이 아니다. 언어에 대한 하이데거의 그릇된 편견과 독단은 일고의 가치도 없다. 언어는 여전히 삶의 형성 과정에 같이 동참하고 있을 뿐이다. 내가 부처를 이해하는 것은 산스크리스트어를 통해서만은 아니다. 물론 내가 그 언어를 잘 모르기 때문에 뉘앙스의 세세한 차이까지는 이해하지 못하더라도 언어가 그를 이해하는 것을 방해하지는 않는다. 부처를 이해하기도 전에 이미 부처처럼 사고하고 행동하는 것이 가능했기 때문에 그를 이해할 수도 있는 것이다. 언어 속에 깔려 있는 복잡한 뉘앙스를 이해하기 위해서는 언어라는 삶에 참여하는 것이 가장 좋다. 하지만 이런 참여가 없더라도 우리는 언어 속에 깔려 있는 삶을 어느 정도 공유할 수가 있다.

2.3. 문명과 야만이라는 일그러진 상들

우리가 무엇을 비판할 때는 다음과 같은 두 가지 전제 아래서만 해야 한다. 첫째는 우리가 비판하려는 대상에 대해서 제대로 알고 있어야 한다는 것이다. 모든 비판은 이해를 선행조건으로 삼는다. 비판하려면 그 비판대상에 대해 제대로 알고 있어야만 한다. 무엇을 비판하는지도 모르면서 비판하면 이것은 맹목적 비난은 될 수 있어도 생산적인 비판은 될 수 없다. 몰이해는 편견을 산출한다. 이것은 굳어지면 편견을 강화시켜서 독단을 낳는다. 비판은 독단을 배척한다. 둘째로는 올바른 이해가 전제되었다면 한계 지움을 통해 한계를 뛰어넘는 가능성까지 대안들로 제시할 수 있어야만 한다. 비판하는 자도 정당화의 짐을 지고 있기 때문에 이 정당화의 짐을 납득 가능한 것으로 제시할 수 있어야만 한다. 방향이 있는 물음들은 올바른 문제 제기를 통해서 주제를 확장하는 생산성을 잉태한다. 우리가 임신 불능의 비생산적 비난보다는 임신 가능한 비판을 선호하는 것은 이 때문이다.

그리스인들은 자신들의 문화 밖의 것에 대한 몰이해 때문에 야만이라는 그릇된 편견을 만들어 냈다. 페르시아인들은 그리스 신들이 음모와 치정 그리고 납치와 살인하는 것을 보고서 적지 않게 당황했다. 페르시아인들이 믿는 유일신은 존엄하고 위엄이 있고 인간들이 하는 것을 뛰어넘어 있다. 페르시아인들이 보았을 때 그리스 문화는 한 마디로 타락하고 부패한 문화로 보였을 것이다. 그렇기 때문에 그리스인들에 대해 페르시아인들은 도덕적으로 더 우월하다고 느꼈다. 그리스가 그렇게 야만으로 규정했던 그 페르시아가 사실은 자신들이 도덕적으로 더 우월한 민족이라고 여기고 있었던 것이다. 펠로폰네소

스 전쟁은 여러 가지 다양한 원인들에 의해 해석이 가능하다. 여기서 짚고 넘어가야만 하는 것은 이 전쟁이 동방의 야만 전제군주에 대한 그리스의 자유가 승리했다는 그리스인들의 생각은 그들만의 역사적 편견이라는 사실이다. 이런 검증되지 않은 편견을 오늘의 역사가들도 아무 의심 없이 재생산한다. 하지만 이런 재생산은 알고 보면 왜곡된 편견을 재생산하는 것에 지나지 않는다. 심지어 헤겔조차도 동양역사에 대한 몰이해 속에 동양에는 한 사람의 전제군주만이 자유로웠다고 주장하고 있다. 그리스와 비그리스를 문명과 야만으로 구별하는 이런 왜곡된 편견들은 21세기인 지금도 사라지지 않고 있다. 아니 더 강화되어 가는 추세에 있다. 편견은 편견을 낳는다. 편견은 강화되면 왜곡된 삶을 고착화시킨다.

서양이 비서양문화권에 가한 문명과 야만의 이분법은 상이 일그러질 대로 일그러진 왜곡을 낳았다. 중화민족이 자기 우월주의에 빠져서 자기 문화권 밖을 오랑캐로 규정한 것 역시 마찬가지다. 우리는 면이 고르지 못한 거울을 통해 우리를 바라보아서는 안 된다. 모든 역사적 주장들은 그 주장들이 나타날 수밖에 없는 문맥적 조건들을 재검토하면서 그 타당성을 재검증하지 않으면 안 된다. 그러기 위해서는 이해가 선행되어야만 한다. 세계 4대 문명의 발생과정에서 유럽과 미국은 존재하지도 않았었다. 그렇다면 세계사가 유럽이나 미국사가 될 수 없는 것은 자명한 것 아닌가? 그런데 왜 세계사가 유럽사 중심으로 기술되거나 미국사 중심으로 전개되어야만 하는가? 하나의 언어가 아니라 언어들이 있었던 것처럼 하나의 세계사가 있었던 것이 아니라 세계사들이 있었던 것이다.

항해 시대 이후로 과학과 기술을 통해 세계사를 식민지화했던 역사가 세계사 자체이거나 전체인 것은 아니다. 람세스가 이집트를 최고의 번영으로 만들어 놓았을 때 유럽은 아직도 풀이나 뜯고 있었던 그런 열악한 야만 상태에 있었다. 중국이 기원전 700년부터 춘추5패를 통해 패권을 다투는 싸움을 했을 때 그리스는 아직도 제대로 된 도시국가조차 갖추지 못하고 있었다. 문명과 야만이라는 편견은 그 편견이 나오게 된 특정한 역사적 배경의 산물에 불과하다. 역사는 아직도 진행 중에 있기 때문에 어느 역사가 우월하거나 문명적 지위를 독점하고 있는 것은 아니다. 문명과 야만이라는 편견, 특정한 국가나 문명 그리고 종교가 세계사적 중요성을 부여받았다는 그런 편견들 자체를 우리는 깨끗이 말소시켜야만 한다. 독일이 역사에 언제 편입되었는지 모르는데 역사의 궁극목적이 게르만 국가에서 정점에 달한다는 헤겔의 주장은 그야말로 역사에 대한 헤겔의 주관적 반영에 지나지 않는 것이다. 물론 세계사가 그렇게 진행된 것도 아닌데도 말이다. 역사가 헤겔의 선입관이나 무지까지 책임질 필요는 없다.

2.4. 꼭 그런 것만은 아니다

관용과 개방은 경쟁하는 입장들을 균형 있게 검토하는 데서 반드시 필요하다. 가치들은 서로 충돌한다. 이 충돌이 불가피하다면 우리는 각기 자기의 관점에서 입장들이 지니고 있는 타당성을 검토하지 않을 수 없다. 입장들은 서로 다르기 때문에 대화가 불가피하다. 대화를 거부하고 독단이나 편견들이 대화 자체의 헤게모니를 독차지하도록 하게 해서는 안 된다. 대화는 개방되어있어야만 한다.

관용과 개방은 진리를 열린 검증으로 보는 한에서만 필요하다. 이것은 모든 입장들이 다 같다는 그런 무차별적 단순화나 테러가 절대 아니다. 또 그렇게 곡해되어서도 안 된다. 입장이나 관점들은 필연이 아니기에 우리는 대안가능성들을 항상 열어 두어야만 한다. 무지로부터 참된 지(知)로의 입장전환이 가능하기 때문에 우리는 우리가 믿고 있는 것을 절대화할 아무런 이유가 없다.

입장들이 무차별적으로 다 똑같은 것이 아니기에 우리는 입장들 간의 차이에 대해 주목하지 않으면 안 된다. 하지만 입장들 간의 차이만 강조하다 보면 대화를 통한 합의 가능성은 실종되어 버린다. 대화를 통한 합의가 의견의 획일화를 의미하는 것은 아니다. 합의 안에서도 얼마든지 이견의 가능성은 남아 있다. 같음 안에서 차이를 주목하고 차이 안에서 같음의 가능성을 열어 놓는 긴장이 필요하고 요구된다. 자아를 사고실체와 연장실체로 보는 데카르트의 입장과 자아의 실체화 자체를 하나의 그릇된 망상으로 보는 불교 사이에는 건너뛸 수 없는 차이가 지배한다. 우리가 할 수 있는 것은 이런 입장들 간의 차이를 비교함으로써 그 차이를 통해 자아가 어떻게 이해되는가를 알아듣는 데 있다.

수학은 문제 풀이다. 정답의 반대는 오답이다. 논리적 추론은 타당하거나 부당하게 이루어진다. 하지만 의견들은 맞고 틀리는 그런 문제 풀이가 아니라 납득 가능한 설득을 제시하는 데 있다. 단순한 주장이 아니라 설득력 있는 근거제시가 필요한 이유는 이 때문이다. 우리는 의견을 공적으로 검증함으로써 더 설득력 있고 납득될 수 있는 주장을 채택할 뿐이다. 의견을 강요할 수는 없다. 강제 없는 강제를 자발적으로 따르기 위해서는 의견을 설득력 있게 제시할 수 있는 정당화 충족이 있어야만 한다.

2.5. 왈(日)이 중요한 것이 아니라 그것의 검증이 중요

아인슈타인이 무엇이라고 하더라, 공자가 그러는데, 플라톤이 말하기를. 니체가 말하건대, 대통령이 그러는데 등 우리는 어떤 것을 누가 말했다는 이유 하나만으로 그것을 맹목적으로 숭배하는 데 익숙하다. 권위에 기대서 안일하게도 검증하려는 수고를 덜려는 시도는 유지될 수 없다. 아류들은 우상화를 통해 먹고 사는 기생충 같은 부류들이다. 이런 자들은 소위 말해서 권위가 때로 검증을 대체시키면서 프로파간더에 열을 올린다. 검증되지 않은 채 진리의 기준으로 통용하는 데 이들만큼 열성인 자들도 없다. 진리를 선전에 종속시키는 자들을 우리는 일상생활에서 많이 목격하게 된다. 니체는 이런 자들을 중력의 정신에 지배받는 소인배들이라고 비판한다. 난쟁이들은 키가 작아서 난쟁이가 아니라 자기 스스로 삶을 검증하며 살지 못하기 때문에 그렇다. 하지만 니체가 보기에 이런 태도는 매우 위험하다. 왜냐하면 권위가 진리의 기준이 아니기 때문이다.

진리는 권위를 가지지만 권위가 진리라는 어떤 보장도 없다. 어떤 주장들도 오류들로부터 면책받을 수는 없다. 모든 주장은 오류의 가능성으로부터 면책받은 것이 절대 아니다. 그렇다면 누가 "〜라고 하더라"가 중요한 것이 아니라 그것이 여전히 검증된 한에서 타당한 것으로 성립하는 가가 중요하다. 정보의 확인이 중요한 것이 아니라 정보의 타당성을 검증하는 것이 필요하다. 모든 것을 의심해 보아야만 한다는 입장마저도 의심해 보아야 한다. 오류의 가능성으로부터 면제된 진리의 치외법권지대 따위는 없다. "〜라고 하더라"가 아니라 실제로 그것이 어떠했는가를 검증해야만 한다.

우리는 권위나 타인에 의존하지 않은 채 우리 혼자의 힘으로 스스로 사고할 수 있는 능력을 키우지 않으면 안 된다. 모든 이해는 알고 보면 나의 이해다. 그렇기에 우리는 어떤 권위자가 무엇이라고 말한 것에 현혹되지 말고 그것을 검증할 수 있어야만 한다. 권위가 진리의 기준이 될 수 없기에 우리는 참으로 밝혀진 것을 권위의 근거로 보아야만 한다. 니체는 진리는 비판받아야지 우상화되어서는 안 된다고 주장한다. 매우 타당한 지적이다. 니체는 자신의 시각으로 자신을 비판하는 가능성을 열어 두었다. 니체가 그렇게도 싫어했던 학문의 실증화를 통해 니체 자체를 고정시켜 버린 것은 니체 전문가들이다. 마르크스가 나는 마르크스주의자가 아니라고 선포하듯이 니체 역시 나는 니체주의자가 아니라고 선포한다. 니체 스스로가 니체 우상화를 금지했는데 왜 니체 추종자들 중에서 니체 우상화가 이루어지는가?

부처를 만나면 부처를 죽이고 선사를 만나면 선사를 죽이라는 불교의 오랜 가르침이 있다. 적절한 지적이다. 삶의 진정한 의미는 삶의 의식적인 검증에 있다. 검증되지 않은 것을 우리는 진리의 기준으로 채택할 이유가 없다. 권위 있는 자가 진리의 기준이 아니기에 우리는 권위자마저 검증하지 않으면 안 되는 것이다. 우리는 누가 무엇이라고 말한 것에 현혹되지 말고 정말로 그가 말한 주장이 그러한 지를 의식적으로 검증하는 것을 훈련하지 않으면 안 된다. 니체의 생산적인 통찰이 니체의 전유물만은 아니다. 그것은 그것을 이해하는 자들의 몫이기도 하다. 누가 말한 것이 이해를 독점하는 것이 아니기에 우리는 그것을 검증함으로써 그것을 같이 공유할 수도 있다. 진리는 이런 점에서 모든 협소한 이데올로기를 뛰어넘는 개방적 모험이다. 선생들도 학생들에게 자기 우상화를 금지시켜야만 하듯이 학생들 역시 스승 우상화를 금지해야만 한다. 학파가 다르다는 이유 하나만으로 서로 말도 하지 않고 경원시하는 것은 학자들의 촌스러운 폐쇄성을 드러내는 것에 지나지 않는다.

진리 앞에 무조건 굴복해야 한다. 진리는 어떤 경우에도 주관화하는 위험과 폭력을 거부한다. 하지만 학파들은 진리가 아니라 권위를 재생산하려는 폐쇄성 때문에 진리를 근본적으로 거부하고 있다. 사람들이 죽지 않으면 진리의 발전은 없다. 개인들이나 학파의 우상화는 이 점에서 철저하게 분쇄되지 않으면 안 된다.

자신들과 견해가 다른 자들과 기꺼이 대화함으로써 서로의 입장들이 지는 근본 한계를 알아 가는 것은 지평확장을 위해 매우 필요하다. 자아라는 왜곡된 감옥에서 벗어나는 길은 진리라는 보다 넓은 지평에서 자신의 협소한 폐쇄성을 극복할 때만 가능하다. 자기 감옥에 갇혀서 자신뿐만 아니라 타인들까지 이 감옥에다 묶어 두는 그런 진리 적대적인 행위를 해서는 안 된다. 우리가 굳이 이견을 존중할 필요까지는 없지만 이해하려고 개방된 자세를 취해야만 하는 것은 각자의 자기 이해를 위해서도 매우 유익하다. 한계의 자각은 우리가 우리를 해방하는 과정을 열어 두기 때문에 그만큼 필요한 것이다.

3. 비판, 독단, 회의

우리가 어떤 주장을 절대화할 때 그렇게 할 수 있는 근거는 도대체 무엇인가? 우리가 모든 오류나 착각으로부터 배제된 채 그렇게 진리를 절대적으로 확신할 수 있단 말인가?

우리는 어떤 주장이 의심이 없을 때까지 의심을 해 보아야만 한다. 회의는 어떤 주장을 맹목적으로 받아들이지 않는다는 점에서 매우 정당하다. 에포케(epoche)란 모든 것을 판단정지시킨다는 것을 뜻한다. 즉, 그 어떤 것도 맹목적으로 받아들여서는 안 되고 반드시 그 타당성을 반드시 검증해야만 한다는 것이다. 이것은 회의를 위한 회의하고 아무 관련이 없다. 타당성을 검증하기 위해서 타당성을 의심해 보아야만 한다는 것이다.

독단이란 주장만 하고 그 근거를 제시하지 않는 태도를 말한다. 학문은 항상 이런 독단적 태도를 거부한다. 이데올로기는 독단을 독트린(doctrine)으로 고착화시키는 것을 말한다. 하지만 우리는 이런 독단에 대해 그 타당성을 검증할 수 있어야만 한다. 모든 학문이 이데올로기 비판과 같은 것은 아니지만 이데올로기는 그 타당성에 입각해서 반드시 검증되지 않으면 안 된다. 주장을 일방적으로 선포만 하고 그 주장에 대한 객관타당성을 제시하지 못하는 독단적 태도를 학문은 항상 거부해 왔다. 회의주의는 그 어떤 것도 맹목적으로 받아들이지 않으려고 한다는 점에서만 판단정지를 정당하게도 요구한다.

회의는 방향이 있어야만 한다. 우리는 항상 무엇을 의심하는 것이다. 따라서 우리는 우리가 의심하는 대상을 먼저 명백하게 제시할 수 있어야만 한다. 우리는 항상 무엇을 의심한다. 무엇에 대한 의심이기 때문에 언급되는 그 무엇을 명백히 제시할 필요가 있다. 2+2=4를 의심할 필요는 없다. 하지만 지구가 아닌 다른 행성에 생명체가 살 수 있을까를 의심할 수는 있다. 화석연료를 사용해서 광속으로 날 수 있는 우주선을 만드는 것이 거의 불가능하다고 의심할 수는 있다. 우리는 이 의심이 왜 정당한가에 대한 근거를 제시할 수 있어야 한다.

의심을 하든 주장을 하든 우리는 각각의 의심과 주장에 대해 그것에 합당한 정당한 근거를 제시할 수 있어야만 한다.

회의 역시 항상 무엇을 의심하는 것이기 때문에 자신이 왜 의심할 수밖에 없었는지에 대해서 타당한 근거를 제시할 수 있어야만 한다. 주장하는 자가 주장의 타당성에 대해 정당화의 짐을 지고 있듯이 의심하는 자 역시 자신이 의문시하고 있는 대상들에 대해서 왜 의심이 정당한지에 대해 객관 타당한 근거를 제시할 수 있어야만 한다. 주장이든 의심이든 그 타당성에 대한 정당화의 짐으로부터 자유로울 수는 없다.

비판이란 무엇의 한계를 뚜렷하게 설정함으로써 그 한계를 넘어서는 작업을 말한다. 비판은 어떤 경우에도 비난과 같은 것으로 혼동되어서는 안 된다. 비판은 입장들이 지니고 있는 한계를 뛰어넘는 것을 말한다. 그러기 위해서는 우리는 입장을 먼저 검토할 필요가 있다. 비판은 항상 무엇을 비판하는 것이다. 언급되고 있는 그 무엇에 대해 먼저 타당성을 검토하고 나서 우리는 그 입장이 왜 한계를 지닐 수밖에 없는가를 드러내주어야만 한다. 입장과 함께 그러나 입장을 넘어서는 열린 개방성이 비판이 하는 일이다. 우리는 진리를 어떤 경우에도 독단화하거나 우상화시키는 이데올로기로부터 구해 내지 않으면 안 된다.

4. 어찌할 바를 모르다

그리스어에서 그 기원을 지닌 aporia는 말 그대로 장소가 없어졌다는 것을 뜻한다. 있었던 장소가 갑자기 사라질 때 우리는 매우 당황하게 된다. 익숙한 것이 더 이상 익숙하지 않을 때 우리는 당황해서 어찌할 바를 모르게 된다. 우리가 익숙하게 알고 있었던 것이 더 이상 익숙하지 않은 것을 경험함으로써 우리는 우리가 상당히 난처한 입장에 빠졌다는 것을 알게 된다. 내비게이션을 믿고 길을 찾아가고 있었는데 갑자기 어떤 특정한 지역에서 공사를 하는 바람에 표시되었던 길이 나타나지 않으면 우리가 매우 당황하게 되는 것과 마찬가지다. 내비게이션에 표시된 장소가 갑자기 사라졌다면 우리는 난처해지고 그 상황에서 무엇인가 조치를 취하지 않으면 안 된다.

우리에게 익숙한 모든 것이 갑자기 익숙하지 않게 될 때 우리는 정말이지 당황하게 된다. 우리를 지배하고 구속했던 가치관들이 더 이상 타당성을 유지할 수 없을 때 우리는 정말이지 당혹감을 감출 수가 없다. 니체는 서양을 지배해 온 크리스도교의 이념이 더 이상 우리 시대에는 맞지 않는다는 의미에서 모든 가치 파괴를 주장한다. 우리에게 익숙했던 가치들은 더 이상 자명한 것이 아니다. 우리는 기존 가치관들이 판단 정지되는 시점에서 새로운 가치를 만들어 내도록 요구받고 있는 것이다.

영화 "바람과 함께 사라지다(Gone with the wind)"는 마을이 불타는 장면을 목격하면서 자신이 이제까지 이루어 놓은 모든 것이 한순간에 재로 변하고 있는 것을 보여 주고 있다. 어찌 그럴 수가 있을까? 참 당황스럽다. 나에게 삶의 전부였던 고향이 이렇게 한 줌의 재로 변하다니 말이다. 자기의 삶 전부가 녹아 있었던 고향 마을이 불타는 것을 보면서 주인공은 삶의 뿌리 뽑힘을 경험했던 것이다. 즉 익숙한 것들과의 완전한 결별이 모든 슬픔의 근원을 형성한다.

우리는 살아가면서 우리에게 익숙한 것이 더 이상 익숙하지 않고 사라지는 것을 경험하게 된다. 원리가 더 이상 타당하지 않게 되었다는 의미에서의 패러다임이 변화하는 것은 그 하나의 사례에 지나지 않는다. 인과율로 우주를 합리적이고 결정론적으로 설명한다고 믿어왔는데, 그리고 그렇게 살아왔는데 더 이상 결정론이 우주를 설명하는 데 절대적이지 않다면 우리는 당혹스러울 수밖에 없다. 아인슈타인은 이 당혹감을 거부하기 위해 신은 주사위 놀이를 하지 않는다고 항변한다. 하지만 그의 항변에도 불구하고 미시영역에서는 더 이상 인과율은 결정론적으로 파악되지는 않는다.

정자와 난자가 만나서 생명체가 형성되었는데 이제는 정자와 난자의 결합이 아니라 체세포 복제로도 생명체가 탄생될 수 있는 유전자 복제 시대에 우리가 살고 있다면 기존의 윤리는 당황스러움을 경험하지 않을 수 없는 것이다. 도대체 생명에 대한 정의 자체가 의문스럽게 된다. 생명이 탄생되는 과정이 이제 정자와 난자의 직접적인 결합이 아니고 다른 방식으로도 가능하다면 우리는 이것을 허용해야 할까? 아니면 금지시켜야 할까? 이 논쟁은 정말이지 우리를 당혹스럽게 만든다. 어느 입장이든 우리를 당혹스럽게 하는 물음을 피해 갈 수는 없고 찬성하든 반대하든 그 타당성에 대해 정당화 충족을 해야 할 의무를 지니게 된다.

익숙한 것으로부터 이별이 불가피한 시대에 우리가 살고 있다. 하이데거는 이것을 고향상실(Haimatlosigkeit)로 표현하고 있다. 니체는 모든 가치들의 전도를 통해서 새로운 가치를 대안으로 제시하려고 했다. 그가 대안으로 제시한 힘에의 의지(Wille zur Macht)와 동일자의 영구회귀(die ewige Wiederkehr des Gleichen)가 얼마나 우리의 요구를 충족하고 있는지를 검증해 보아야만 한다. 도대체 운명을 사랑하라(amor fati)는 요구가 우리에게 위안이 될 수 있단 말인가? 도대체 어떤 운명인가? 도대체 누구의 운명이란 말인가? 문맥과 조건의 복잡성을 무시한 채 운명을 사랑하라고 한다면 주어진 조건에 굴복하고 살라는 체념하고 무엇이 다르단 말인가? 나는 이 점에서 운명에 대한 사랑조차 재검증이 반드시 불가피하다고 본다. 때려 부수는 니체의 망치 자체를 때려 부술 수 있는 새로운 용기가 필요하다. 니체가 모든 진리의 우상화를 부수었다면 우리도 그를 우상화해서는 안 된다. 도대체 어떤 그리고 누구의 운명을 사랑하란 말인가? 설마 니체가 아우슈비츠의 운명을 긍정하라는 것은 아니겠지?

우리는 살아가면서 어떤 형태로든지 간에 aporia를 경험한다. 우리가 이것을 지배할 수 있다고 본다면 이것은 큰 오산이다. aporia에 덜 지배를 받는 삶이 행복하다. 우리는 잘 살기 위해서라도 잘 사고하지 않으면 안 된다. 맹목성과 당혹감의 지배로부터 자기를 해방시키는 것도 중요하다. 그러기 위해서는 잘 사고하는 것이 요구된다. 위기(crisis)에 대한 경험은 비단 오늘의 문제만은 아니다. 위기를 극복한다는 어떤 낙관이나 필연은 없다. 하지만 우리를 당혹스럽게 하는 위기의 경험을 통해 그것을 극복하도록 요구받고 있다는 것을 피해 갈 수는 없다. 어떤 것을 위기라고 경험하고 있는 자는 위기 경험을 통해서 새로운 것을 찾아내도록 요구받고 있다. 니체도 플라톤의 철학이 더 이상 통할 수 없는 어떤 위기를 경험했던 것이다. 그리고 그 경험을 통해 그는 위에서 말한 대안들을 새롭게 제시했다. 하지만 우리는 그가 대안으로 제시한 그런 것들을 동시에 의심하지 않을 수 없다. 삶은 조금 일반화시켜 말한다면 문제해결의 연속이다. 문제가 주어지면 그 문제에 대해 모범답안을 제시하는 데 익숙한 한국의 학생들에게는 문제 자체를 스스로 해결하라는 것 자체가 당혹스러울 수밖에 없다.

5. 오류도 진리로 가는 과정의 일부다

수학의 방정식은 정해진 답이 있다. 우리는 답을 풀도록 강제당한다. 수학에서는 정답과 오답이 분명하기 때문에 오류는 발견의 계기를 형성하지 못한다. 오답은 수학에서는 무능의 표현이다. 하지만 과학에서는 가설의 오류 역시 발견의 계기를 형성할 수도 있기 때문에 진리발견의 정당한 계기를 형성하기도 한다. 수학은 문제풀이지만 과학은 가설 검증이다. 가설이 오류라는 것은 그 오류가 진리를 발견하는 과정에서 불가피하게 제기되었다는 데 그 기본 특징이 있다.

패러다임은 우리가 가장 포괄적인 의미에서 진리라고 믿고 있는 틀을 형성한다. 하지만 패러다임은 고정불변이 아니라 역사적으로 변화한다. 종의 영원성을 믿었던 플라톤은 종이 멸종하는 것을 경험적으로 알지 못했다. 하지만 진화론이 제대로 밝히고 난 다음에 우리는 이제 종의 영원성을 진리라고 고수하지 않는다. 티라노사우루스라는 한 개체만 없어진 것이 아니라 공룡이라는 종 자체가 아예 소멸해 버린 것이다. 따라서 개체는 죽지만 개체가 속한 종은 영원하다는 플라톤의 패러다임 자체가 진화생물학에서는 포기되는 것이다.

매독은 중세 말기부터 나타났고 1900년대에 비로소 그 원인이 정확하게 밝혀졌다. 하지만 한때 인간들은 이 병을 신이 내린 형벌이라고 믿었던 적이 있었다. 매독은 치유되었고 이 병은 신이 내린 불치병이 아니라 인간들이 정복한 병의 한 종류에 지나지 않게 되었다. 우리가 믿고 있었던 것들 중에서 이처럼 잘못된 것으로 판명된 사례들은 이루 헤아릴 수 없을 정도로 많다. 오류란 그냥 틀린 것만이 아니라 우리가 그것을 통해 진리를 발견하는 과정의 정당한 일부를 형성할 때가 있다. 그런 한에서만 오류 역시 진리 탐구과정의 일부가 된다.

주장이 오류로 밝혀지면 우리는 그것이 왜 불가피하게 형성되었을 수밖에 없었는지를 이해하는 계기를 제공한다. 칼 포퍼가 잘 규정한 것과 같이 진리발견은 시행착오를 거치면서 진행된다. 시행착오는 그냥 실수가 아니라 진리발견의 과정에서 우리가 반드시 극복하지 않으면 안 되는 정당한 계기를 이룬다. 신은 오류 없이 모든 진리의 근원이다. 하지만 우리 인간들은 그렇지 못하다. 우리에게는 오류가 진리로 가능 과정의 불가결한 조건을 형성하게 된다.

제2부

2장 존재와 사고

1. 모순과 배중률

논리는 모순을 어떤 경우에도 허용하지 않는다. 논리적 사고는 어떤 경우에도 모순을 어길 수 없다. 왜냐하면 모순은 현실적으로 불가능하기에 허용할 수 없기 때문이다. 이 점에서 무모순성 요구는 진리의 부정적 기준으로 작용한다.

모순은 대립하는 두 사건들이 서로 동시에 발생할 수 없다는 것을 말한다. 대립하는 두 사건들은 어떤 경우에도 동시에 발생할 수 없다.

이런 동시발생은 현실적으로 불가능하기 때문에 이것을 허용할 수가 없는 것이다. 한국이 2014년 브라질에서 열리는 월드컵에서 우승을 했다고 한다면 우승하지 못했다는 것은 거짓이 된다. 그런데 우리가 이것을 "한국은 우승을 했고 동시에 우승하지 못했다."고 말한다면 이것은 불가능한 것을 가능하다고 우기는 꼴이 된다. 모순의 경우 대립하는 두 사건들은 서로가 서로에 대해 밀어내는 관계에 있다. 이 두 사건들은 어떤 경우에도 동시에 발생할 수가 없다. 확률에서는 이 것을 배반사건으로 규정한다.

모순은 현실적으로는 언제나 불가능하다. 서로가 서로에 대해 적대적인 관계에 있는 대립하는 사건들은 동시에 발생할 수가 없다. 그렇기에 이것은 어떤 경우에도 논리적으로는 허용될 수 없다. 논리적으로 허용될 수 없기에 현실적으로 불가능한 것이 아니라 실제로 불가능하기에 우리는 어떤 경우에도 모순을 허용할 수 없는 것이다. 논리학은 심리학이 아니다. 논리는 사고를 강제하는 것이지 마음에 의존하는 것이 절대 아니다. 모순은 실제로는 불가능하다. 그리고 논리적으로는 항상 전체의 진릿값이 거짓이 된다.

모순은 진리의 부정적 기준이다. 우리는 모순을 어기지 않았다고 해서 진리를 충족시킨 것은 아니다. 하지만 어떤 사고도 모순을 어기면서 사고할 수는 없다. 이런 점에서 모순은 모든 사고가 지키지 않으면 안 되는 진리의 최소 기준이다. 모순을 어기지 않는 것은 모든 사고가 따르지 않으면 안 되는 진리의 최소 기준만을 충족시킬 뿐이다.

배중률(the excluded middle) 혹은 배삼률(the excluded third)은 대립하는 두 사건을 포괄적으로 규정하는 것을 말한다. 그런데 이런 포괄적인 말하기는 어떤 경우에도 쓸모가 없다. 우리는 대립하는 두 사건을 선별적으로 알고 싶어 한다. 그런데 대립하는 두 사건들 중에서 어떤 사건이 진리이고 거짓인지를 선별적으로 알고 싶어 하는 우리의 요구에 대해 배중률은 아무것도 말해 주는 바가 없다.

모순의 논리적 진릿값은 항상 거짓임에 비해 배중률의 전체 진릿값은 항상 참이다. 그럼에도 불구하고 이것은 정보를 선별적으로 알려 주는 것이 절대 아니다. 그래서 이것은 쓸모가 없다. "한국은 2014년 브라질 월드컵에서 우승을 하거나 우승을 하지 못할 것이다." 이 경우 전체의 진릿값은 항상 참이지만 이 전체 진릿값은 우리에게 한국팀에 대해 어떤 선별된 정보(우승 아니면 우승 실패)도 알려 주지 않고 있다. 한국팀에 대해 정보를 정확히 알고 싶다면 우리는 대립하는 사건들을 포괄적으로 말하지 말고 선별적으로 선택해서 말하지 않으면 안 된다. 한국팀은 우승을 했거나 우승을 하지 못했다. 즉 이 둘 중의 어느 하나일 것이다.

모순은 대립의 동시적 발생이 불가능하다는 것을 알려 준다. 하지만 배중률은 대립을 포괄적으로 말하는 것이 아무 도움도 안 된다는 것을 알려 준다. 따라서 배중률은 포괄적으로 말하는 것이 쓸모가 없기에 우리가 그것을 밖으로 집어 던져도 좋다. 즉 쓸모가 없기에 밖으로 배제해도 무방하다. 모순은 대립의 동시성이 불가능하기에 우리는 대립하는 두 주장들 중에서 어느 하나만이 참이라고 주장하지 않으면 안 된다. 배중률은 포괄적으로 말하는 것이 전혀 도움이 되지 않기 때문에 우리는 포괄적으로 말하는 대신 두 명제들 중 어느 명제가 참인지를 선별적으로 양자택일을 해서 말하라고 요구하는 것이다.

2. 범주의 근원을 둘러싼 논쟁들

모든 개념들은 추상을 통해 얻어진다. 이에 반해 칸트는 추상을 통해 얻어지지 않는 개념들이 있다고 주장함으로써 자신의 선험철학을 정당화하고자 했다. 경험으로부터 독립했지만 동시에 그 사용에 있어서 경험을 가능하게 하는 것을 칸트는 선험철학으로 정의한다. 이 문제는 철학사에서 여전히 지금도 싸움 중에 있다. 영국 경험론과 확연히 구별되는 칸트의 독특한 위상이 여기에 있다. 칸트가 제기한 문제들은 여전히 철학사에 있어서 논쟁거리로 남아 있다.

경험을 통해 얻어진 추상적 개념들은 경험대상들에다가 적용할 수가 있다. 이 점에서 칸트와 영국 경험론은 일치한다. 하지만 경험을 통해 얻어진 것이 아니면서도(범주의 근원은 경험이 아니라 순수오성 안에 있다는 칸트의 주장) 경험대상들에게 적용되기 위해서는 그 적용의 타당성이 충족되거나 정당화되지 않을 수 없는 개념들이 있다(순수사고형식인 범주). 바로 이 싸움이 칸트와 경험론의 차이를 형성하면서 동시에 철학사에서 여전히 논쟁거리로 남아 있는 문제를 형성했다. 아직까지도 너무나 많은 피를 흘리고 있는 이 문제는 여전히 미해결의 문제로서 철학사의 중심문제를 형성하고 있다고 보아도 된다. 현대의 철학은 이 문제를 언어의 세계연관 문제로 변형시키고 있을 따름이다.

개념들은 해당된 모든 대상들에 공통인 규정들을 지니고 있다. 이것을 우리는 내포(intension, connotation)라고 한다. 또한 내포들은 대상들에 적용될 수 있는데 내포들이 적용되는 대상의 범위를 우리는 외연(extension, denotation)이라고 한다. 내포가 공통규정이라면 외연은 적용되는 대상들의 집합 전체가 된다. 그러니까 이 둘의 관계는 필연적으로 반비례 관계에 있을 수밖에 없다. 내포적 규정들이 많으면 그 규정들을 충족시키는 대상들의 범위는 줄어든다. 내포적 규정들이 적으면 그 규정들을 충족시키는 대상들의 범위는 넓어진다. 그렇기에 내포와 외연은 필연적으로 반비례한다.

180°에 해당하는 도형의 외연은 삼각형과 반원이 있다. 이 둘의 외연은 일치한다. 하지만 누가 보아도 반원과 삼각형의 내포적 규정들이 같다고 말할 수는 없다. 삼각형과 반원을 구별해 주는 것은 내포적 규정들뿐이다. 그렇기 때문에 대상의 외연을 한정해 주는 기준은 내포만이 할 수 있다. 하지만 그 반대는 절대 아니다.

내포적 규정들이 많으면 많을수록 그것에 해당하는 외연의 범위는 줄어들 수밖에 없다. 반대로 내포적 규정들이 적으면 적을수록 그것에 해당하는 외연의 범위는 넓어지게 된다. 내포와 외연은 반비례 관계에 있다. 그리고 외연의 범위를 제한하고 한정하는 것은 오직 내포적 규정들만이 할 수 있다.

칸트는 범주가 경험으로부터 유래하지 않았지만 그 범주의 적용 범위는 시간과 공간을 통해 주어지는 현상 영역에 제한시켰다. 물자체는 범주 적용의 경험적 한계다. 물자체는 범주가 적용될 수 없는 근본 한계다.

범주적용의 오류(category mistake)란 개념들이 적용될 대상들에 적용되지 않고 적용될 수 없는 대상들에 적용될 때 발생한다. 산부인과에 가서 장례를 요구하는 것이 적합하지 않듯이 우리는 피자집에 가서 빈대떡을 주문할 수는 없다. 이런 것들은 모두가 범주 적용의 오류에 해당한다.

범주들은 그것들이 적용될 수 있는 외연의 범위를 갖는다. 적용될 수 없는 대상들에 적용할 때 범주는 적용의 오류를 범하게 된다. 이런 개념 사용의 부적합성을 우리는 범주적 오류적용이라고 부른다. 적용할 수 없는 대상들에 대한 개념의 부적합한 사용(inadequate use)은 반드시 피해야만 한다. 어떤 경우에도 범주의 오류적용은 피해야 하는 이유가 여기에 있다. 칸트의 인식론에서는 범주는 어떤 경우에도 물자체에 적용되어서는 안 된다. 반대로 물자체에 적용되는 것들은 그 이해나 규정을 위해서 범주에 의존해서도 안 된다. 칸트는 이 점에서 진리의 논리학과 가상의 논리학을 구별한다.

3. 개념과 판단의 차이

개념들은 항상 그것이 적용되는 지시대상들의 연관을 전제로 한다. 황금산은 개념이지만 대상들에게 적용될 수가 없다. 왜냐하면 황금산은 단지 우리 마음 안에만 있고 실질적인 대상들 속에서는 발견되지 않기 때문이다. 이런 개념들은 허구적이다. 허구적이란 단지 내 마음 안에만 있고 대상에서는 발견되지 않는 것을 말한다. 황금산은 그렇기에 그 개념이 가리키는 지시대상이 없다(no reference).

이에 반해 '저 산이 황금이다.'라는 것은 저 산을 가리키면서 저 산이 어떻다고 판단을 한 것이다. 우리는 이 판단이 틀렸다고 한다. 판단은 참과 거짓 둘 중의 어느 하나다. 모든 경험적 판단들은 참이거나 거짓이라는 두 개의 진릿값 중에서 어느 하나를 지닌다. 판단은 명제의 진리 검증이다. 그렇기에 판단은 참이거나 거짓이라는 진리

값 중 어느 하나를 지니지 않으면 안 된다.

개념들은 그것들이 가리키는 지시 대상이 있는가 없는가에 따라 구체적 개념과 허구적 개념으로 구별된다. 황금산은 허구적이다. 허구적 개념이란 마음 안에 있는 규정들에 지나지 않는다. 이것은 마음 밖에 있는 실재를 어떤 경우에도 가리킬 수가 없다. 왜냐하면 그 허구적 개념이 가리킬 수 있는 그런 대상 자체가 아예 없기 때문이다.

판단은 참이거나 거짓으로 판가름 난다. 판단은 참이거나 거짓 둘 중의 어느 하나로 결정되지 않으면 안 된다. 그렇기에 황금산이라는 복합 개념은 지시대상이 부재하다고 말해야 한다. 또한 '저 산이 황금이다.'라는 것은 판단의 내용이 경험대상을 통해서는 충족될 수 없다고 말해야 한다. 즉 이 판단은 거짓이다.

개념들은 적합하게 사용되는가 아니면 부적합하게 사용되는가에 따라서 그 적합성이 결정된다. 판단은 판단 내용을 충족하는 것을 경험대상들을 통해 검증하는 것을 말한다. 개념은 판단 안에서 규정하는 술어로만 사용될 때 그 적합성이 결정된다. 하얀 인간은 복합 개념이지만 저 인간이 하얗다는 것은 판단이다. 황금산과 저 산이 황금이다가 구별되어야 하듯이 하얀 인간과 저 인간이 하얗다는 구별되지 않으면 안 된다.

4. 동일화와 술어화

존재하는 것은 개별자뿐이다. 아리스토텔레스는 매우 정당하게도 본질을 실체화하는 플라톤을 비판할 수 있었다. 본질은 무엇을 규정하는 것이지 개별자와 같이 존재하고 있는 어떤 것이 절대 아니다.

삼각형의 본질은 두 변을 더한 것이 나머지 한 변보다 항상 커야 한다. 그리고 세 각의 합이 항상 180도이어야 한다. 우리는 이런 규정들로 인해 삼각형이 삼각형으로 성립한다고 말하는 것이다. 본질은 어떤 것을 규정하는 원리다. 여기에 직각삼각형, 예각삼각형, 둔각삼각형이 실제로 있는 것이지 삼각형 자체가 있는 것은 아니다.

실제로 존재하는 것은 수적으로 하나인 개별자만이다. 이 점에서 존재는 술어가 아니다. 이 점에서 칸트는 '존재가 어떤 경우에도 술어가 아니다.'라고 정당하게 주장할 수 있었다. 술어들이 존재에 귀속될 수는 있어도 술어들 자체가 존재할 수는 없다. 존재는 실제로 있든지 없든지 둘 중의 어느 하나다. 있는 것은 무엇이 실제로 개별적으로 있거나 어떤 것이 실제로 하나만 있는 것을 뜻한다.

북한산이 실제로 하나만 있다. 하지만 산 자체가 있는 것은 아니다. 왜냐하면 북한산은 마음 밖에 실제로 하나만 있지만 산은 모든 산을 대표하는 그런 공통 규정으로만 작용할 따름이다. 개념은 해당하는 공통만을 대표할 뿐이다. 하지만 실체는 자기 하나만 대표하는 것이다. 북한산은 있지만 산은 모든 산에 공통인 그런 일반규정만을 대표할 뿐이다. 감각은 개별 표상이지만 개념은 보편 표상이다.

술어들은 대상들에 적용해서 그 적용의 타당성을 적합하게 충족하는지 아니면 충족하지 못하는 지에 따라 그 사용의 정당성을 구별할 수 있다. 술어는 어떤 경우에도 실체화되어서는 안 된다. 존재하지 않는 것을 존재한다고 하면 그것은 안 된다. 술어들은 대상들과 관계하고 이것을 규정할 뿐이다. 금강산이 아름다울 수는 있어도 아름다움 자체가 있는 것은 아니다. 아름다움 자체는 있는 것이 아니다. 이 점에서 술어의 실체화는 어떤 경우에도 거부되지 않으면 안 된다.

존재는 실제로 있다/없다의 문제에 속하고 술어는 그것이 적용될 수 있는 대상과의 연관에서만 평가된다. 여기에 있는 이 장미가 아름다운 것이지 아름다움 자체가 있는 것은 아니다. 있는 것은 개별적인 이 장미고 저 장미다. 아름답다는 술어는 장미를 규정하는 것 내지는 장미에 적용되는 그런 술어들에 불과하다.

존재가 없다면 어떤 경우에도 동일화가 불가능하다(There is no identity without entity). 동일화가 가능하려면 이것은 수적으로 하나만 존재하는 것이어야만 한다. 있는 것은 개별적인 이것뿐이다.

술어는 대상들과 관계하면서 대상들을 규정하는 것이다. 이 규정이 대상에 적합하게 이루어지면 술어는 참을 충족시키는 것이고 그렇지 않으면 술어의 적용은 거짓이 된다. 관련된 대상을 적합하게 규정하는가 그렇지 않은가를 통해 술어의 대상 적합성 여부가 판가름 난다.

프랑스의 현재 왕은 대머리다. 사실상 이 문장은 주어와 술어로 구성된 것처럼 보이지만 자세히 분석해 보면 그렇지 않다는 것이 밝혀진다. 프랑스의 현재 왕은 주어가 아니라 술어에 지나지 않는다. 문장에서 언급되는 대상을 우리는 X라고 해야 한다. 그런데 이 X가 있는지 없는지는 우리는 아직 모른다. 이것은 있고 없음을 경험적으로 확인해야만 하는 문제로 남아 있다. 그런데 우리는 그 X가 '프랑스인이고, 대머리고, 왕이다.'라고 말해야만 한다. 하지만 경험적으로 확인해 본 결과 지금은 왕의 시대가 아니고 민주정치의 시대이기 때문에 우리는 X가 없다는 것을 알게 되었다. 위 문장은 지시 대상이 없지만 (왕정시대에는 왕이 있지만 민주정치의 시대에는 왕이 없기에) 술어들은 엄연히 주어에 귀속되어 사용되었다. 우리는 여기서 지시대상은 없지만 그것들에 술어가 귀속되어 사용된 사이비 문장을 폭로하지 않을 수 없다. 주어에 술어들이 아무리 귀속되어 사용되어도 주어가 존재하지 않을 수도 있다.

$$X \text{ is so, so, so} \cdots\cdots.$$

여기서 X는 동일화가 가능한 실존의 문제에 해당한다. 그리고 술어로 작용하는 so, so, so 등은 주어에 적합하게 귀속되어 사용되는지 그렇지 않은 지를 통해 그 적용의 타당성이 검사될 뿐이다. 실존이라는 동일화와 적용이라는 술어화는 서로 다른 것이기 때문에 이 둘을 구별하지 않으면 안 된다. 칸트는 X는 있다(exist)/없다로 경험적으로 확인될 문제로 본다. 그리고 X에 귀속되는 술어들은 규정이 적합한지 아니면 부적합한지를 통해 그 귀속의 타당성이 결정될 수 있다고 보았다. 칸트에 따르면 범주는 대상들에 적합하게 적용되고 그런 한에서 적용의 타당한 범위 안에서 그 사용의 적합성이 검증될 수 있다고 본다.

5. 분석판단과 종합판단

분석판단은 진릿값이 항상 참인 판단을 말한다. 이것이 참인 이유는 직관에 있어서 자명하거나 정의에 있어서 항상 참이 성립하기 때문이다. 전체가 부분보다 크다는 것은 항상 성립한다. 이것은 굳이 경험을 통해 확인하지 않더라도 그 자체가 항상 성립하는 것이다. 이것보다 더 확실한 것은 없다. 직관은 다른 어떤 것을 경유할 필요가 없는 것이다. 그것은 모든 것의 출발을 이룬다. 질서의 계열에 있어서 직관은 가장 앞서 간다. 그래서 가장 확실하다. 전체가 부분보다 큰 것은 경험을 통해서가 아니라 직관을 통해 항상 성립한다. 삼각형은 180°라는 것은 정의에 의해서 그렇다. 삼각형의 정의가 삼각형의 진리규정이다.

분석판단은 직관에 있어서 가장 확실한 명증성에 기초하거나 정의에 있어서 항상 성립하는 판단이다. 그렇기에 항상 참을 충족하는 판단이다. 진릿값은 항상 참(恒眞)이다. 즉 일가적(one value)이다. 분석판단은 진위를 구별하기 위해 경험과의 검증이 불필요하다. 분석판단을 부정하면 필연적으로 모순에 빠진다. 작은 것이 큰 것보다 크다는 것은 그 자체가 모순이다. 삼각형의 내각의 합이 180°가 아니라고 주장하는 것은 정의에 위배되기 때문에 그 자체가 모순이다. 분석판단은 이미 성립하고 있는 것을 우리가 다시 한번 알게 되는 것을 의미한다. 이것은 어떤 경우에도 인식을 확장시키는 것이 아니라 다만 확인하는 것에 지나지 않는다.

분석판단이 항상 참인 일가적 진리라면 종합판단은 이가적이다. 즉 종합판단은 참이 될 수도 있고 거짓이 될 수도 있다. 그런데 참과 거짓을 구별하는 기준은 오직 경험을 통해 확인할 수 있을 뿐이다. 종합판단은 인식 확장적이다. 경험이 판단의 진위를 결정하는 기준이다. 종합판단은 진리검증에 있어서 항상 경험과의 검증이 필수적이다. 참이란 명제에 상응하는 내용이 객관적으로 있는 것을 말한다. 거짓이란 판단에 상응하는 내용이 없는 것을 말한다. 참의 진리충족은 그 내용이 경험을 통해 확증될 수 있는 것을 말한다. 거짓은 충족될 수 없는 것을 말한다. 종합판단은 부정을 하게 되면 항상 그 내용과 다른 것을 알게 된다. 다시 말해서 참을 거짓으로 알게 되거나 거짓을 참으로 알고 있게 된다. 1588년 무적함대 전투에서 스페인이 영국을 이겼다고 주장하면 이 주장은 사실과 정반대되는 것을 참이라고 잘못 알고 있는 것이다.

큰 문제가 없는 한 칸트의 선험철학과 영국의 경험론 철학은 분석판단과 종합판단의 구별에 대해서는 의견차이가 없다. 하지만 칸트는 경험으로부터 유래하지 않으면서도 경험을 가능하게 하는 데 있어서 범주의 객관타당성을 주장한 점에서 영국경험론과 스스로를 구별한다. 이것이 철학사에서 그 유명한 칸트의 선험철학의 핵심문제다. 하지만 이 문제는 여전히 철학사에서 많은 논쟁거리를 낳고 있으며 여전히 이 싸움은 현재진행형으로 치열하게 진행되고 있다. '선험적 종합판단은 어떻게 가능한가? 경험의 성립은 어떻게 가능한가?'라는 칸트의 문제제기는 그 독창성 못지않게 여전히 논쟁의 여지가 많은 문제점을 드러내고 있다.

6. 연역추론과 귀납추정

연역(deduction)은 추론의 타당성에 관한 것이다. 추론이 성립하려면 최소한 전제와 결론으로 구성되어 있어야만 한다. 전제가 결론을 100% 확실하게 보장하는 것을 우리는 연역으로 규정한다. 결론은 전제 안에 이미 포함되어 있는 것을 다시 한번 확인하는 것에 지나지 않는다. 전제에 없는 것은 결론에 새롭게 나타날 수가 없다. 결론은 필연적으로 전제로부터 파생될 수밖에 없다. 어느 누가 추론하더라도 전제로부터 결론은 필연적으로 성립할 수밖에 없다. 연역은 논리적 강제, 즉 필연에 관한 추론이다.

이에 반해 귀납은 논리적인 것이 아니라 경험적인 것이다. 이 점을 분명히 혼동하지 말아야만 한다. 귀납은 엄밀히 말해서 논리적 추론이 아니기 때문에 전제와 결론이라는 표현을 사용하지 말아야만 한다. 사례를 하나하나 모아서 이것을 토대로 일반화의 정도를 시도하는 것이 귀납이 하는 것이다.

지금까지 경험적으로 관찰된 모든 백조들이 흰 백조였다면 우리는 이것을 토대로 다음에 관찰될 백조도 아마 흰 백조일 것이라고 추정할 수 있을 뿐이다. 그런데 이 백조가 흰 백조일 확률 내지는 정도가 상당히 그럴듯하다고 우리는 믿어도 좋다. 왜냐하면 지금까지 발견된 백조들이 흰 백조였기에 앞으로 관찰될 백조도 흰 백조일 가능성이 매우 높기 때문이다. 귀납은 필연이 아니다. 그것은 기껏해야 정도를 믿어도 좋은 개연성에 관한 것이다. 그런데 경험적으로 관찰하거나 확인해 보니까 검은 백조로 드러날 수도 있다. 이제까지 관찰된 경험적 사례들이 앞으로 발견될 사례들에 대해 높은 신빙성을 보여 주는 정도 충족이나 신뢰는 어떤 경우에도 논리적 강제가 아니다. 그것은 경험적 발견의 신뢰문제다. 브라질이 월드컵에서 우승을 가장 많이 한 국가이기에 우리는 월드컵이 열릴 때 브라질의 우승확률이 높다고 말한다. 그런데 우리가 이번에도 브라질이 필연적으로 우승한다고 말하면 우리는 오류를 저지르는 것이다.

연역에서는 예외가 배제된다. 귀납에서는 필연이 배제된다. 연역은

전제로부터 결론을 필연적으로 이끌어 내는 논리적 강제이지만 귀납
은 개연성의 정도 충족에 관한 것이다. 논리적 문제하고 경험적 문제
를 우리는 혼동해서는 안 된다. 귀납은 실패한 연역이다. 독일인들 중
에서 나치 성향의 사람들이 꽤 많은 것이 사실이지만 그렇다고 독일
인들 모두가 나치는 아니다. 한국인들 중 상당수가 냄비근성이 있다
고 해서 모든 한국인이 다 냄비근성의 소유자라고 주장해서는 안 된
다. 태양이 47억년 동안 떴다고 해서 '내일도 태양이 필연적으로 뜬
다.'라고 말해서는 안 된다. 태양이 내일 뜰지 안 뜰지는 논리적 강제
의 문제가 절대 아니다. 지금까지 대략 50억 년 동안 태양이 에너지
를 방출했기에 우리는 앞으로도 에너지를 방출할 것이라고 믿어도
좋을 뿐이다. 에너지를 방출하는 수소가 헬륨입자로 변환되어서 무거
워지면 태양이 중성자별이 되지 말라는 법은 어디에도 없다. 그럴 가
능성은 얼마든 가능하다. 모든 생명체가 죽는다에서 우리는 아직까지
예외를 발견한 적이 없다. 태양이 내일 뜬다는 필연이나 논리적 강제
는 없지만 우리는 태양이 내일도 뜰 것이라는 높은 기대를 가져도 좋
다. 적어도 앞으로 내가 죽을 때까지는 이런 걱정을 하지 않아도 충
분히 좋다.

사람들은 가격이 비싸면 안 사고 싸면 사는 경향(tendence)이 지배
적일 뿐이다. 하지만 이것은 경제학에서 말하는 수요 공급의 경향성
으로 말해야지 예외를 허용하지 않는 법칙으로 말해서는 안 된다. 물
건이 비싸도 사는 사람들은 얼마든지 있다. 이들은 수용 공급의 경향
에 해당되지 않는 자들이다. 비싼 물건을 통해 지위를 과시하고 싶은
욕구에 의해 소비하는 자들은 경향성에 의해 소비하는 자들하고 확
연히 구별된다.

6.1. abduction

　연역은 전제로부터 결론을 필연적으로 강제하는 것이다. 귀납은 사례들 하나하나로부터 일반화의 정도를 시도한다. 연역이 순수하게 논리적 문제라면 귀납은 경험적 일반화와 관련한다. 논리와 경험적 일반화를 혼동하지 말아야만 한다. 그런데 연역도 아니고 귀납도 아닌 다른 추리방식이 있다. 이것은 주로 과학에 있어서 발견의 논리에 해당하는 추론이다.

　과학적 발견은 주로 유추를 통한 것과 결과로부터 원인을 통한 추리로 구별된다. 유추의 목적은 발견을 하는 데 있다. 그런데 발견이 반드시 성공한다는 보장은 없지만 발견을 위한 단초로 유추를 사용하기도 한다. 뱀들은 이빨이 없다. 그렇다면 뱀들은 어떻게 해서 삼킨 음식물을 소화할 수 있단 말인가? 우리는 뱀에게서 먹이를 소화시키는 것이 무엇인지를 물어보지 않을 수 없다. 모든 뱀이 독을 지니는 것은 아니지만 독을 품고 있는 뱀들은 독을 소화효소로 사용하고 있는 것이 경험을 통해 밝혀졌다. 경험적으로 연구한 결과 뱀은 독을 소화효소로 사용하는 것이 입증되었다. 그런데 우리는 뱀이 무엇을 통해 소화를 하는지를 탐구의 출발점으로 제시했다. 이 의문과 호기심은 탐구를 통해 밝혀진다. 그런데 바로 탐구를 이끌어 가는 동력이 이런 추론에 있었다는 것이 확인된 것이다. 과학에 있어서 추론은 발견을 목적으로 한다.

　악어 역시 이빨로 먹이를 씹을 수 없다. 그들도 뱀과 같이 먹이를 통째로 삼킨다. 하지만 악어는 뱀과 같이 독을 지니고 있지 않다. 하지만 악어는 다른 어떤 파충류보다 위산을 많이 가지고 있기에 뼈까지도 녹일 수 있다. 이것이 악어가 먹이를 통째로 삼키면서 먹이를 소화하는 방식이다. 유사성을 토대로 해서 다른 경우를 유추적으로 추론하고 이것을 경험적으로 확인하는 과정을 통해 우리는 유추가 발견에 기여하기도 하고 기여하지 않기도 한다는 것을 알게 된다. 유추는 발견을 위한 추론인데 이 추론이 항상 성공하는 것은 아니다. 과학에 있어서 발견은 유추적 추론을 통해 마련되지만 이것이 반드시 성공한다는 필연은 없다. 이 점에서 과학적 추론은 논리적 연역하고 구별된다. 귀납이 단순히 자료를 수집해서 일반화를 정도화하는 것이기 때문에 과학적 추론은 수집의 일반화가 아니라 발견을 목적으로 한다는 점에서 귀납과 구별된다.

자식들은 부모를 닮는다. 우리는 이것으로부터 자식들의 유전자를 형성하는 데 있어서 부모들의 영향력을 고려하지 않을 수 없다. 자식들이 부모를 닮는다는 이유 하나로 멘델은 유전자를 결정하고 지배하는 유전법칙을 발견할 수 있었다. 결과가 원인을 닮는다는 것이 이런 발견의 단초를 제공했다. 그런데 경험적으로 추후 확인한 결과 이것이 사실로 입증된 것이다. 결과로부터 원인으로의 추론이 발견을 성공시킨 사례가 된 것이다. 남아 있는 탄소의 양을 토대로 화석의 살아 있는 연대를 추정하는 것 역시 이런 발견의 사례들에 속한다. 깨어진 유리조각들이 원래의 것으로 다시 붙지 않는다는 것을 토대로 우리는 엔트로피의 법칙을 찾아낼 수 있을 것이다.

과학은 발견을 목적으로 한다. 달이 지구 질량의 1/6밖에 안 되기 때문에 중력이 약하게 작용할 것이라고 우리는 추측할 수 있다. 이 추측이 참인지 거짓인지를 결정하는 것은 실험을 통해서다. 그런데 달에서는 지구 중력보다 약하기 때문에 탈출속도가 더 약하게 드러났다는 것이 경험과 실험을 통해 확인되었다. 목성은 지구 무게보다 1,000배 정도 무겁다고 한다. 그렇다면 목성의 중력은 지구 중력보다 훨씬 강하게 측정될 수 있다고 우리는 추정할 수 있다. 그렇다면 목성에 착륙할 경우 탐사선은 목성을 탈출하기 위해 지구중력보다 1,000배 정도 강한 속도가 필요하다고 추정할 수 있다. 우리는 아직 목성에 탐사선을 착륙시키고 있지 못하다. 그런데 언젠가 목성에 탐사선이 착륙하고 다시 목성을 떠날 때 우리는 목성 탈출 속도를 지구 탈출 속도의 1,000배 정도가 될 것이라고 추정할 수는 있다. 그런데 정확하게 탈출속도가 어떻게 측정될지에 대해서는 우리는 논리적 추정이나 가설만이 아니라 경험과 실험을 통해 이것을 확증하지 않으면 안 된다. 목성의 탈출속도가 지구의 중력 상수보다 강하게 나타난다는 것은 의심할 여지가 없다. 하지만 목성의 탈출속도가 정확하게 어떤 중력상수를 지닐지는 실제로 실험과 경험을 통해 확증하지 않을 수 없다. 과학의 추론은 발견의 단초만을 형성할 뿐이다.

지구에 생명체들이 살고 있다는 발견을 통해 우리는 지구와 유사한 행성에서도 생명체가 살 수 있다는 가능성을 추론할 수 있다. 하지만 이 추론이 성공할 것인지 아니면 실패할 것인지를 결정하는 것은 논리가 아니라 경험이다. 따라서 지구와 유사한 크기의 행성들 중에서 생명체가 살 수 있는 가능성은 열어 놓되 그것이 실제로 그런지를 검증하는 문제는 발견적 추론만이 아니라 경험적 실험을 통해 결정해야만 한다. 우리가 이미 알고 있는 것을 토대로 해서만 우리는 우리가 알고자 하는 것을 앞서서 추정할 수 있을 뿐이다. 하지만 이 추정이 정확하게 무엇인지를 결정하는 문제는 여전히 실험과 경험적 확증을 통해 결정하지 않으면 안 된다. 발견의 문제는 연역과 같이 논리적 강제도 아니고 귀납과 같이 경험적 자료를 수집하는 것도 아니다. 그것은 이미 알고 있는 것으로부터 알고자 하는 것을 추정하는 발견에 그 목적이 있다.

6.2. 상상력을 통한 재구성

1532년 11월 17일 피사로가 이끄는 165명의 스페인 정복자들은 쿠스코를 수도로 한 잉카를 공격했다. 그때 잉카의 병사들은 대략 8만 정도라고 한다. 우리가 아직 이해할 수 없는 것은 어떻게 스페인이 잉카를 이길 수 있었는가에 있다. 이긴 것은 확실한데 어떻게 이겼는가에 대해서는 정확한 기록이 없다. 우리는 이 정복 과정을 재구성하는 과정에서 어떤 추정을 하지 않을 수 없다. 타임머신을 타고 과거로 갈 수 없기에 우리는 추정을 통해 이 전투를 재구성하지 않으면 안 된다. 그럴 때 우리는 역사책에 나와 있지 않은 여러 가설들을 미리 상상을 통해 재구성하지 않을 수 없다. 잉카인들이 알 수 없는 첨단 무기들로 무장했다고 해도 그 당시의 총으로 잉카를 이기는 것은 거의 기적에 가까운 것이다. 잉카의 군인들이 아무리 훈련이 안 된 당나귀 군대들이라고 해도 인해전술로 싸워도 이길 수 있었는데 어떻게 그렇게 맥없이 무너질 수 있었는지는 여전히 의문으로 남아 있다.

이집트 피라미드, 중세의 페스트, 안데스의 유적들, 마야 문명, 칭기즈 칸의 무덤 위치, 진시황제와 케네디의 의문의 죽음 등 우리는 역사에서 그 정확한 인과관계를 알 수 없기에 이것을 오직 추정을 통해서만 재구성할 수밖에 없는 사건들을 경험하게 된다. 이때 재구성은 설득력이 있어야 하기에 추정이 단순 허구와는 구별되지 않으면 안 된다. 좋은 역사는 사실을 정확하게 수집하는 데 있는 것이 아니라 사건과 사건들을 인과적으로 적합하게 설명할 수 있는 데 있다. 재구성은 불가피한데 이 불가피는 동시에 설득력이 있는 방향에서 추론이 이루어져야만 한다.

7. 필연과 법칙의 의미론적 구별

필연은 어떤 것이 항상 그렇고 그렇지 않은 경우는 불가능한 것을 말한다. 필연은 대안을 허용하지 않는다. 모든 생명체는 죽는다. 이것은 필연이다. 이것은 어떤 경우에도 죽지 않는 예외를 허용하지 않는다. 필연은 부정적으로 말하면 예외가 없거나 대안을 인정하지 않는다. 귀류법(regressus ad absurdum)은 필연의 부정은 필연적으로 모순으로 귀착되는 것을 간접적으로 보여 줌으로써 필연의 부정이 불가능하다는 것을 보여 주는 증명방식이다. 수학과 논리는 필연을 다룬다. 수학은 증명의 필연성을 다룬다. 논리는 전제로부터 결론으로의 추론이 필연적으로 성립하는 것을 다룬다.

자연과학은 법칙을 다룬다. 법칙이란 해당된 현상들을 타당하게 지배하는 것을 말한다. 법칙은 해당된 모든 현상들을 예외 없이 다 지배할 수도 있고 어떤 경우에는 예외를 인정하면서 지배할 수도 있다. 예외를 인정하지 않는 법칙의 지배는 필연적이다. 하지만 예외를 허용하는 법칙의 지배는 필연적이지 않다. 그렇기 때문에 법칙과 필연은 의미론적으로 구별되지 않으면 안 된다.

모든 변온동물은 거의 다가 알을 통해 새끼를 부화한다. 하지만 아나콘다나 살무사는 파충류임에도 불구하고 마치 포유류처럼 직접 새끼를 낳는다. 아나콘다와 살무사는 분명히 예외다. 법칙은 예외를 허용하는가 허용하지 않는가로 구별된다. 예외를 허용하는 법칙은 해당된 현상들 모두를 지배하는 것이 아니기 때문에 필연성을 유지하지 못한다. 이에 반해 모든 물질들은 예외 없이 중력의 지배를 받기 때문에 중력은 물질을 지배하는 필연성을 유지한다.

8. 인과율과 추론의 차이

추론은 전제와 결론으로 구성되어 있다. 결론이 전제 안에 포함되어 있거나 전제로부터 파생될 때 이 추론은 필연적으로 그런 것이다. 전제가 결론을 100% 확실한 것으로 보장할 때 이 추론은 필연적이다. 추론의 필연은 전제가 결론을 100% 확실하게 보장하는 것을 말한다. 추론은 논리적 강제를 말한다.

인과율은 논리적 강제가 아니다. 인과란 세계 안에서 경험적으로 실제로 발생하는 두 사건을 결합하는 설명방식을 말한다. 논리와 자연과학의 탐구를 혼동해서는 안 된다. 인과는 탐구의 역동성과 관련된 설명방식이다. 논리는 대상을 다루는 실질적인 학문이 절대 아니다. 그것은 우리 모두가 지키지 않으면 안 되는 사고의 강제성에 대한 훈련이다. 하지만 자연과학은 대상을 실질적으로 다루며 이것을 원인과 결과에 따라 설명하는 것을 말한다. 탐구의 역동성과 추론을 통한 강제를 구별해야만 하는 이유가 여기에 있다.

열대성 저기압이 발생했기 때문에 우리는 이것으로부터 태풍이 발생했다고 설명한다. 열대성 저기압과 태풍은 시간상 실제로 발생한 경험적 사건들이다. 열대성 저기압은 태풍을 가능하게 한 원인이고 태풍은 열대성 저기압으로부터 발생하게 되었다는 점에서 결과다. 선행사건(Event$_1$ time point$_1$)과 후행사건(Event$_2$ time point$_2$)은 시간상 간격을 두고 발생했다. 그런데 이 발생은 시간상의 전후 차이만 있는 것이 아니라 영향력의 차이도 있다. 선행사건은 시간상 앞서서 발생했다는 것만이 아니라 후행사건을 가능하게 한 사건이라는 점에서 영향력을 행사한 것이다. 이 영향력은 인과율에서 정확하게 계량화될 수 있다. 영향력은 항상 비가역적이다. 시간이 비가역적이듯이 영향력 역시 비가역적이다. 자식의 유전자들이 부모의 유전자를 닮는 것이지 부모의 유전자들이 자식의 유전자를 닮는 것은 아니다. 인과율에 있어서는 영향력이 원인을 통해 결과로 흘러 들어간다. 비가역적이라는 것은 방향이 일방적으로 원인에서 결과로 흘러 들어갈 때만 성립하는 것을 말한다. 영향력의 비대칭성은 규칙성으로 확인된다. 열대성 저기압이 발생하면 우리는 태풍이 올 것이라고 예측한다. 그리고 이 예측은 정확하게 관찰을 통해 확인된다. 인과율은 사건의 규칙성을 통해 그 타당성이 확인된다.

아인슈타인은 인과율을 결정론적으로 이해했다. 그래서 그는 "신은 주사위 놀이를 하지 않는다."고 주장할 수 있었다. 초기조건들이 결정되면 후기 조건들은 정확하게 측정된다. 원인과 결과 사이에는 정확한 측정을 통해 그 영향력의 관계가 결정된다. 아인슈타인은 물리학의 법칙이 어떤 경우에도 예외를 허용하지 않는다는 의미에서 법칙의 단순성을 아름다움으로 여기기까지 했다. 하지만 인과율은 그것이 미시영역을 설명하려 들 때는 더 이상 결정론적으로 확인될 수 없다는 쓰라린 좌절을 경험하게 되었다. 닐스 보아의 반론은 이 점에서 타당하다. 인과율이 타당한 것은 그것이 적용된 경험현상을 설명할 때뿐이다. 음식마다 그 유통기한이 서로 다르듯이 인과율도 그 적용되는 대상에 따라 그 의미가 서로 상이할 때가 있다. 미시영역에서는(운동 속도가 거의 빛의 속도에 접근해 가는 아원자의 영역) 인과율이 더 이상 결정론적이지 않다. 이론의 힘은 예측하는 데 있다. 하지만 이론은 이론이 설명하는 대상에 더 이상 적용되지 않을 때 그 지배력을 상실한다. 인과율과 결정론이 동의어일 필요는 없다. 양자론이 인과율을 비결정적 확률로 이해한다고 해서 양자론을 사이비 과학으로 매도해서는 안 된다.

자연과학자들은 자연의 현상을 지배하는 법칙을 발견하는 자이지 법칙을 강제하는 자들이어서는 안 된다. 미시영역의 대상이 결정론에 따르지 않는다고 해서 우리가 이것을 무리하게 실재의 모습이라고 규정해서는 안 된다. 해당 대상을 설명하지 못하는 이론의 무능을 우리는 수정해 가면 된다. 자연과학은 패러다임의 변화가 불가피하게 진행되는 과정이다. 이 과정은 발견의 과정이지 논리적 강제의 문제가 아니다. 자연과학에 있어서 발견을 강제하는 법칙 따위는 없다. 발견은 이론과 현상의 불일치를 통해서 전개되고 이 전개는 이론이 현상을 설명하는 과정을 통해서만 충족된다.

9. 규정하는 판단력과 반성하는 판단력

판단이란 항상 어떤 것을 어떤 것이라고 규정하는 것을 말한다. 술어들은 대상들과 관계하고 규정한다. 이 규정이 대상들에 적합하게 적용될 때 술어들은 진리를 충족하게 된다.

규정하는 판단력은 원리, 법칙, 규정들이 있다는 것을 전제로 한다. 개별사례들이 주어질 때 우리는 이런 개별사례들을 일반규정 밑에 포섭시켜서 규정한다. 우리가 일반원리를 알고 있다면 우리는 이 원리를 개별사례들에 적용할 수가 있다. 개별 사례들을 일반 규정 밑에 포섭시켜서 규정하거나(밑으로부터 위로) 일반규정을 개별사례들에 적용하는 것(위로부터 밑으로)이 규정하는 판단력이 하는 일이다. 어떤 축구 선수가 발을 심하게 다쳤을 경우 이 환자는 재활전문 담당 의사를 통해 치료될 수 있다.

이에 반해 반성하는 판단력은 개별사례들은 주어지는 것에 반해 이것을 규정할 일반원리가 아직 없는 경우를 말한다. 우리는 개별사례를 규정할 일반원리를 알지 못하기에 이 일반원리를 찾아내서 완성하지 않으면 안 된다. 현대 의학은 아직 에이즈를 완전 정복한 것이 아니다. 그렇기에 에이즈 환자가 찾아오면 이 환자를 치료해서 완쾌할 수가 없다. 우리는 개별사례를 규정할 일반원리를 찾아내서 완성시키지 않으면 안 되는 과제에 직면하게 되는 것이다. 반성하는 판단력은 원리 자체가 없기에 원리 자체를 찾아내서 완성해야만 하는 과제를 떠맡는다.

규정이 없거나, 선례가 없거나, 위로부터의 지시가 없을 경우 우리는 어떤 경우에든 스스로 규정을 만들거나 선례를 남겨야 할 과제에 직면한다. 반성하는 판단력은 우리가 이런 원리 자체를 스스로 찾아야 하는 것을 요구한다. 이 요구는 결단을 필요로 한다. 결단은 그 행위 결과에 대해 책임을 져야 한다.

10. 실천적 삼단논법

논리적인 의미에서의 추론은 전제가 결론을 필연적으로 보장하는 것을 말한다. 전제의 참이 결론을 필연적으로 100% 참으로 보장한다. 이에 반해 실천적 삼단논법은 대전제가 결론을 논리적으로 보장하는 것이 아니라 조건적으로만 함축하는 것을 말한다. 대전제가 결론을 필연적으로 강제하는 삼단논법에 비해 실천적 삼단논법은 대전제가 결론을 조건적으로만 함축하는 것을 뜻한다. 이 추론을 이해하려면 우리는 행위가 지니고 있는 고유한 특성들을 해명하지 않으면 안 된다.

인간의 행위는 목적지향적이다. 모든 목적은 더 이상 추구할 수 없는 궁극목적을 추구한다. 이 점에서 궁극목적은 행위를 가능하게 하는 토대다. 궁극적이라는 것은 행위의 완성을 뜻하지 시간의 끝이 아니다. 궁극적(ultimate)이라는 것은 더 이상 능가할 수 없는 어떤 완성을 의미한다. 하지만 시간의 끝(final)이라는 것은 완성과 아무 연관이 없다. 어떤 인간이 나이 90세에 죽었다면 그의 인간적 수명의 한계는 90이다. 하지만 그가 90세에 죽었다고 해서 그가 무엇을 완성하고 죽었다는 것을 뜻하지는 않는다.

우리가 추구하는 궁극적 목적은 완성되는가 아니면 완성되지 못하는가로 구별된다. 궁극적인 목적은 행위가 궁극적으로 추구하는 것이기에 행위가 완성해야만 하는 과제로 나타난다. 추구하기만 하고 행위하지 않으면 궁극목적인 완성되지 않은 채 남아 있다. 그렇기에 궁극적인 목적은 완성을 위해 행위를 추동하는 것으로 작용한다. 행위는 언제나 궁극적인 목적을 추구하과 실행함으로써 자기 충족을 얻어 간다. 이것이 바로 인간 행위의 목적론적 구조다. 이것을 추론으로 나타낸 것이 바로 실천적 삼단논법이다.

대전제는 항상 궁극목적으로 작용한다. 대전제는 욕구될 뿐 아직 실현된 것은 아니다. 대전제가 실현되기 위해서는 요구되는 것들이 있다. 결론은 바로 이런 요구된 것을 수행하는 것을 말한다. 대전제는 결론을 필연적으로 강제하는 것이 아니라 목적을 실현한다는 방식으로서만 결론을 강제한다.

대전제: 궁극 목적
소전제: 요구되는 것들
결론: 요구된 것을 수행

궁극목적: 공대교수
요구되는 것들: 박사학위, 자격시험 통과, 필수과목 이수
결론: 필수과목을 공부

목적은 다른 것을 위해서 있는 것이 아니라 그 자체를 위해 있다. 행위의 궁극목적은 행위가 궁극적으로 지향하는 것이지만 아직 실현된 것은 아니다. 이것은 실현되어야만 한다. 이것이 실현되기 위해서는 요구되는 것들이 충족되어야만 한다. 그렇기에 결론은 요구된 것을 충족하지 않으면 안 된다. 요구된 것을 충족시키지 못하면 궁극목적은 어떤 경우에도 실현되지 못한다. 그렇기에 궁극목적을 완성하고자 한다면 우리는 요구된 것을 하지 않으면 안 된다. 대전제는 결론을 필연적으로 강제하는 것이 아니라 목적을 실현한다는 조건을 통해서만 강제한다.

수단은 목적을 위해 도구적으로 유용하고, 적합하고, 기능적으로 기여하고, 효과적이어야만 한다. 목적은 수단을 통해 충족된다. 목적 수단 합리성은 수단들이 목적을 완성하는 유용성에 따라 평가된다. 목적을 충족하고 완성하는 과정에서 수단들의 적합성이 평가되고 측정된다. 행위에 있어서 목적은 행위가 궁극적으로 실현하려는 것이다. 행위의 목적은 행위의 충족에 있다. 충족이 행위를 움직이게 하는 원인으로 작용한다. 행위는 행위가 궁극적으로 추구하는 목적을 완성함으로써 행복을 느낀다.

상어가 전자장을 만들어 내는 것은 물체의 위치를 알아냄으로써 먹이를 먹기 위한 것이다. 뱀들이 혀를 사용하는 것은 온도를 측정함으로써 상대의 위치를 정확하게 알아내기 위해서다. 마찬가지로 우리가 행위하는 것은 행위가 궁극적으로 추구하는 목적을 완성함으로써 행복을 맛보기 위해서다. 행복은 행위를 가능하게 하는 근본 원인으로 작용한다. 모든 인간의 행위는 행복을 실현하는 욕구에 의해 움직인다. 행복실현은 행위를 가능하게 하는 원인으로 작용한다. 행위의 작용은 궁극목적을 따르고 수행함으로써 행복을 느낀다. 행복은 행위를 가능하게 하는 궁극 원인이다. 모든 목적론적 추론은 항상 행위가 궁극목적을 추구하는 것을 뜻하기에 이 추론은 대전제가 결론을 조건적으로 함축하는 것으로 되어 있다. 궁극목적을 완성하는 한에서만 대전제는 결론을 필연적인 것으로 포함할 뿐이다.

11. a priori / a posteriori 그리고 transcendental

어떤 것이 서로 같지 않을 때 이 둘 사이에는 최소한 질서의 등급에 있어서 차이가 있게 마련이다. 원인은 결과를 가능하게 한다. 하지만 결과가 원인을 가능하게 할 수는 없다. 이와 같이 어떤 것이 시간이 아니라 근거에 있어서 앞서갈 때 우리는 이것을 a priori하다고 말한다. 반대로 근거의 계열에서 나중에 오는 것을 우리는 a posteriori하다고 말한다. 근거에 있어서 앞서가는 것과 그것에 뒤따라오는 것은 비가역적인 관계에 있다.

전통철학에서 말하는 것과 칸트에게서 이것들이 지니는 의미가 서로 다르게 사용되는 것이 먼저 주목되어야만 한다. 이 용어들은 칸트에게서 일종의 의미 변화를 겪었다. 칸트에게서 a priori는 경험과 독립해 있고 경험으로부터 유래하지 않은 것을 뜻한다. 반대로 a posteriori는 경험을 하고 나서 경험으로부터 수용하는 것을 뜻한다.

전통철학에서는 근거에 있어서 앞서가는 것이 a priori, 근거에 있어서 뒤에 오는 것이 a posteriori이다. 하지만 이 의미는 칸트에 의해서 경험과 독립한 것, 경험에 앞서는 것이 a priori인 데 반해 경험 뒤에 오는 것이 a posteriori로 변형된다.

전통철학이 근거의 서열 문제로 이해한 것을 칸트는 인식론적인 경험의 문제로 이것을 변형해서 사용하고 있다. 칸트의 선험철학은 그렇기에 경험으로부터 유래하지 않은 개념(즉, 범주)을 경험을 가능하게 하는 것으로 사용할 때 이 사용의 객관타당성을 정당화하는 데 있다. 칸트에게서 a priori는 태어날 때부터라는 그런 데카르트적 생득관념이 아니다. 그것은 경험으로부터 파생되지 않았다는 의미에서 그

근원이 순수오성개념에 있다는 것을 뜻한다. 생물학적인 의미에서의 생득관념도 아니고 경험적 추상을 통해 얻어진 경험적 개념도 아니기에 범주는 순수 오성에서 그 근원을 갖는다고 칸트는 주장한다. 물론 칸트의 이런 주장이 그것을 의심하는 회의주의자들(특히 흄)에 의해 비판적인 물음에 부딪히는 것은 피할 수 없다. 반대로 칸트 역시 흄의 이의신청에 대해 이것이 어떻게 가능한 것인지를 설명하는 것을 자신의 선험철학으로 규정할 수 있었다.

범주는 "주관 안에 있는 객관 규정"이다. 이때 주관 안에 있다는 것은 공간적 비유가 아니라 근원이 경험에 있지 않다는 그런 의미다. 동시에 객관 규정이라는 것은 사고의 주관적 규정들이 경험대상의 실질 규정으로 작용할 수 있다는 것을 뜻한다. 그렇기 때문에 칸트의 선험철학은 다시 말하면 "주관 안에서의 객관성"을 정당화하는 문제로 압축된다. 과연 이것이 어떻게 아직도 타당할 수 있는가에 대해서 현대 철학 역시 의견들이 분분하다.

결국 칸트의 선험철학 문제는 "어떻게 선험적 종합판단이 가능한가?", "어떻게 경험일반이 가능한가?"라는 문제로 압축된다. 경험 독립적이면서 경험을 가능하게 하는 것이 성립한다는 것을 보여 준다는 점에서 칸트의 선험철학 전체의 문제가 달려 있다. 과연 이것이 여전히 오늘날에도 가능한지를 검증하는 문제는 또 하나의 검증을 요구하는 문제로 남아 있다.

12. 있는 그대로와 우리에게

진리는 주관화의 위험과 유혹에 저항한다. 우리의 판단능력은 대상을 있는 그대로 알아 가지 않으면 안 된다. 이렇게 본다면 앎의 능력인 지성은 존재의 현실성에 참여함으로써만 진리를 충족해 간다.

아리스토텔레스가 잘 규정한 것과 같이 "있는 것을 있다고, 없는 것은 없다"고 알아듣는 것이 진리의 포괄적인 기준이다. 타르스키는 현대의 의미론적 지평에서 진리의 대응성 요구충족을 아주 잘 정식화하고 있다. '눈이 희다'는 것은 오직 눈이 실제로 흴 경우에만 참이 된다고 말이다.

천둥이 친다. 그 충돌의 결과 번개가 발생하게 된다. 그런데 사람들마다 지각의 순서가 다를 수 있다. 어떤 사람들은 천둥이 치는 소리를 먼저 듣고 그다음에 번개를 지각한다. 또 어떤 사람들은 번개를 먼저 보고 나서 나중에 소리를 들을 수도 있다. 사람들마다 이 두 관계를 어떻게 지각했는가는 차이가 있을 수 있다. 하지만 우리는 지각의 순서가 아니라 근거의 순서를 결정하지 않으면 안 된다. 그렇기에 천둥이 친 결과 두 전하들의 충돌로 인해 번개가 생겨날 수 있었고 이 번개가 불빛으로 우리에게 지각되는 것이다.

양전하와 음전하를 지닌 구름들이 서로 충돌해야지만 소리가 먼저 발생할 수 있고 이 소리가 발견되고 나서야 번개가 보일 수 있는 것이다. 이것이 사태의 참모습이다. 사건과 사건을 연결하는 근거는 반드시 지각의 발생과정과 일치하지 않을 수도 있다. 진리는 근거에 있어서 앞서가는 것을 설명하는 데 있다. 우리들은 현상들의 지각계열에 있어서 그 자체로 앞서가는 것을 먼저 우리의 설명 대상으로 삼지 않으면 안 된다. 우리는 이 차이를 근거에 있어서 앞서가는 것과 지각의 순서에 있어서 앞서가는 것의 차이로 구별하지 않으면 안 된다. 진리는 지각에 의존해서 성립하는 것이 아니다. 지각은 진리가 발견되는 데 있어서 중요한 역할을 한다. 하지만 역할이 진리의 필요조건은 될 수 있어도 충분조건은 되지는 않는다.

우리 인간들이 2+3=5를 인정하든 인정하지 않든 그런 인간의 마음에 의존하지 않으면서도 2+3=5은 항상 성립한다. 우리가 이것을 5라고 인정했기에 진리가 되는 것이 결코 아니다. 우리는 이것이 5이기 때문에 5라고 따르지 않으면 안 되는 것이다. 수학의 타당성은 우리 인간에게 의존하는 것이 아니라 우리 인간을 강제한다. 진리의 기준이 우리 인간이 아니라는 것이다. 사람들마다 이것을 알아듣는 능력이 있을 수도 있고 없을 수도 있다. 하지만 이런 개인들 간의 능력의 편차에 관계없이 이것은 항상 그 자체로서 성립한다. 그렇기에 우리 인간은 그 자체로서 참인 것을 그 자체로서 받아들이지 않으면 안 된다. 수학과 논리학은 타당하기에 우리가 그것을 받아들이는 것이다. 수학과 진리의 타당성은 마음에 의존하지 않으면서도 마음을 강제한다. 진리는 주관화의 위험에 항상 저항한다.

진리는 있는 그대로가 있는 그대로서 우리 인간에게 알려지는 것에 기초한다. 대상들이나 존재가 그것의 참 있음에 있는 것을 참으로 수용하는 데서 진리가 성립한다. 언어나 개념을 통해 진리가 알려진다고 해서 언어나 개념의 진리의 일차고향은 아니다. 진리의 참 근원은 참으로 있는 것을 알아듣는 데 있다. 참으로 있는 것을 참으로 있다고 수용하는 데서 진리는 완성된다. 이 점에서 우리에게 앞서가는 것이 아니라 그 자체로서 앞서가는 것을 우리는 주목하고 따라야만 한다. 플라톤에게 있어서도 지각이나 독사가 진리의 기준이 아니다. 그에게 진리의 기준은 여전히 참으로 있는 것을 참으로 알아듣는 데 있었다. 그렇기에 독사가 아니라 정당화된 독사가 진리로 수용되는 것은 아주 정당하다.

그 자체로서 앞서가는 것, 참으로 있는 것을 참으로 있다고 수용함으로써 인식주체는 진리의 내용을 구체적으로 확증하는 것이다. 독사든, 선입관이든, 신화든, 해석의 순환이든 중요한 것은 우리가 진리를 어떻게 생각하고 있었는가가 아니라 참으로 있는 것이 과연 무엇인가에 있다. 참으로 있는 것을 참으로 있다고 하는 데서 진리는 비로소 우리 인간에게 규정된 것으로 알려질 뿐이다.

칸트에게서는 주관 안에서의 객관성을 밝히는 문제가 선험철학의 근본 의미를 규정했다. 하지만 진리에 있어서는 주관 안에서의 객관성이 문제가 아니라 참으로 있는 객관성이 문제다. 칸트는 자신의 선험철학을 "진리의 논리학"으로 규정하지만 이것은 여전히 많은 의문과 비판에 노출되어 있다. 우리는 진리의 기준을 참으로 있는 것을 참으로 알아듣는 데 있다고 이해하지 않을 수 없기에 칸트의 진리 규정을 비판적으로 문제 삼지 않으면 안 된다.

범주의 진리 충족은 범주 자체에서 결정되는 것이 절대 아니다. 그것은 실재를 통해 그 적용의 타당성이 측정되지 않으면 안 된다. 그렇게 본다면 범주 역시 측정된 측정에 지나지 않게 된다. 범주의 진리를 결정하는 것은 실재의 참 있음이지 그 반대는 아니다. 현대 물리학은 가설을 자연을 이해하는 불가피한 안내자로 인정하지 이것을 자연 자체로 이해하지는 않는다. 우리가 알고 싶은 것은 실재의 참 있음과 규정이지 개념이 아니다. 아무리 이 개념이 주관 안에서의 객관성이라고 하더라도 말이다. 칸트는 선험적 종합판단의 가능성을 제기했지만 우리는 "진리의 지평에서 여전히 선험적 종합판단이 살아남을 수 있을까?"라고 묻지 않을 수 없다.

주관 안에서의 객관성과 있는 그대로의 객관성은 구별되어야 한다. 진리는 주관 안에서의 객관성에 기초하는 것이 아니다. 그것은 참으로 있는 것에 기초할 따름이다. 이 점에서 진리는 주관화하는 위험으로부터 항상 구제되어야 한다. 있는 그대로는 주관이 배제된 그런 것이 아니라 주관이 참으로 잇는 것에 개방되어 있고 그것을 받아들임으로써 진리를 충족해 간다는 그런 진행형을 뜻한다. 과학이 항상 가설과 함께 그러나 가설에 거역해서 탐구를 역동화시켜야 하듯이 우리의 인식 주관도 참으로 있는 것을 밝혀내고 드러냄으로써만 진리를 충족해 가는 것이다. 이 점에서 칸트의 선험철학에 대한 검증은 필수다.

경험 가능성의 조건들로 작용하는 범주들이 경험과 아무 연관을 맺지 못하고 규정할 수 없다면 우리는 이것을 진리로 받아들일 수가 없는 것이다. 칸트는 범주의 대상관련과 규정을 문제 삼았지만 우리는 범주의 대상비관련 가능성과 비충족을 배제할 수가 없다. 이런 차이가 발생한다면 범주의 진리실현과 충족은 거부될 수밖에 없다. 그렇기에 우리는 관계와 규정이 참으로 성립하는지를 비판적으로 검증하지 않으면 안 된다.

13. 자연을 넘어서 자유로

칸트는 학교개념(Schuhlbegriff)과 세계개념(Weltbegriff)을 구별한다. 칸트에게서 학교와 세계는 공간적인 크기를 의미하는 것이 아니다. 학교라는 메타퍼는 칸트에 따르면 강단철학으로서 주로 학술적인 철학을 뜻한다. 학술철학은 주로 순수한 사변이고 체계화하는 것이며 동시에 지식의 논리적 완전성만을 추구한다. 칸트는 학술 철학에 만족하는 자를 "이성의 예술가"라로 부른다. 강단철학에 만족하는 자들은 순수한 이론의 차원에만 머무르기 때문에 이것을 넘어가려는 시도를 하지 않는다.

칸트에게서 세계는 유한한 지평을 부단히 넘어서는 것을 말한다. 지평은 우리의 시야의 한계이지만 동시에 이 한계를 무한히 초월하는 것을 요구하기도 한다. 우리의 지평은 결코 완결되지 않는다. 지평은 끝(end)을 뜻하는 것이 절대 아니다. 오히려 이것은 한계설정과 더불어 동시에 한계를 부단히 초월하는 것을 의미한다는 점에서 소진점(vanishing point)을 뜻한다. 지평은 어떤 경우에도 마감될 수 없기에 무한히 계속된다. 인간에게 지평은 정복의 대상이 아니라 한계의 대상이다.

칸트는 인간의 이성이 이론이성을 넘어 실천이성으로 넘어가는 것을 피할 수 없는 과정으로 여겼다. 이것은 실천이성의 우위로 전개된다. 순수오성(der reine Verstand = pure understanding)은 경험가능성의 조건들에 대한 탐구와 정당화로 압축된다. 사변이성(spekulative Vernunft)은 이율배반의 발생이 왜 발생하며 이 잘못된 발생을 어떻게 해소하는가를 다룬다. 하지만 자유의 근거에 대해 이론이성은 다루지 않기에 칸트는 실천이성을 통해 자유의 근거를 마련하고자 했다. 이 점에서 이성의 자기 확장은 불가피했다. 자연의 입법자인 오성을 넘어서 자유의 입법자에게로의 이행은 불가피하다.

칸트는 오성이 자연에 법칙을 제공한다고 주장한다. 또한 이성은 자기 자신에게 도덕법칙을 제공한다고 주장한다. 칸트에게서 입법은 이렇게 오성의 자연법칙 제공과 이성의 자유법칙 제공으로 나타난다. 오성이 시간과 공간에 한정된 그런 제약된 대상을 다룬다면 이성은 시간과 공간을 넘어선 그런 무제약자를 다룬다.

칸트 이전에도 학교와 세계 개념들 사이의 대립과 긴장은 이미 있었다. 전문화된 학습 중심의 학교개념에 맞서서 세계개념은 경험의 확장과 그로 인한 삶의 확장에 관한 지혜를 목적으로 했다. 폐쇄적이고 고정된 학교교육의 한계를 뛰어넘어 우리의 경험을 더 확장하는 것이 요구된 것이다. 그런데 이 경험의 확장은 모든 자들이 공유할 수 있는 그런 확장된 경험을 의미했다. 유한한 지식을 넘어 누구나 공유할 수 있는 그런 보편적 경험으로 우리의 시야를 넓히는 것이 세계개념이 요구하는 것이다. 칸트는 계몽철학의 이념을 이 점에서 수용하면서 변형시킨다. 이것은 바로 이성의 공화주의적 관점이다.

경험은 철학할 수 있는 자양분이자 토대다. 경험은 부단히 초월된다. 경험은 고정된 기억이 아니라 무엇인가를 산출하는 밑거름이다. 그렇기 때문에 경험은 안내자이면서 동시에 새로운 것을 여는 개척자이기도 하다. 니체가 쇼펜하우어의 글에서 영감을 얻어 자기 나름의 것으로 전개시키는 것과 같이 경험은 만남이고 일종의 파종이다. 칸트에게서 경험은 자연을 넘어서 자유와 초월의 경험에게로 확장된다. 강단철학을 넘어서 자유의 철학으로 넘어가는 것은 불가피할 뿐만 아니라 동시에 이것은 이성이 자기를 증명하는 방식이 된다.

전문화된 영역에서 남이 한 것을 그냥 학습하거나 배우는 것은 일종의 전문적 훈련에 지나지 않는다. 이것은 학습의 대상이 된다. 말하자면 우리는 좋은 요리사가 되기 위해 직업학교에서 요리수업을 듣는다. 학습은 재생산이다. 그리고 그것은 아주 효과적이거나 효율적으로 습득될 수 있다. 이것은 엄격한 훈련과정을 이수하는 것을 요구한다. 하지만 요리수업을 마친 자가 이제부터 자기만의 요리를 만들어 내는 것은 전혀 새로운 의미에서 자기창조를 뜻한다. 우리에게 학습은 필요하지만 이것은 궁극적으로 보다 깊고 넓은 창조를 위한 밑거름으로서만 그렇다. 중요한 것은 우리가 자기만의 요리를 할 수 있다는 데 있다.

자신의 경험을 토대로 해서 이 경험을 자기만의 것이 아니라 타인들도 공유할 수 있도록 그렇게 보편화시키는 것이 요구된다. 칸트는 실천이성의 우위를 통해 이런 경험의 보편화를 요구한다. 이성은 자기에게 스스로 도덕법을 제공한다. 하지만 이 도덕법은 자기에게만 타당한 것이 아니라 모든 도덕적 이성 주체들에게 타당한 것이어야만 한다. 칸트는 그렇기 때문에 준칙의 보편화를 통해 실천이성의 입법을 모든 이성적 주체들에게 타당한 것으로 만들 수 있었다. 칸트는 이것을 비유를 들어 이성의 공화주의적 사용이라고 규정한다. 정언명령의 보편화 요구는 이런 배경에서만 이해될 수 있다.

3장 탐구의 역동성과 패러다임 교체의 불가피성

1. 진리발견의 불가피한 과정으로서의 오류와 시행착오

존재하는 것 모두는 그것이 존재한다는 이유 하나만으로도 분명히 누구에게는 이해의 대상이 된다. 앎이란 있는 것을 규정하는 것을 말한다. 이 점에서 앎이란 항상 존재에 기초한다. 하지만 그 반대는 아니다. 만유인력은 뉴턴이 발견했기 때문에 비로소 타당한 것이 아니다. 그것은 뉴턴이 발견하지 않아도 그렇게 작용해 왔었다. 다만 인간이 그 현상을 규정된 것으로 알아듣지 못했거나 아리스토텔레스처럼 잘못 알아들었던 것이다. 문제는 뉴턴의 발견을 통해 우리가 비로소 그 현상을 더 잘 규정된 것으로 이해하게 되었다는 것이다. 무규정으로부터 규정된 것으로, 잘못 알려진 것으로부터 제대로 알려진 것으로 우리는 현상을 보다 잘 이해했을 뿐이다.

아인슈타인의 상대성 이론은 아인슈타인이 아니었더라도 누군가는 그 원리를 발견했을 것이다. 하지만 그의 발견과 더불어 우리는 비로소 현상을 더 잘 규정된 앎으로 이해하게 되었을 뿐이다. 과학은 발견하는 것이지 창조하는 것이 절대 아니다. 우리는 있는 존재를 알아들을 뿐이지 그것을 창조하는 것은 아니다. 앎은 존재를 그것의 참 있음에서 알아듣는 것을 말한다. 진리란 있는 것을 참으로 알아듣는 것이다. 우리 인간은 존재를 창조한 지위에 있지도 않았다. 따라서 존재창조가 아니라 창조된 존재를 규정된 것으로 알아듣는다고 말해야 한다.

빅뱅에서 초끈 현상에 이르기까지 과학은 있는 것을 단지 규정된 앎으로 알아듣는 것을 말한다. 세계가 존재한다는 것은 언어에 의존하는 것이 아니다. 언어가 없어도 세계는 존재한다. 다만 그런 세계가 우리에게 규정된 것으로 알려지지 않았을 뿐이다. 있는데 그것이 무엇인지에 대해 우리는 다만 모를 뿐이다. 언어는 존재의 현실성을 알아들을 뿐이지 존재를 연역해 낼 수 있는 것이 절대 아니다. 개념 역시 존재를 규정된 어떤 것으로 알아듣는 것을 말하지 존재를 창조하는 것이 아니다. 개념은 기껏해야 존재를 규정된 것으로 알아듣는 것을 말한다. 개념은 참으로 있는 것을 알아듣는 과정에서 존재를 규정된 앎으로 완성해야만 하는 과제를 지닌다.

아리스토텔레스는 중력을 잘 알아들을 수가 없었다. 그렇기에 그는 현상을 잘못 기술하고 있다. 중력이 시공간을 변형시키는 힘으로 측정된다는 것은 그리스 시대에도 그리고 우리 시대에도 여전히 타당하게 작용하고 있었다. 하지만 우리는 그리스 철학이나 그들의 자연이해가 그것을 충분히 제대로 알아듣지 못했다고 비판할 수 있다. 왜냐하면 그들은 현상을 설명하는 데 있어서 부적합한 방식(중력을 목적론적으로 이해하고 있기에)을 제시하기 때문이다. 뉴턴의 자연설명이 아리스토텔레스의 자연이해를 대체하는 것은 아주 당연하다. 현상을 올바르게 설명하고 규정하는 것만이 진리의 자격을 얻는다. 진리가 지배하지 진리에 대한 주관적 생각들이 판을 치는 것은 아니다.

우리가 자연을 어떻게 이해했는가가 중요한 것이 아니라 자연의 참모습이 어떤가가 중요하다. 진리는 견해 검증이지 견해로 환원되거나 축소되어서는 안 된다. 진리는 우리가 생각한 것에 기초하는 것이 아니라 참으로 있는 것에 따를 뿐이다. 우리가 생각했던 것은 그냥 우리가 생각한 것에 지나지 않을 때가 많다. 하지만 참으로 있는 것은 우리가 그것을 어떻게 알아듣든 우리의 이해능력에 관계없이 항상 참된 규정의 토대로 작용한다. 그렇기에 진리는 항상 주관화하는 위험에 저항한다. 자연에 대한 사변적 가설이 중요한 것이 아니라 자연이 실제로 어떠한지를 참으로 규정하는 것이 중요하다. 진리는 억견이나 추측으로 격하되어서는 안 된다. 억견이나 추측 그리고 믿음은 진리발견의 과정에서 불가피한 계기를 형성할 수 있다. 이런 경우 우리는 오류 역시 진리 발견에 이르는 과정에서 우리가 치르지 않으면 안 되는 불가피한 과정으로 이해할 수 있다.

회의의 과정을 거치지 않고 진리를 발견하면 매우 좋다. 하지만 그것은 매우 드문 경우에만 발생한다. 대개의 경우 과학 역시 시행착오와 오류의 과정을 거치면서 진리에 도달한다. 그렇기에 억측이나 추측은 그냥 비진리로 격하되는 것이 아니라 진리발견의 과정에서 우리가 불가피하게 겪지 않으면 안 되는 정당한 과정으로 평가되는 것이다. 뉴턴, 아인슈타인, 양자론 모두는 이런 시행착오의 과정을 거치면서 자라난 것이다.

앎이 존재에 기초하기에 앎은 존재를 수용하지 않을 수 없다. 앎은 존재에 대한 참여를 통해 규정을 충족해 간다. 자연에 대한 인간의 이해는 존재 현실성을 규정된 앎으로 충족해 가는 데 있다. 과학도 이런 탐구활동의 한 방식일 뿐이다. 앎은 존재현실성을 규정된 것으로 알아가는 과정에 있다. 존재 현실성을 통해 확인되지 않은 앎은 이론이나 가설은 아무것도 아니다.

2. 가설의 과정적 성격

실재는 매우 복잡하다. 우리는 실재의 복잡성을 그 자체로서 이해하는 것이 힘들기 때문에 이것을 모델로 단순화한다. 모델은 실재의 복잡성을 이해하는 임시 안내자다. 그런데 이 안내자가 우리를 잘 인도할 수도 있지만 잘못 인도할 수도 있기 때문에 우리는 이 안내자를 실재의 복잡성에 비추어서 그적합성과 부적합성을 재검증하지 않을 수 없다.

모델은 세계 자체가 아니라 단지 그것을 이해하기 위한 통로일 뿐이다. 개념들이 참으로 있는 것을 알아듣는 과정에서 불가피하게 요구되듯이 모델 역시 실재의 복잡성을 알아듣기 위해 우리가 임시로 설명하는 작업가설에 지나지 않는다. 우리는 모델과 함께 그러나 모델에 거역해서 사고할 준비가 되어 있어야만 한다.

관찰은 항상 이론에 의해 진행된다. 이론은 그 이론이 입각한 특정한 존재이해에 기초하고 있다. 하지만 이론이 입각하고 있는 패러다임은 늘 변하고 있다. 패러다임은 그것이 현상을 적합하게 설명하지 못하기 때문에 현상을 더 잘 설명하는 새로운 틀에 의해 대체되고 능가되는 것이다.

가설은 실재의 복잡함을 적합하게 드러내야만 하는 과제 앞에서 그 타당성이 검증된다. 따라서 현상을 적합하게 드러내지 못하는 가설은 항상 폐지되지 않으면 안 될 운명에 처한다. 가설과 함께 그러나 가설을 넘어서서 진행되는 실재의 참모습을 가설은 완성된 형태로 규정하지 않으면 안 된다.

진화에 대한 다윈의 주장은 그것이 참된 것으로 입증되지 않으면 진화에 대한 그의 주관적 가설로 끝나게 된다. 제기된 주장의 타당성은 공적 검증을 통해 그 타당성이 재입증되지 않으면 안 된다. 누가 어떤 주장을 했는가가 중요한 것이 아니라 그 주장이 공적 검증을 통해 타당한 것으로 검증되었는가가 중요할 뿐이다. 공적검증만이 탐구를 이끌어 가는 정당성을 충족시킨다. 가설은 항상 공적 검증을 통해 타당한 것으로 입증될 수 있어야만 한다. 실재는 수학으로부터 구성되는 것도 아니고 개념으로부터 연역되는 것이 절대 아니다. 그것은 올바른 규정과 이해를 위해 우리로 하여금 참으로 있는 것을 규정하도록 그렇게 우리를 강제할 뿐이다.

가설은 유지될 수도 있고 폐지될 수도 있다. 가설은 항상 잠정적인 결론을 유지하는 한에서만 실재에 대한 설명이 된다. 하지만 가설이 요구된 현상을 더 이상 충족시킬 수 없을 때 가설은 다른 것으로 대체되지 않을 수 없다. 우리는 어떤 경우에도 가설을 완결된 것으로 요구할 수가 없다. 그것은 항상 오류와 비진리에 노출될 가능성을 지니고 있다. 탐구란 실재를 이해하기 위해 가설이 항상 새롭게 세워질 수밖에 없는 것을 불가피하게 요구하고 있다. 탐구의 역동성은 칼 포퍼가 주장하는 것과 같이 시행착오의 과정을 거치면서 발전해 가는 것이다. 범주를 고정 불변하는 인간의 주관적 사고형식으로 규정한 칸트의 주장은 더 이상 현대의 과학에 대해 말해주는 바가 없다. 범주 역시 역사적 변화의 과정을 겪을 수밖에 없고 그 변화의 과정에서 진리에 다가갈 뿐이다.

형식이 불변하는 방식으로 먼저 있고 내용들이 이것에 따라 주조되는 것이 아니다. 형식과 내용은 분리 불가능한 방식으로 함께 진행되고 있다. 양자론은 우리의 인과율에 대한 규정만 바꾸어 놓은 것이 아니라 우리가 직면하는 세계상이 근본적으로 고전물리학의 세계상과 다르다는 것을 일깨워 주고 있다. 모든 물리량은 단지 측정된 값에 지나지 않는다. 우리는 양자론이 통계적 확률을 통해 소립자의 영역을 이해시키려 들 때 이것이 왜 그럴 수밖에 없는지를 이해하지 않으면 안 된다. 이론의 자기 완결성을 유지하기 위해 실재를 거부하면 안 된다. 논리적 일관성에 대한 요구는 실재의 복잡성 앞에서 실재를 다룰 수 없다는 개념의 무기력을 드러내는 것 이외에 그 어떤 것도 아니다. 개념이 실재를 설명하지 못하는 개념의 비진리를 감추기 위해 논리적 일관성을 엄격하게 요구하면 할수록 그것은 고립된 영역에서 거짓 진리를 스스로 우상 숭배하는 자폐증 환자로 떨어지게 된다.

가설은 실재의 복잡성을 설명하지 못하는 비진리가 가설 자체에 내재하고 있다는 것을 인정함으로써만 실재하고 다시 결합될 수 있다. 그렇지 않으면 가설은 고립된 자신의 허구적 상을 진리로 고정시키는 위험에 빠진다. 가설은 고립되지 않기 위해서라도 끊임없이 실재의 복잡성하고 연결되어야만 한다. 연결될 수 없는 고립된 영역에 갇혀서 허구적인 상을 진리로 여기는 것만큼 진리에 대한 테러도 없다. 가설은 이런 추상적 테러를 피하기 위해서 가설이 수정될 수도 있다는 가능성을 계속해서 열어 두어야만 한다.

3. 법칙의 현상 지배

과학의 역사는 패러다임이 지속적으로 변화되어 왔다는 것을 보여 준다. 패러다임은 세계상의 변화를 뜻한다. 우리는 중력의 본질을 이해하기 위해 굳이 역사적 지식을 다 배울 필요가 없다. 중력은 시공간의 배열구조를 변형시키는 힘으로 측정된다. 물리량이란 측정된 값을 말한다. 아인슈타인은 중력이 시공간의 배열구조를 변형시키는 힘이 중력이라고 규정한다. 이런 일반 상대성 이론은 이미 실험을 통해 경험적으로 확인이 되었다. 우리는 중력을 이해하기 위해 굳이 역사적 기원까지 추적할 필요는 없다. 물질은 중력의 영향을 받기 때문에 아래로 떨어지는 것이지 본성에 의해 그런 것이 아니다. 아인슈타인의 중력을 이해하기 위해 굳이 아리스토텔레스의 잘못된 이해까지 공부할 필요는 없다. 과학의 발견을 진행시키는 과정에 있어서 과학사에 대한 연구가 필수적은 것은 아니다.

법칙은 현상을 타당하게 설명하는 한에서만 현상에 대한 지배력을 유지할 수 있다. 하지만 현상을 더 이상 설명하지 못하는 법칙은 그 타당성을 상실한다. 개체들은 죽지만 종은 영원하다는 플라톤이나 아리스토텔레스의 자연종 이해는 진화론에 의해 폐지되었다. 공룡이라는 종 자체가 멸종했기에 우리는 종을 불변하는 영원성으로 볼 필요가 없다. 법칙의 타당성을 심판하는 것은 현상이지 법칙 자체가 아니다. 세계가 법칙에 따르는 것이 아니다. 단지 법칙이 그 타당성을 유지하기 위해 현상을 올바르게 규정하는 한에서만 현상에 대한 지배력을 확보할 뿐이다. 엔트로피가 증가하는 오늘의 물리학적 세계상에서 우리는 더 이상 세계가 영원하다는 고대 그리스의 우주관을 고수할 수가 없다. 이론과 경험의 충돌은 항상 이론으로 하여금 수정이 불가피하다는 것을 알려 주고 있다. 그렇기 때문에 법칙을 불변하는 어떤 것으로 고립시켜서는 안 된다. 법칙은 단지 현상을 효과적으로 지배하는 한에서만 그 타당성을 유지할 수 있을 뿐이다. 법칙의 불변성이라는 표현 대신에 우리는 법칙의 항구성이라는 표현을 사용해야만 한다. 왜냐하면 법칙은 그 타당성의 유효기간이 있기 때문이다. 음식의 유효기간이 있는 것과 같이 법칙 역시 유효기간이 있을 뿐이다. 현상을 타당하게 설명하지 못하는 법칙을 우리가 고수할 필요는 없다.

실재현상은 법칙으로부터 연역되는 것이 아니다. 그것은 단지 올바른 이해를 위해서 법칙이라는 규칙성을 통해 규정될 뿐이다. 법칙은 실재현상들에 대한 올바른 규정을 뜻한다. 그렇기에 법칙의 타당성은 그것이 실재현상에 대한 올바른 규정을 충족하는 한에서만 유지될 수 있다. 현상을 변화로 고정시키고 법칙을 불변으로 고정시키는 그릇된 이원론 자체가 극복되지 않으면 안 된다. 법칙은 항상 특정 영역에서의 어떤 현상들에 대한 타당한 규정에 불과하다. 그렇기에 법칙은 현상 연관을 유지하는 한에서만 현상에 대한 올바른 규정을 지속적으로 충족하고 유지해야만 하는 요구를 따르지 않을 수 없다.

법칙이 있다고 해서 반드시 예외가 있을 필요는 없다. 하지만 예외가 있다는 것은 항상 법칙으로부터의 벗어남을 의미한다. 법칙은 예외를 인정하는 법칙과 예외를 허용하지 않는 법칙으로 구별되어야만 한다. 법칙은 모든 영역이 아니라 항상 제한된 영역들 안에서의 현상지배를 의미하기 때문에 凡法則을 항상 경계해야 한다. 전자기력, 약력, 핵력, 중력을 하나의 통일된 이론(grand unification)으로 완성하려는 욕구가 과도해서 이것이 현실적으로 완성되었다고 허세를 부려서는 안 된다.

필연은 어떤 경우에도 예외나 대안을 인정하지 않는 것을 의미하기 때문에 법칙과 항상 같은 의미가 아니다. 예외를 인정하는 법칙은 필연이 될 수 없다. 그렇기 때문에 우리는 자연과학에서의 법칙을 필연과 동의어로 이해해서는 안 된다. 수학은 공리로부터 정리를 이끌어 내는 것이 필연적일 수밖에 없다는 것을 증명하는 학문이다. 수학의 필연성 증명은 자연과학에서의 법칙의 현상지배하고 같은 것이 아니다. 과학은 실재의 복잡성을 다루지만 수학은 대상을 다루지 않는다. 그렇기에 과학은 자연이해를 위해서 수학을 필요로 하는 것이지 수학을 통해 결정되는 것이 아니다. 과학은 현상을 정량적으로 파악하기 위해 수학을 활용한다. 실재는 그 정량적 이해를 위해 수학적 차원을 요구한다. 하지만 실재 자체가 수학을 통해 파생된 것은 아니다. 과학의 탐구활동이 수학으로 환원되게 방치해서는 안 된다.

4. 열려 있는 무지

과학은 발견을 목적으로 한다. 발견은 탐구과정의 역동성을 통해 진행된다. 탐구란 호기심을 통해 인도된다. 호기심은 실재의 복잡성을 이해하기 위해 우리가 지니고 있는 질문들의 총체다. 왜 블랙홀이 그렇게 존재하는가? 왜 소립자들은 실체로서가 아니라 항상 확률적 불안정성을 통해 기술되는가? 왜 중력은 시공간을 변형시키는 힘으로 측정되어야만 하는가? 왜 물질과 반물질은 만나면 어느 하나가 소멸하는 방식으로 존재해야만 하는가?

존재하는 것 전체를 우리는 항상 어떤 특정한 지평에서 탐구한다.

과학적 탐구는 영역을 제한함으로써만 그 한정된 영역 안에서의 인과적 설명을 추구한다. 형이상학이 존재일반(ens commune)을 그것의 궁극원인에서 이해하는 것이라면 과학은 존재일반을 특정 영역에서 제한시킴으로써 전문화된 인과설명을 추구하는 것이다. 있는 것은 항상 그것이 있다는 이유 때문에 우리 인간에게 이해의 대상이 된다. 우리는 존재일반을 궁극적 원인에서 묻는 형이상학적 요구를 단념할 수는 없다. 이성은 항상 이 존재일반 전체하고만 관계한다. 존재일반을 묻고 이것을 규정된 앎으로 충족하려는 욕구가 이성의 욕구다. 그렇기에 우리는 이성이 우리 인간에게 작동하는 한 존재 전체에 물음을 포기할 수가 없다. 아는 것은 존재일반을 다 아는 것을 추구한다. 이 추구가 호기심 충족으로 역동화된다.

발견은 창조가 아니다. 또 그렇게 곡해되어서도 안 된다. 우리는 자연현상을 지배하는 특정 법칙을 발견하는 것이지 그것을 창조하는 것이 아니다. 태양의 중력이 지구의 중력보다 큰 것은 태양의 질량분포가 지구의 질량분포와 다르기 때문에 그런 것이다. 아인슈타인 역시 이런 차이를 인정함으로써 태양의 중력가속도와 지구의 중력가속도가 서로 다르게 계량화될 수밖에 없다는 것을 수학적으로 반영하지 않으면 안 된다. 우연하게 분포되어 있는 질량의 차이 때문에 태양과 지구의 중력가속도는 서로 다른 계량화된 값을 갖게 되는 것이다. 달의 중력이 지구 중력의 1/6밖에 안 되는 것은 질량분포가 공간을 휘게 만드는 차이 때문에 그런 것이다. 아인슈타인 역시 이런 현상을 중력법칙으로 일반화했을 뿐이다.

물질이 필연적으로 그렇게 있어야만 하는 필연성은 없다. 하지만 우리는 물질이 시공간을 통해 분포된다면 우리는 그 물질 분포가 시공간을 변형시킨다는 것을 유추할 수 있다. 유추는 발견을 목적으로 한다. 하지만 유추를 통한 발견이 반드시 성공한다는 보장은 없다. 하지만 유추를 통해 발견이 이루어지는 것은 변함없는 사실이다. 우리는 물질분포가 있었다는 인정 아래 물질분포가 시공간의 배열을 변화시킨다는 것을 중력으로 계량화할 수가 있다. 이 발견 덕분에 우리는 우리가 알고 싶은 항성이나 행성의 중력을 유추할 수 있게 되었다. 유추는 이 점에서 발견의 확장에 기여하게 된다.

호기심은 묻는 것이다. 우리는 전혀 모르면 아무것도 물을 수가 없다. 우리가 다 알면 우리는 더 이상 물을 필요가 없다. 하지만 인간은 알면서 모르고 있기 때문에 묻지 않을 수 없는 것이다. 앎은 항상 부분을 넘어서 전체로 나간다. 묻는 것은 의문이 풀릴 때까지 계속 묻지 않을 수 없다. 과학의 발견은 호기심을 충족하는 지속된 도전을 통해서만 유지된다. 호기심은 탐구를 이끌어 가는 동력이다. 자석이 무엇인가를 끌어당기는 힘을 의아하게 생각한 아인슈타인은 이 호기심을 계속해서 진행시켰기 때문에 일반상대성 이론을 발견하는 쾌거를 이루었다고 한다.

과학에 있어서 발견은 호기심 충족을 통해 진행된다. 과학의 발견은 어떤 학습이나 고정된 방법론에 따라 진행되는 것은 아니다. 호기심은 도전과 응전에 의해서만 역동적으로 진행될 따름이다. 학습된 천재들보다 호기심을 통한 문제풀이에 전념하는 자들에 의해 과학적 발견이 이루어진 것은 결코 우연이 아니다. 천재는 자연이 준 선물이지 학습된 훈련을 통해 만들어지는 것이 아니다. 한 시대를 획기적으로 변화시킨 과학의 위대한 발견은 호기심을 해결하는 자들의 피눈물 나는 도전에 의해 이루어졌다. 발견은 학습을 통한 훈련으로 진행된 것이 결코 아니다. 발견하는 자와 관리하는 자는 전혀 다르다. 형식에 구애받지 않거나 형식을 파괴함으로써 형식을 새롭게 창조했던 자들이 바로 과학사에서 위대한 발견을 주도해 왔던 것이다. 이 발견은 호기심이 크면 클수록 더 생산적으로 진행되는 것이다.

아는 것은 진정한 의미에서 왜 그런가에 대한 원인을 참으로 이해하는 것을 말한다. 무엇을 알고 있다는 것과 그것이 왜 그런지를 아는 것은 다르다. 원인에 대한 참다운 앎만이 진정한 앎이다. 앎은 학습에 의해서 유지되기도 하지만 진정한 의미에서는 호기심 충족과 그것을 해결하는 과정에서 더 생산적으로 진행된다. 이미 알려진 것을 단지 학습만 하는 자들에 의해서 발견이 이루어지지 않은 것은 결코 우연이 아니다. 호기심을 갖는다는 것은 발견을 위한 첫걸음이다. 누구나 다 호기심을 가지지만 누구나 다 호기심을 충족하고 완성하는 것은 아니다. 우리는 호기심을 탐구의 출발로 여기지만 동시에 이 것을 완성하는 데서 발견의 기쁨을 누린다. 경이로움과 호기심은 학문의 발견에 있어서 없어서는 안 될 동력을 이룬다.

앎의 진정한 의미는 해방에 있다. 무지의 지배를 더 이상 용납하지 않는 이런 용기야말로 앎의 진행을 촉진시킨다. 복잡성을 지배해서 단순성을 완성하는 것이야말로 앎이 주는 기쁨이다. 모든 완성된 앎은 단순성을 통해 실재의 복잡성을 이해하고자 한다. 호기심 충족은 이론의 단순성으로 형식화된다. 형식이 탐구를 진행시키는 것이 아니라 탐구의 진행이 새로운 형식을 계속해서 만들어 낸다. 이런 호기심 충족의 형식화는 이론적 단순성을 항상 추구한다. 간결한 수학 공식으로 실재의 복잡성을 설명하는 아인슈타인의 단순성은 심미적으로 매우 아름답다.

4장 과학적 상상력

1. 상상력의 중요성

인간 이외의 동물들은 두뇌나 상상력을 사용할 수 없다는 점에서 인간과 확연히 구별된다. 동물들도 감정이 있고 사회성이 있기는 하다. 사자는 배고프면 고통스럽지만 그렇다고 아파하지는 않는다. 하지만 인간은 고통을 당하기도 하지만 때로 의미의 부재로 괴로워하기도 한다. 동물들은 자기보존과 유지를 위해 많은 투자를 한다. 하지만 우리 인간들처럼 상상력을 적극 사용하면서 자신들에게 없는 것을 창조하지는 못한다.

인간이 상상력을 지녔다는 것은 인간이 상상력을 통해 없는 것을 창조할 수 있다는 것으로 이어진다. 상상력은 인간이 자신에게 없는 것을 창조할 수 있는 능력을 가리킨다. 이것이 인간을 인간 아닌 것과 확연히 구별하는 요인이다. 돌은 외부저항이 없는 한 항상 거기에 머무르고 있다. 사자는 특별한 일이 없는 한 세계 여행을 하지는 못한다. 사자는 주변 환경에 머무르면서 자기유지와 자기보존에 모든 것을 투자한다. 사자가 산업혁명을 일으키고 무선통신을 개발한다는 것은 불가능하다. 하지만 인간은 환경과 자연의 제약을 받고 살고 있음에도 불구하고 환경과 자연을 뛰어넘는 삶을 창조하면서 산다. 이것은 상상력의 결과로서만 가능하다. 상상력 때문에 인간은 주어진 것을 넘어서 이제껏 한 번도 존재하지 않았던 것을 찾아보고 도전할 수 있는 것이다. 상상력은 발견과 창조와 연결되어 있다.

과학과 상상력은 발견을 하려는 데서 서로 일치한다. 과학적 발견이 상상력을 통해 이루어졌다는 것은 부정할 수 없는 사실이다. 우리는 우리가 이미 알고 있는 것(the known)으로부터 아직 알려지지 않은 것(the unknown)으로 확장하고자 한다. 과학은 이것을 가설이라고 규정한다. 가설은 사고실험과 일치한다. 우리는 아직 알려지지 않은 것을 사고실험을 통해 미리 알아볼 수가 있다. 물론 사고실험은 실험을 통해 경험적으로 확증되어야만 한다. 이 실험과정에서 사고실험은 현실적으로 검증되기도 하고 비현실적인 것으로 거부되기도 한다. 중요한 것은 사고실험은 발견을 가능하게 하는 선조건들로서 작용한다는 것이다.

물질이 있는 것들은 서로 당긴다. 물질들이 있다면 그 사이에는 중력이 작용하고 있다. 그리고 우리는 이 당기는 힘을 중력으로 계량화할 수 있다. 뉴턴 이전에도 무수히 많은 사과나 배 그리고 낙엽들이 떨어졌다. 공은 무한히 위로 올라가지 않고 밑으로 내려온다. 뉴턴 이전에도 이런 현상들은 수없이 많이 관찰되었다. 하지만 어느 누구도 그런 현상들을 중력법칙으로 발견하지는 못했다. 뉴턴은 의문을 가졌고 호기심을 통해 이런 현상을 지배하는 법칙을 찾으려고 시도했다. 의문과 호기심은 발견의 단초다. 그의 의문과 호기심은 중력법칙을

찾아내는 데 기여했다. 그리고 그는 이 법칙을 수학적으로 계량화할
수 있었다.

19세기 독일의 유기화학자 케쿨레(Friedrich Kekule)는 탄소 원자와
수소 원자가 사슬처럼 연결되다가 어느 순간 뱀이 자신의 꼬리를 물
고 똬리를 트는 모양의 꿈을 꾸었다고 한다. 그는 자신이 꿈속에서
본 이 기이한 모형을 안내로 삼아서 유기화합물의 고리형 구조를 발
견하게 되었다고 고백한 적이 있다. 당나라 시인 이태백이 상상 속에
서 놀던 바로 그 달을 인간은 1968년에 비로서 현실적으로 착륙할 수
있었던 것이다. 중국은 2015년 달 착륙을 시도할 예정이다. 하지만 중
국의 이런 시도가 있기도 전에 이미 이태백은 상상 속에서 달과 놀았
던 것이다. 상상력이 이끌고 과학은 발견을 통해 그 상상력을 현실적
으로 확증해 준다.

어린 아인슈타인은 아버지가 생일 선물로 사준 자석을 갖고 놀다
가 오늘의 자신이 있게 되었다고 고백한 적이 있다. 그는 사고 실험
을 많이 해 보았다. 우리가 만약에 빛의 속도로 여행할 수 있다면 그
때 세계는 어떠할까? 얼마나 빨라야 도대체 빠르다고 할 수 있을까?
그는 광속을 기준으로 해서 모든 것을 생각해 보았던 것이다. 이런
사고실험은 특수상대성 이론을 발견하는 계기를 이루었다.

그는 또한 물질들이 있는 곳이면 어디에든지 시간과 공간을 변형
시키는 힘이 있다고 생각했다. 그는 이것을 중력으로 일반화했다. 그
리고 중력은 시간과 공간을 휘게 하는 힘으로 측정될 수 있다고 보았
다. 이 모든 사고 실험은 실험을 통해 확증되었다. 일반상대성 이론을
통해 우리는 블랙홀의 우주를 발견하는 쾌거를 이루었다.

상상력을 통해 설정된 가설들이 외부 세계를 명백하게 설명하려는

것으로 이어졌기에 우리는 상상력을 발견의 단초로 보지 않으면 안 된다. 하지만 사고실험이 항상 성공하는 것만은 아니다.

아인슈타인은 정적인 우주를 선호했기에 우주상수를 가정했다. 하지만 이 가정은 우주가 팽창한다는 경험적 현실과 일치하지 않았다. 우리는 물질들이 지배하는 우주에서 물질들이 서로 당기기에 우주는 축소할 수밖에 없다는 것을 이미 알고 있다. 그렇다면 우주팽창은 어떻게 설명해야만 한단 말인가? 물질과 암흑물질로 이루어진 우주라면 팽창 대신 수축이 일어나야만 한다. 그런데 우주는 수축되는 것이 아니라 팽창하고 있기 때문에 이 팽창을 주도하는 것을 찾아내지 않으면 안 된다. 우리는 이런 팽창을 주도하는 것을 암흑에너지(웃기는 에너지, 알 수 없는 에너지)로 여기지 않으면 안 된다. 하지만 이것은 아직 경험적으로 발견되거나 확증된 것은 아니다. 다만 물질을 서로 당기는 힘이 아니라 서로 밀어내는 척력으로서 우리는 암흑에너지를 가정해야만 이 팽창이 설명될 수 있다는 것을 추정할 수 있을 뿐이다. 하지만 이 추정은 아직 경험적으로 확인되거나 반박된 것은 아니다. 하지만 이것이 발견의 단초를 주도하고 있는 것만은 사실이다.

2. 호기심

인간은 고대 이후로 이성을 지닌 생명체로 이해되어져 왔다. 물론 오늘날에는 이성이 무엇인가에 대한 규정에 있어서 일의적인 정의를 내리고 있지는 못하다. 니체에 따르면 "인간은 아직 그 본성이 확정되지 않은 동물"에 불과하다. 인간의 인간성에 대한 규정에 있어서 이처럼 통일된 견해를 확보하지 못하고 있기에 우리는 오늘날 어떤 통일된 그리고 체계적인 인간학을 지니고 있지 못하고 있다.

아리스토텔레스 이후로 철학은 존재하는 모든 것을 그 궁극적인 원인에서 탐구하는 것으로 정의해 왔다. 존재가 존재하는 한에서 그 것을 이런저런 특수한 관점들이 아니라 그 자체로서 존재를 탐구하고 그것을 궁극원인에서 해명하는 것이 형이상학의 임무였다. 철학은 여전히 이 점에서 형이상학으로 그 명맥을 유지해 왔다. 하지만 모든 영역들이 너무 전문화되어서 전문화된 영역에 필요한 방법이 새롭게 요구됨에 따라 철학은 이제 헤쿠바의 지위로 격하되기 시작했다. 오늘날은 전문가들조차 전문가들을 이해하지 못하는 그런 시대가 되어 버렸다. 그만큼 학문의 영역들이 너무 전문화되어서 전문가들 사이에도 이해의 어려움이 불가피하게 되었다. 이런 현실을 고려할 때 학제 간 대화와 통섭이 요구되는 것은 불가피한 추세다.

자연에 대한 설명에 있어서 아리스토텔레스의 이론들조차 많은 점에서 시대적 적합성을 상실하기 시작했다. 갈릴레이는 자유낙하에 대한 운동 이론을 통해 아리스토텔레스의 목적론적 자연파악이 더 이상 타당하지 않다고 비판한다. 근대는 자연에 대한 사변적 해석을 거부하고 자연이 가설을 통해 경험적으로 확증될 수 있는 한에서만 자연을 우리 앎의 탐구대상으로 삼았다. 사변이 아니라 실험과 관찰이 새로운 자연 인식의 패러다임으로 자리 잡기 시작했다. 과학은 사변적 기획이나 해석에 의해서가 아니라 실험과 관찰이라는 검증을 통해 가설의 진위가 결정되지 않으면 안 된다.

근대의 자연파악에는 형이상학적이고 신 중심적인 해석에서 벗어나 호기심을 새로운 자연관찰의 토대로 삼았다. 자연이 무엇인지를 알아내기 위해서는 자연을 실제로 접촉하고 관찰하고 탐구하지 않으면 안 된다. 호기심은 자연을 근본적으로 알고자 하는 인간의 근본 관심사를 말한다. 호기심은 자연 파악을 위해서 인간이 근본적으로 자연에 대해 질문을 던지는 방식 일체를 말한다. 왜 그럴까? 이것이 과학적 탐구를 가능하게 하는 근본 추진력이다. 사과가 떨어지는 현상들은 수없이 되풀이되어서 일어났지만 그것을 통해 만유인력을 완성한 자는 뉴턴뿐이었다.

아리스토텔레스는 학문이 놀라움에서 시작한다고 주장한다. 놀라움은 질문을 던지도록 하고 질문은 그것에 대답하도록 우리를 재촉한다. 호기심이란 아는 것을 통해 알려지지 않은 것을 더 알아 가려는 인간의 근본적인 지식 확장 욕구에서 비롯된다. 칼 포퍼에 따르면 과학은 인간의 이해방식으로부터 자유롭지 못하기 때문에 모든 자연 탐구에는 인간의 근본 이해방식이 깔려 있다고 주장한다. 과학이 가설 형성에 있어서 선이해로부터 자유롭지 못하다는 것은 이제 상식이 되어 버렸다. 문제는 선이해의 불가피성이 아니라 그것을 객관타당한 것으로 검증하고 확증하는 데 있다. 관찰은 이론중립적인 것이 아니라 이론에 의해 인도된다. 이론은 동시에 패러다임에 기초하고 있다. 하지만 패러다임은 역사적으로 변화한다. 물론 이 패러다임의 변화에 대해 칼 포퍼와 토마스 쿤은 각기 다른 설명방식을 제시한다. 호기심은 자연 인식을 이끌고 가는 근본 동력의 계기를 형성한다. 이론과 경험이 서로 일치하지 않을 때 이론은 불일치를 설명하기 위해서라도 새롭게 제기되지 않으면 안 된다. 근대의 자연파악은 고대의 세계상과 더 이상 들어맞지 않았기에 불가피하게 새롭게 가설을 제시하지 않을 수 없었던 것이다.

3. 가설의 잠정적 성격

가설은 현상의 복잡성을 이해하기 위해 불가피하게 요구된다. 우리 지성의 불완전함으로 인해서 우리는 실재의 복잡성을 이해하기 위해 그것을 가설로 단순화하지 않으면 안 된다. 가설은 도구이고 통과점이다. 즉 궁극적인 것이 아니다. 가설은 그것이 주관적인 것에 불과한 것이 아니려면 항상 실재 자체에 입각해서 그 적합성이 검증되지 않으면 안 된다.

뉴턴은 만유인력의 법칙을 발견했다. 하지만 뉴턴이 아니었다고 하더라도 누군가는 이 법칙을 발견했을 것이다. 뉴턴 이전에도 만유인력은 작용했었고 뉴턴 이후에도 이런 현상들은 계속 발생하고 있다. 뉴턴이 발견했기에 자연이 그렇게 움직이는 것이 아니다. 자연의 운동방식이 그렇게 움직이고 있었기에 뉴턴이 그 운동방정식을 만유인력으로 수학화할 수 있었던 것이다. 우리는 뉴턴의 발견과 함께 자연을 수학화하는 방식을 통해 더 잘 이해하게 되었다. 과학은 법칙을 발견하는 것이지 법칙을 창조하는 것은 아니다. 우리 인간은 자연현상들을 지배하고 있는 법칙들을 여전히 발견하는 과정에 있다. 우리는 자연을 이해하는 어린애들에 불과하지 자연 자체를 창조하는 것은 아니다. 신은 창조하지만 인간은 기껏해야 발견을 할 뿐이다.

모든 발견은 주관적 맥락에서 발생한다. 하지만 과학은 발견의 주관적 맥락과 더불어 그것을 공적으로 검증하고 확증하지 않으면 안 된다. 따라서 발견의 주관적 맥락은 정당화라는 검증의 공적인 맥락에서 다시 한번 그 타당성이 입증되지 않으면 안 된다. 아인슈타인의 특수상대성 이론은 실험을 통해 그 타당성이 확증될 수 있었다. 발견의 주관적 맥락과 정당화라는 공적 검증은 구별되어야만 한다. 하지만 이것들이 분리되어서는 안 된다. 과학에서 발견은 발견하는 자의 주관적 조건들에 의해 형성되기 때문에 우리는 발견이 어떻게 이루어졌는지를 재구성하지 않으면 안 된다. 그리고 모든 발견은 필연적으로 그 경험적 적합성을 얻기 위해 공적인 검증을 통해서 그 타당성이 확인되지 않으면 안 된다.

유추는 발견을 목적으로 한다. 하지만 모든 유추가 항상 발견에 기여하는 것은 아니다. 유추가 발견을 한다는 보장은 없다. 하지만 유추는 그럼에도 불구하고 발견을 목적으로 진행된다. 자식들이 부모를 닮듯이(발견의 동기) 모든 생명체는 유전법칙의 지배를 받는다는 일반적으로 검증되었다. 유전학의 법칙을 발견한 멘델은 이렇게 유추를 발견의 단초로 삼았다. 그리고 그의 유추는 실험을 통해 경험적으로 확증되었기 때문에 주관적 학설이 아니라 공적인 학설로 인정될 수 있었다.

모델은 실재 자체가 아니다. 그것은 단지 실재를 이해하는 예비통로에 불과하다. 우리는 실재의 복잡성을 이해하기 위해 모델을 통해 우리가 알고자 하는 것을 관찰하고 경험한다. 그런데 이 모델은 자족하는 완결이 아니라 실재의 복잡성을 미리 이해하는 틀에 지나지 않는다. 이 틀 자체가 다시금 실재의 복잡성에 의해 그 적합성과 부적합성이 검증되어야만 한다.

실재의 복잡성 → 이론으로 환원 → 실재 자체를 통해 그 적합성이 재검증되어야 함.

모든 관찰은 이론에 의해 인도되고 이론은 패러다임에 기초하고 있다. 하지만 패러다임은 변할 수 있다. 가설은 오직 반증에 견디는 한에서만 그 타당성을 유지할 수 있을 뿐이다. 가설은 언제나 과정적이다. 궁극적인 것은 그것이 제기되는 모든 반증을 견디어 낼 때만 가능하다. 과학이 신화와 구별되는 이유는 과학은 가설을 공적으로 검증함으로써 가설에 대한 객관적 확인이 가능하다는 데 있다. 가설의 공적 검증은 진리를 주관화하는 위험으로부터 구해낼 수 있다. 과학은 발견의 주관적 맥락과 발견의 정당화 검증을 구별함으로써 가설을 공적으로 검증하는 것을 진리의 기준으로 삼는다. 주장은 누구나 할 수 있지만 그리고 가설은 설명의 근거로 제시될 수도 있지만 정당화 충족을 완성해야 한다는 점에서 과학의 진리검증은 공적인 객관성을 지니게 된다.

과학과 신화 역시 인간의 이해 활동인 한 인간의 선이해로부터 자유롭지 못하다. 하지만 과학은 가설을 어떻게 형성하였는가의 심리적 발견의 과정 보다는 가설을 공적으로 검증하는 것에 따르기 때문에 신화로부터 구별된다. 오늘날 우리는 발견의 주관적 맥락과 정당화 검증의 객관적 맥락을 구별하는 데 익숙한 것은 이 때문이다.

무거운 물체가 가벼운 물체보다 먼저 떨어진다는 아리스토텔레스의 자연설명은 이미 경험적으로 타당하지 않기에 시대에 뒤진 것으로 극복되었다. 물질의 분포가 시간공간의 결합을 변형시키기 때문에 우리는 이 변형을 중력의 힘으로 측정할 수 있다. 물체는 예외 없이 이런 중력의 영향을 받기 때문에 밑으로 떨어지는 것이다. 물체가 본성상 위치를 지니게 된다는 아리스토텔레스의 자연설명은 더 이상 구속력을 지닐 수 없게 되었다. 현상을 설명하지 못하는 과학의 이론은 그 부적합성 때문에 진화의 뒤안길로 사라지지 않으면 안 된다. 과학은 그 이론이 현상을 설명하는 적합성에서 판가름 나기 때문에 굳이 역사가 필요한 것은 아니다. 중력을 이해하기 위해 아리스토텔레스의 자연학까지 공부할 필요는 없다.

가설에 대한 검증이 오류의 과정을 거쳐 간다고 해서 오류가 진리로 받아들여질 수는 없다. 가설의 객관적 검증에서 가설이 오류로 밝혀졌다고 해서 우리가 오류까지 다 정당화할 필요는 없다. 하지만 오류 역시 진리발견의 과정에서 우리가 저지른 것이기 때문에 진리발견의 한 계기를 형성하고 있기는 하다. 오류는 틀린 것으로 판명된 것이지만 우리 인간들은 오류가 어떻게 발생했는가를 앎으로써 그런 오류로부터 벗어날 수 있다.

화산활동을 신의 분노로 알고 있는 안데스 원주민들은 21세기에도 여전히 존재한다. 하지만 우리는 이제 화산활동을 자연의 애니미즘 현상으로 설명하는 세계상을 더 이상 과학적으로 받아들이지는 않는다. 탈신비화와 과학의 합리적 발견이 같이 진행된 것은 아주 당연한 현상이다. 세계의 탈마법화(막스 베버)는 이제 자연이해에 있어서 돌이킬 수 없는 것으로서 시대의 불가결한 조건이 되어 버렸다. 로마 교황청이 아무리 금지시켜도 이제 천동설을 주장하는 학자들은 없다. 명왕성이 행성의 자격을 갖추지 못했기에 추방된 것이지 어떤 다른 이유에서 그런 것은 아니다. 행성을 항성으로 여길 수 없듯이 위성을 행성으로 여길 수는 없다. 특이점에서 출발한 우주탄생의 진화는 이 가설이 실험을 통해 확인되었기에 우리에게 진리의 구속기준으로 작용하는 것이다.

가설을 경험적으로 확증하는 과학은 오직 현상을 적합하게 설명하는 이론만을 진화의 최종 승자로 인정할 뿐이다. 과학은 오직 진리를 발견하는 기준에만 따른다. 과학은 가설을 공적으로 검증하는 것 때문에 이데올로기로부터 구별된다. 어떤 과학자가 어떤 가설을 설정했는가가 진리의 기준으로 작용하는 시대는 이미 사라졌다. 중요한 것은 가설이 공적으로 검증됨으로써 현상을 적합하게 설명하는 것만이 과학의 유일한 진리기준으로 살아남을 수 있다는 것이다. 중력상수를 가정한 아인슈타인은 자기 가설이 잘못 되었기에 자기 가설을 스스로 포기할 수 있었다. 물론 아인슈타인을 비판하는 입장에 대해 아인슈타인이 겸허하게 열려 있었다는 점에서 그는 인간적으로도 매우 매력적이다. 가설은 자연을 설명하는 예비 안내자 역할을 한다. 하지만 경우에 따라 이 가설은 우리를 잘못 안내할 가능성도 있다. 그럴 경우 우리는 가상과 오류 그리고 비진리의 지배를 받는다. 오류와 가상의 위험을 더 이상 반복하지 않기 위해 우리는 가설을 경험적으로 확증하지 않으면 안 된다. 칼 포퍼는 자연과학의 이론들이 반론에 견디는 한에서만 그것을 잠정적으로 진리로 받아들일 것을 요구한다.

4. 과제, 우연, 도전

이론과 경험의 충돌은 필연적으로 이론으로 하여금 그런 부적합한 설명을 수정하도록 한다. 천동설로부터 지동설로의 이행은 불가피하다. 케플러는 천체운동을 그 이전과는 다르게 정식화하지 않을 수 없었다. 갈릴레이는 자유낙하 운동을 통해서 아리스토텔레스의 운동이론을 폐지시켜 버렸다. 뉴턴은 케플러의 천체 운동과 갈릴레이의 자유낙하를 하나의 통일된 이론으로 결합하고 싶었다. 뉴턴처럼 해결되지 않고 남아 있는 과제를 떠맡아서 하나의 보다 커다란 이론 체계 안에 통합시키려는 욕구에 의해 발견이 이루어질 수도 있다. 이것을 우리는 과제 완성형으로 규정할 수 있을 것이다.

자연과학은 법칙을 발견(the discovery of law)하고 그것을 통해 자연을 효과적으로 설명한다. 발견은 과제충전형(charge), 우연(by chance), 도전(challenge)에 의해 움직인다.

뢴트겐은 X선을 우연히 발견했다. 그는 우연히 발견한 관찰을 통해 그런 현상이 왜 발생하였는가를 체계적으로 설명하기 시작했다. 발견이 우연히 먼저 이루어졌고, 그러고 나서 뢴트겐은 그 발견을 정당화하는 근거를 나중에 정식화할 수 있었다. 이것은 유전법칙을 발견한 멘델의 경우에도 해당한다.

뉴턴의 물리학은 아무 도전을 받지 않고 거의 2백 년을 지배해 왔다. 그런데 전자기장에서 뉴턴으로 설명될 수 없는 현상들이 발견되고 관찰되었다. 하지만 그 당시에는 이 불일치를 설명할 이론적 근거를 아직 발견하지 못했다. 모든 물체들은 서로 끌어당기고 있다. 하지만 아인슈타인 이전에는 물체들이 왜 끌어당기는지의 이유에 대해 명확한 설명을 하고 있지는 못하고 있었다. 뉴턴은 만유인력의 법칙을 수학적으로 잘 정식화할 수 있었다. 하지만 왜 그런가에 대한 명확한 근거를 제시한 것은 아니다.

아인슈타인은 왜 중력이라는 현상이 발생하는가를 설명하지 않으면 안 되었다. 이것은 그 이전에 누구도 만족스럽게 설명하지 못하고 있었던 것이다. 그는 전인미답의 길을 스스로 개척하지 않으면 안 되었다. 그는 새로운 도전에 직면해서 이 문제를 처음으로 완성하지 않으면 안 되었다. 물질들이 있으면 그 결합은 반드시 시간과 공간을 결합시키는 방식으로 측정된다. 중력은 시간과 공간을 변형시키는 힘으로 측정된다. 이 힘은 곡률을 변화시키는 힘이기 때문에 가속으로 계량화된다. 중력의 본질이 가속에 있다는 것을 밝힘으로써 그는 일반 상대성 이론을 체계적으로 완성할 수 있었다. 현대 물리학의 비약적인 발전은 아인슈타인의 업적이 없었다면 이루어지지 않았을 것이다. 그의 발견은 남들이 한 번도 하지 않은 전인미답의 길을 개척한 데 있다. 미국의 우주탐사선 이름이 챌린저호인 것은 이런 이유에서 비롯된다.

5. 패러다임의 역사적 변화

고대 그리스의 원자론자들은 원자가 더 이상 분해될 수 없다고 믿었다. 뉴턴 역시 질량은 불변한다고 믿었다. 하지만 오늘의 실험결과(LHC)는 이것과는 달랐다. 뉴턴이 완성시킨 고전역학의 법칙들은 열역학 제2법칙에 의해 최초로 도전을 받았고 비판을 받았다. 뉴턴은 물질들이 매우 규칙적이고 예측 가능한 운동을 한다고 주장했다. 하지만 엔트로피가 증가하는 열의 측정은 예측을 통계적으로만 할 수 있을 뿐 정확한 측정은 불가능하다. 열역학 제2법칙에 따르면 닫힌계에서의 열의 운동은 무질서의 증가가 이루어지는 방식으로 설명된다. 뉴턴은 질량을 불변하는 상수로 가정했지만 아인슈타인은 질량은 불변하는 것이 아니라고 비판한다. 시간팽창과 길이수축은 광속으로 움직이는 영역에서는 이미 경험적으로 확증이 되었다. 질량은 광속으로 움직이는 운동 속도에서는 무한한 에너지로 측정된다.

입자가속기 안에서 입자들을 서로 충돌시키면 우리는 입자들이 깨지는 것을 경험적으로 관찰하는 데 성공했다. 우리는 육안으로 원자를 관찰할 수는 없다. 이렇게 볼 수 없는 것을 본다는 것은 분명 역설이다. 하지만 우리는 우리의 경험적 관찰로는 불가능하지만 특정한 실험조건들 안에서 관찰하면 이것을 볼 수 있다. 볼 수 없는 것을 본다는 것은 분명 어떤 특정한 실험조건들 안에서만 가능하다. 그럼에도 불구하고 우리는 원자를 관찰하는 데 성공했다. 이제는 원자가 분할 가능한가에 대한 질문을 더 이상 던지지는 않는다. 지금 우리는 물질과 반물질이 서로 결합되어 있었던 그런 물리적 상태로까지 우리의 탐구 영역을 확장시키고 있다. 전자와 양전자의 대칭성이 깨짐으로써 반물질은 소멸하고 물질이 지배하는 현재의 세계가 되었다는 것을 우리는 알게 되었다. 우리는 양성자와 전자로 구성된 원자를 모델로 단순화하는 데 어느 정도 성공했다. 하지만 물질과 반물질의 결합상태에 대해서는 아직 모델조차 만들고 있지 못하고 있다. 하지만 그렇다고 해서 이것의 이해 가능성이 우리에게 불가능한 것은 아니다. 현재 우리가 실험을 통해, 아니면 발견을 통해 이것을 완성하고 있지 못하고 있을 뿐이지 여기에 대한 이해가 전혀 없는 것은 아니다. 모델은 실재의 복잡성을 설명하기 위해서 필요하다. 우리는 모델을 통해 자연의 복잡성을 더 잘 이해해 가는 과정에 있는 것이다.

18세기는 연소에 대한 설명을 플로지스톤 이론으로 설명했었다. 플로지스톤은 가연성의 물질적 원리로 이해되었다. 어떤 물질들이 연소하면 무게가 없는 액체라고 생각된 플로지스톤이 빠져나간다는 것이다. 하지만 플로지스톤은 단지 상상 속에서만 존재하고 경험적으로 반박되었다. 기존의 연소이론으로 작용해 왔던 플로지스톤 이론은 제기된 새로운 도전에 적응할 수 없었기에 다른 이론으로 자리를 양보하지 않으면 안 되었다. 법칙은 그것이 설명하려는 현상들에 대해 더 이상 적합한 구속력을 제시할 수 없다면 다른 법칙들에 의해 대체되지 않으면 안 된다.

아는 것이 힘이다. 힘이 지배한다. 아는 것이 지배한다. 자연을 지배하기 위해서는 자연현상을 지배하고 있는 법칙을 알아듣지 않으면 안 된다. 인간은 자연현상을 지배하는 것을 법칙이라고 규정한다. 그리고 이 법칙을 발견함으로써 자연에 끌려 다니지 않고 자연을 합리적으로 설명할 수 있다. 천둥이 신의 분노로 이해하는 이해방식이 사라진 것은 아니지만 과학은 이것을 음전하와 양전하의 충돌로 알아들을 뿐이다.

가설 − 가설의 공적 검증 − 폐지 또는 유지
새로운 가설 − 공적 검증 − 폐지 또는 유지
또 다른 새로운 가설 − 공적 검증 − 확증 또는 폐지

발견의 과정은 그래서 역동적이다. 대나무가 무엇인지 알아들으려면 대나무를 해부하는 수밖에 없다. 물질과 반물질의 결합상태를 알아들으려면 실험을 통해 검증해 보아야만 한다. 기린이 실제로 하루에 5분만 자는지를 검증하기 위해서는 초고속 카메라로 관찰을 하면 된다. 과학에 있어서 위대한 발견이 시행착오(trial and error) 내지는 패러다임 교체(paradigm−shift＝replacement)에 의해 움직여 왔다는 것은 이제는 하나의 상식에 속한다. 과학에 있어서 발견은 상상력의

산물이지 논리적 훈련의 결과가 아니다. 결실을 맺지 못하는 상상력은 공상에 지나지 않는다. 이것은 힘이 없다. 하지만 발견을 이끌어 가는 상상력은 힘이 있다. 이것은 발견을 가능하게 하는 동력으로 과학자의 관심을 사로잡는다. 우리는 볼 수 없는 것을 보는 것(make the invisible visible)을 배우지 않으면 안 된다. 학습을 통해 단순 암기하는 것과 상상력을 통해 새로운 것을 발견해 내는 것은 전혀 다른 종류의 것이다. 천재는 자연이 준 위대한 선물이지 학습의 대상으로 급조되거나 만들어지는 것이 아니다. 장사는 때로 벤치마킹이 되지만 천재는 결코 벤치마킹이 되지 않는다. 천재는 오직 천재 자신에 의해서만 능가될 뿐이다. 천재는 남이 한 것을 따라가서 학습하는 것이 아니라 남이 발견하지 못한 것을 비로소 새롭게 발견하고 창조해 내는 능력의 소유자다. 그래서 그는 시대에 살지만 시대를 창조하는 자로서 산다.

법칙은 그것이 현상들을 설명하는 한에서만 타당하다. 법칙은 현상들을 설명한다는 전제 아래서만 유효기간을 지닌다. 하지만 법칙이 현상들을 설명하지 못한다면 법칙은 당연히 다른 것으로 대체되어야 한다. 법칙에는 유효기간이 있다. 이 유효기간을 넘기면 법칙은 더 이상 타당한 지배를 할 수가 없다. 패러다임의 변화는 현상을 설명하는 데 있어서 법칙이 도전을 받고 있다는 것으로 이어진다.

현대의 자연과학이 자연을 설명할 때 더 이상 칸트가 말한 시간과 공간에 의존하지 않는데 칸트가 자연과학의 학문적 근거를 제시한다고 주장하면 이 주장은 쓰디쓴 좌절을 경험하게 된다. 현상과 무관한 이론을 역사적으로 연구하는 것은 문헌학적으로는 가치가 있을지 모르지만 문제 해결에는 아무 도움도 되지 못한다. 제도적 관성에 의해 아리스토텔레스의 자연학이 중세를 지배했을지는 몰라도 근대는 더 이상 아니다. 뉴턴에 의존하고 있었던 칸트의 자연 과학 이해도 근대라는 지평을 벗어나지 못하고 있다. 변화된 세계는 그 변화를 적합하게 설명해 줄 새로운 이론을 기다린다. 칸트나 칸트학파(특히 신칸트학파)가 제도적 관성에 사로잡혀 칸트를 문헌학적으로 재생산할 수는 있다. 하지만 이런 재생산은 사태를 적합하게 지배하는 데는 부적합하다는 것이 동시에 비판적으로 지적되지 않으면 안 된다. 철학적 순혈주의에 사로잡히거나 아니면 거기에 고립되어서 사태의 본질이 무엇인가를 배우려 하지 않고 문헌학적으로 전승된 사태만을 반복하려 들 때 우리는 진리가 아니라 이데올로기를 전파시키고 있는 것이다. 학문은 이런 거짓 우상화에 대해 계속 비판하지 않으면 안 된다. 검증을 통과하지 못하는 것은 진리가 될 자격이 없다.

제3부

개요

　인간들이 하는 행위는 다음과 같이 분류될 수 있을 것이다. 물론 인간 각자의 고유성과 특수성이 너무 다르기 때문에 이 유형 분류가 모든 것을 다 포괄한다고 말할 수는 없다. 우리는 개별적인 사례들을 보편화하고 동시에 보편적인 것을 개별 사례에 적용함으로써 이 둘을 분리되지 않도록 해야 한다. 그런 한에서 보편적 유형 분석은 개별 행위를 이해하는 좋은 안내로 작용할 것이다.

　(1) 인간의 행위는 궁극목적을 추구하고 완성하고자 한다. 행복은 궁극목적인 목적의 완성과 실현으로부터 달성된다. 이렇게 본다면 인간의 행위는 행복을 추구하는 것이라고 말할 수 있다.

　(2) 인간의 행위는 자기의 개별 행위를 선은 추구하고 악은 피하라는 도덕의 일반 법칙의 지배를 받는다. 양심은 나의 개별 행위를 이런 도덕의 근본 원칙에 입각해서 검증하는 것을 말한다. 도덕의 일반 법칙에 근거해서 나의 개별 행위를 검증하는 문제가 바로 양심을 통

한 행위의 검증 문제다.

(3) 인간의 행위는 그것이 보편타당한 것으로 인정받기 위해서는 자기의 개별 행위를 보편화할 수 있어야 한다. 행위의 보편화 가능성은 모든 행위 주체들에게 구속력이 있는 행위 근거를 제시하는 것을 말한다.

(4) 우리 모두는 자기 행위의 의식적 주인이 되는 한에서 자기 행위의 지배자가 된다. 물론 우리 모두가 자기 행위의 의식적 주인이 되지 못하는 경우나 그런 사람들이 많이 있기는 있다. 자기 행위의 의식적 주인이 된다는 것은 행위를 지배함으로써 각자가 자기 삶의 주인이 되는 것을 요구한다. 이 문제는 자기 계몽의 문제에 속한다. 궁극적으로 행위의 계몽이 추구하는 것은 각자가 자기 삶의 자율적 주인이 되는 데 있다.

인간 행위의 복잡성을 고려하면 이런 분류는 불충분할 수 있다. 그리고 이런 분류가 모든 행위를 다 포괄하는 것도 아니다. 그럼에도 불구하고 이런 분류 기준들이 인간의 행위가 이루어지는 기본 틀을 제공하는 것임에는 틀림이 없다. 기본 틀과 개별 행위는 그렇기 때문에 고립되지 않기 위해 늘 긴장 관계를 유지해야만 한다.

니체는 모든 가치들의 근본적인 재평가(Umwertung aller Werte)를 요구한다. 물론 이런 요구를 니체에게 적용해서 우리는 니체의 초인의 도덕이나 힘에의 의지를 재평가하지 않으면 안 된다. 인간의 행위를 둘러싼 근거제시에 있어서 다양한 가치들이 서로 경합하고 충돌을 일으키는 것은 피할 수 없는 사실이다. 하나의 단일 가치가 인간을 지배하고 구속하는 그런 통일적 시대에 우리가 살고 있지 않음은 너무 자명하다. 가치들의 갈등과 경합은 피할 수 없는 우리 시대의 조건이다.

이슬람을 믿는 자들 가운데 원리주의자들과 근본주의자들이 있다고 해서 이슬람 전체의 도덕이 이런 것에 의해 규정된다고 한다면 우리는 이슬람에 대해 잘못 평가하는 것이다. 죽음을 미화하고 낭만화하는 것은 수니파와 시아파 모두의 전통에 속하지 않았었다. 이슬람 과격주의자들의 극단적인 자살 폭탄테러가 있다고 해서 우리가 이슬람 전체의 도덕을 그렇게 규정해서는 안 된다. 이처럼 올바른 평가가 가능하려면 올바른 이해를 먼저 해야만 한다. 평가는 올바른 이해를 동반하지 않을 때 맹목적인 독트린에 불과하게 된다. 가치들이란 그것들이 생겨나게 된 특정한 삶의 문맥들과 개인적 이해관계를 반영한다. 물론 이런 계보학적 생성과정을 먼저 이해하는 것도 중요하다. 하지만 더 근본적인 것은 가치들을 구속력 있는 것으로 받아들이기 위해서 이것을 공적으로 검증하지 않을 수 없다는 것이다. 행위는 이런 공적 검증을 거침으로써만 그 타당성을 얻어 가는 것이다. 행위의 윤리적 규범은 모두가 공적인 검증을 통해 보편타당한 근거를 충족하지 않으면 안 된다.

유전자 복제, 낙태, 안락사, 자연 종의 보호, 동물 권리 인정, 동성애자들의 인권 보장, 제노사이드의 근절 등에 이르기까지 우리는 오늘날 매우 다양하고 복잡한 행위들에 직면해 있다. 새로운 도전과 기회 앞에서 우리는 그 요구들에 적합한 새로운 규정들을 제시할 의무에 직면하고 있다. 도덕적 상상력이 필요한 것은 이런 미해결의 문제들을 자발적으로 떠맡음으로써 이것들에 대해 명백한 규정을 주어야 하기 때문에 그렇다.

행위가 초래할 결과를 전혀 고려하지 않고 동기의 절대 순수성 하나만으로 행위를 정당화하거나 독점할 수는 없다. 행위가 초래한 모든 결과를 다 알고 있지 못한 인간들이 몇 가지 조건들의 계산과 공리적 유용성으로 인해 행위를 결정하게 내버려 두어서도 안 된다. 미증유의 상황에서 행위 주체들이 결단하는 것은 불가피하다. 그렇기에 우리는 누가 결단을 내리는가에 관심을 갖는 것 이외에도 그 결단에 대한 책임도 아울러 물어보아야만 한다. 결단은 불가피하지만 결단이 반드시 책임으로 이어진다는 보장은 없다. 따라서 우리는 결단의 불가피성과 아울러 책임의 불가피성 역시 동시에 묻지 않으면 안 된다. 동기의 순수성과 결과의 책임까지 아우르는 그런 복잡성이 아마도 좋은 행위로 규정될 것이다. 물론 좋다, 나쁘다, 선하다, 악하다, 적합하다, 부적합하다, 정당하다, 부당하다 등의 윤리적 평가에는 그 평가에 깔려 있는 근본적인 이해가 같이 작용하고 있음은 말할 필요도 없다.

어떤 사람들이 윤리에 대한 많은 지식을 지니고 있다고 해서 그들이 어떤 주어진 상황에서 더 지혜롭게 행위한다는 보장은 없다. 신학자들이 일반 평신자들보다 믿음이 더 강한 것은 아니다. 마찬가지로 윤리학자가 행위를 더 도덕적으로 하는 것은 아니다. 중요한 것은 우리가 우리의 행위를 정당화할 수 있는 충분한 근거를 제시할 수 있는가에 있다. 누구나 다 행위하지만 누구나 다 자기 행위를 의식적으로 검증하고 정당화하는 것은 아니다. 하지만 인간의 행위가 윤리적으로 평가되는 것은 행위에 대해 검증하고 정당화를 제시할 수 있을 때만이다. 물론 이런 행위의 근거 제시와 정당화 제시 능력에 있어서 입장들의 근본 갈등과 충돌이 있을 수 있다는 것을 우리는 배제해서는 안 된다.

인간이 상황이나 조건들의 제약을 받는 것은 사실이다. 윤리적 행위 역시 그 행위 규범이 입각한 특정 역사적 조건들에 묶여 있는 것은 사실이다. 하지만 그렇다고 해서 우리의 개별 행위가 이런 조건들에 결정되어 있는 것은 아니다. 인간은 조건들과 역사적 문맥에 제약을 받고 있음에도 불구하고 이런 것들에 의해 결정된 것은 아니다. 인간의 자유와 자기 결정은 이런 것들을 의식적으로 검증하는 것을 불가피하게 하고 있다. 문맥 없는 자율은 허구다. 자율 없는 문맥은 외적 강제에 불과하다.

말을 물가로 억지로 끌고 갈 수는 있다. 하지만 말에게 억지로 물을 먹이려면 말은 저항한다. 마찬가지로 우리도 타인들에게 우리가 믿고 있는 가치를 강제하려 들 때 타인들로부터 저항을 받게 된다. 외적인 강제를 동반하지 않으면서도 동의를 자발적으로 이끌어 내기 위해서는 행위의 근거에 대해 정당성을 충족시켜 주어야만 한다.

5장 행위의 궁극적 추구 대상으로서의 행복 가능성

1. 행복한 삶이란?

토마스 아퀴나스는 자연적 행복과 초자연적 행복을 구별한다. 자연적 행복이란 현실에서 우리 인간이 지혜, 용기, 절제, 정의라는 덕을 충족하는 데서 오는 삶을 말한다. 이에 반해 초자연적 행복이란 절대자 신을 만남으로써 얻게 되는 그런 행복을 뜻한다. 이와 유사한 맥락에서 우리는 아리스토텔레스가 가장 행복한 것으로 규정한 삶이 바로 신을 관조하며 사는 삶이라는 것을 잊어서는 안 된다. 신은 자기 안에 모든 것을 다 갖추고 있기에 자족적이다. 하지만 인간은 그렇지 못하다 행복은 인간이 갖추고 살 것을 갖추고 살아야 할 때 달성된다. 행복한 삶을 위해 덕의 충족과 인간 조건들의 충족은 이 점에서 불가피하다.

행복은 인간이 갖출 것을 다 갖추고 살 때 비로소 충족된다. 행복은 인간이 궁극적으로 추구하는 목적들이 실현될 때 비로소 충족된다. 이 점에서 행복은 심리학적인 것이 아니라 존재론적인 것이다. 충족된 삶(the fulfilled life = the accomplished life)이 행복이다. 그렇기에 행복은 행위가 추구하는 궁극목적으로 작용한다. 행복이 행위를 가능하게 하는 것으로 작용한다. 행위는 궁극적으로 행복을 완성하고자 움직인다. 행복은 행위의 원인으로 작용하고 행위는 행복을 완성하고자 하는 작용으로 역동화된다.

동물들은 환경 안에서 적응하며 살아간다. 하지만 인간은 환경만이 아니라 그것을 훨씬 넘어서 세계를 알고 있다. 인간은 존재 일반과 선일반에 개방된 열린 존재로서 자신의 궁극성을 추구하고 완성할 때 비로소 자기 충족을 지니게 된다. 인간이 이성을 지니고 있다는 것은 인간이 존재하는 것 모두를 자기 앎의 대상으로 추구한다는 것을 뜻한다. 인간은 이런 근본 욕구를 충족할 때 비로소 인간답게 산다고 말할 수 있다. 이성을 지닌 인간은 인간에게 고유한 이성적 욕구를 충족할 때 비로소 행복하다고 말할 수 있다.

신은 자족하기에 다른 어떤 것이 필요로 하지 않는다. 인간은 사회 생활을 한다. 이것은 동물들의 군집 생활하고 구별된다. 인간다운 욕구는 이성적 욕구를 충족할 때만 비로소 행복해질 수 있다. 인간의 욕구는 단지 생존하려는 욕망의 충족에 의해 마감되는 것이 아니다. 인간은 자기 자신이 궁극적으로 되고자 하는 근본적으로 존재하려는 욕구를 충족해야만 온전해진다. 이성적 본성을 지닌 인간은 인간에게 고유한 그런 이성적 욕구를 충족할 때만 행복하다고 말할 수 있다.

철학적 인간학은 인간의 존재가 열려 있는 개방 존재라고 한다. 인간은 빅뱅에서부터 우주 인플레이션에까지 무한히 열려 있다. 있다고 한다면 그것이 무엇이든지 간에 우리 인간에게 어떤 지평에서는 한 번쯤은 욕구와 추구의 대상이 된다는 것이다. 인간은 이성을 통해 인간이 아닌 것들과 구별된다. 이성을 지니고 있다는 것은 인간이 그 욕구를 충족할 때 비로소 인간에 적합한 삶을 살았다고 말할 수 있는 근거가 된다. 그렇기에 인간의 욕구는 바로 자신이 되고자 하는 그런 존재에의 용기(to be myself)가 된다. 셰익스피어가 말한 것과 같이 인간의 삶은 존재할 것인가(to be) 아니면 상실한 것인가(not to be)가를 결단하지 않으면 안 된다. 자신이 원하는 것이 될 것인가, 아니면 되지 못할 것인가를 결정하는 것보다 더 근본적인 문제나 절박함은 없다. 행복은 자신이 궁극적으로 되고자 하는 근본 문제에 해당하기 때문에 인간에게는 가장 근본적인 문제에 속한다.

궁극성의 실현이 결단을 요구한다. 그러나 그 반대는 아니다. 우리의 모든 행동과 결단은 그렇기에 궁극목적을 실현하는 것에 가장 적합한 방식으로 이루어지지 않으면 안 된다. 행위나 결단이 궁극목적에 적합한 방식으로 이루어지는 것을 우리는 행위의 합목적성으로 규정한다. 인간의 개별 행위 하나하나는 그 행위가 궁극목적에 부합하는 방식으로 그렇게 의미 있게 실행되어야 한다. 행위의 목적 일치

때문에 인간의 행위는 합리적인 것으로 평가된다. 합리성은 행위가 궁극 목적에 적합하게 일치하는 방식으로 수행될 때만 자기 충족을 얻어 간다.

1.1. 공리주의 행복 비판

공리주의는 "최대 다수의 최대 행복"을 행위 지침으로 삼는다. 하지만 이런 도덕적 요구에는 몇 가지 문제점이 있다. 우선 최대다수의 기준이 정확하게 무엇인가? 100명이 있을 때 99 대 1부터 51 대 49까지 최대다수의 형식적 요구는 충족된다. 최대다수로부터 배제된 자들은 행복의 권리가 없는 것인가? 아니면 누리지 못한다는 것인가? 모든 인간은 본성상 행복을 추구한다는 것은 이 기준과 일치하지 않는다.

2010년 고대 의대생들이 경기도 가평에 있는 송추 계곡에 놀러갔을 때 3명의 남학생들이 한 명의 여자를 성추행한 사건이 있었다. 3명의 남자들이 자신들의 쾌락을 충족하기 위해 한 명의 여자를 성추행했다면 이것은 공리적 기준에서 볼 때 아무 문제가 없다. 하지만 우리는 이런 행동을 절대로 허용하거나 용서해서는 안 된다. 자발성에 기초하지 않고 단지 최대 다수의 최대 행복에 따라 평가한다면 그런 행위는 어떤 경우에도 도덕적일 수가 없다. 결과 극대화가 행위 평가의 유일한 기준이 되어서는 절대 안 된다. 도덕적으로 정당화될 수 없는 것은 어떤 경우에도 도덕적 가치를 지니지 못한다.

소수의 효율성이 더 큰 결과를 산출할 수도 있다. 행복이 계산 가능한 결과에 있다면 이 결과 산출에 있어서 최대 다수가 효율적이라는 보장은 없다. 최대다수의 최대 행복은 오늘날 신자유주의의 일반적 조류하고 일치하지 않는다. 승자 독식 사회는 소수의 아주 적은 투입만으로도 최대의 결과를 가질 수가 있다.

동기가 올바르거나 도덕적이지 않은데 결과가 좋다고 해서 그 행위 자체가 정당화될 수는 없다. 효율적인 행위가 유용한 결과로 이어진다고 해도 그 행위 동기가 도덕적으로 정당하지 못하다면 그 행위는 도덕적 가치를 지니지 못한다.

1.2. 결과 지상주의 비판

행복은 각자에게 고유한 추구 목적을 완성하는 데서 충족된다. 이것은 충족과 일치를 통해서만 평가된다. 하지만 추구하는 행위가 충족되거나 일치하지 않았다고 해서 추구 자체가 가치가 없는 것은 아니다. 추구는 그 자체가 행복의 실현 여부와 관계없이 아름답다. 하지만 추구한 것이 결실을 맺거나 완성될 때는 더할 나위 없이 기쁘다. 행복 추구는 업적 추구와 같은 것이 아니다. 업적은 추구한 행위 결과에 따라 그 유용성이 평가된다. 하지만 추구는 행위의 결과를 통해서가 아니라 행위 자체가 그 자체로서 인정되는 것이다.

인간들 각자는 각기 다른 개성의 소유자들이다. 인간들에게는 각기 자신이 되고 싶은 궁극성이 있다. 이 궁극성은 그 자체를 위해 추구된다. 하지만 궁극성이 완성되지 않았다고 해서 추구하는 노력 자체가 가치가 없다고 말할 수는 없다. 궁극성의 추구는 그것의 결과나 성취 여부에 따라 평가된다기보다는 일 자체에 대한 사랑 때문에 긍정되어야 한다. 행복이 나의 사적인 행복으로 전개되지만 이 행복은 나에게만 타당한 그런 배타성이 아니다. 각자는 자신들이 추구하는 궁극성에 인도되어 행위한다. 궁극성은 행위의 추구와 방향을 주기 때문에 그 자체가 값어치가 있는 것이다. 각자는 바로 자신이 되고자 하는 그런 궁극성이 문제가 된다.

2. 덕의 충족

지혜, 용기, 절제, 정의는 인간이 추구해야 할 근본 덕이다. 토마스 아퀴나스는 이것 이외에도 믿음, 소망, 사랑의 덕을 제시한다. 우리 인간은 지상에서 사는 한 자연적 덕들을 충족하면서 사는 데 나름대로 행복을 느낀다.

덕은 능력의 탁월함을 뜻한다. 하지만 능력의 탁월함은 그것이 옳은 것을 따르지 않을 때 파괴적일 수 있다. 고문 기술자는 능력은 탁월함을 소유하고 있지만 그가 소유한 능력의 탁월함이 옳거나 정당하다고 볼 수는 없기 때문에 덕이 있는 인간으로 분류될 수는 없다. 능력의 탁월함을 덕과 같은 것으로 볼 수는 없기에 우리는 능력의 탁월함을 항상 좋은 삶과 선한 삶의 안내에 봉사할 수 있도록 그렇게 의지를 순화시키지 않으면 안 된다. 덕은 능력의 탁월함뿐만 아니라 방향의 올바름도 같이 지니고 있을 때만 그 타당성을 얻는 것이다. 춘추 전국시대에 중국의 전문 자객들도 단순히 살인 전문가로서가 아니라 좋은 일을 위해 자신의 재능을 사용하는 그런 협객으로 인정받으려고 늘 노력했었다.

덕은 인간이 자신의 잠재적인 가능성을 현실적으로 완성하는 데서 비로소 달성된다. 잠재적인 가능성을 방치하지 않고 이것을 현실적으로 완성하는 것이 덕의 실현이다. 덕은 주어진 것이 아니라 각자가 애써 노력과 훈련을 통해 이룩해야 할 과제에 속한다. 가능적인 능력을 현실적으로 완성하기 위해서는 덕은 많은 노력과 인내를 요구한다.

지혜(wisdom)와 지식(knowledge)은 구별된다. 지혜는 주어진 상황에서 잘 행동하는 것을 말한다. 물론 잘 행동한다는 것은 그 기준제시에 있어서 문맥과 상황의 불투명성 때문에 일의적으로 정의될 수 없는 한계가 있다. 하지만 그렇다고 해서 기준이 없는 것은 아니다. 또한 잘 행동한다는 것은 아무렇게나 행동하는 것과도 구별된다. 지식이 많다고 해서 잘 행동하는 것은 아니다. 잘 행동한다고 해서 지식이 많은 것도 아니다. 지식은 진리와 관계가 있지만 지혜는 행위를 슬기롭게 하는 것과 관계가 있다. 지혜는 주어진 상황에서 잘 행동하는 것을 목적으로 한다. 이것은 지식과 같이 그런 엄밀한 근거를 요구하는 것과는 구별된다. 실천적 지식은 이론적 지식과 같이 원리의 불변성을 파악하는 것이 아니다. 그것은 주어진 상황에서 어떻게 하면 잘 행동할 수 있었다고 말할 수 있는 지를 해명하는 것이다. 윤리학이 이론학에 비해 엄밀성은 떨어지지만 행위의 근거를 제시해야만 한다는 요구를 피할 수는 없다. 잘 행동해야 한다는 것이 행위에 대한 나름대로의 근거 제시다.

각자가 행위하는 문맥, 조건들, 상황들은 복잡하고 불투명하다. 이 복잡성을 감안하면서 각자는 잘 행동하는 것이 요구된다. 지혜는 지식과 같이 그런 엄격성은 떨어짐에도 불구하고 행위를 잘 근거 지워야 한다는 점에서 잘 행동할 것을 요구한다. 하지만 잘 행동하는 것은 그냥 행동하는 것과 구별된다. 어떻게 하면 잘 행동할 수 있었다고 말할 수 있을까? 실천적 지혜는 바로 이것을 탐구하는 것을 목적으로 한다. 그리고 우리가 하는 행위 하나하나가 어떻게 하면 삶의 행복을 증진할 수 있는가를 심사숙고하는 것이 필요하다. 잘 행동한다는 것은 심사숙고를 필요로 한다.

아리스토텔레스는 이론적 덕과 실천적 덕을 구별한다. 그리고 의지의 맹목성으로부터 지배당하지 않기 위해서는 의지를 맹목성으로부터 구제해 내는 절제가 필요하다고 본다. 이것은 동양에서 마음 수행과 수도에 비교될 수 있다. 의지의 타락과 맹목성으로부터 의지를 정화하고 순화하는 것이 필요한 것은 의지의 맹목성으로부터 비롯되는 자기 파괴를 방지하기 위해서다.

이론적 지식은 원리의 타당성이나 필연성을 깨닫는 데서 습득된다. 아인슈타인은 시간팽창, 길이 수축, 질량과 에너지의 등가를 통해 특수상대성이론을 완성할 수 있었다. 그가 덕이 있는 것은 그가 이런 현상들의 원인에 대해 참다운 지식을 소유하고 있기 때문이다. 그는 이론적 덕을 터득했고 습득했다. 하지만 아인슈타인의 특수상대성 원리를 알고 싶어 하는 자들은 아직은 덕을 소유한 자들이 아니다. 그들은 그 원리를 알아들음으로써만 덕을 비로소 소유하게 될 것이다. 이론적 덕은 그 지식을 아는 자가 모르는 자에게 가르치는 것이 가능하다.

물질의 분포는 시간과 공간의 구성을 가능하게 한다. 중력은 시간과 공간을 변형시키는 힘으로 측정된다. 우리는 이 중력을 시공간을 변형시키는 힘으로 측정한다. 이것이 일반 상대성 이론의 핵심이다. 우리는 빛의 경로가 특정한 행성에서 휘는 것을 경험적으로 관찰했다. 검증 안 된 이론은 그냥 주관적 가설에 불과하다. 하지만 공적 검증을 통과한 것은 이론으로 인정받게 된다. 아인슈타인의 우주 이해는 이렇게 해서 블랙홀을 예측할 수 있었다. 그리고 블랙홀은 경험적으로 관찰되었기에 공적으로 구속력 있는 학설이 된 것이다. 물리학과 천문학과 학생들은 이런 원리를 배움으로써 물리학도나 천문학자가 되는 것이다. 원리를 알거나 소유하는 자가 원리를 배우는 자에게 그 원리의 타당함을 가르칠 수 있다. 전 세계의 물리학도들이 아인슈타인 밑에서 배우려고 몰려드는 것은 이 때문이다. 우리는 중력이 무엇인지를 알기 위해 아리스토텔레스의 터무니없는 설명에 이제 더 이상 관심을 기울지 않아도 된다. 능력은 속일 수가 없다. 원리를 아는 자가 지배한다. 원리를 안다는 것은 원리를 자기 것으로 지배할 수 있을 때만 가능하다.

이론학이나 자연과학에서는 누가 발견했는가가 중요한 것이 아니다. 누가 발견했는가도 중요하지만 더 중요한 것은 우리가 그것을 알아들을 수 있는 가에 있다. 중국이 늦게 자본주의에 편입했어도 세계 자본주의의 당당한 주인이 될 수 있었던 것은 그들이 원리를 이해하는 능력을 지녔기에 가능했었다. 자연과학은 시간과의 싸움이 아니라 원리의 정복과의 싸움이다. 원리를 아는 자가 지배한다. 그런데 원리를 아는 것은 자연과학에서는 누가 혼자 독점하는 것은 아니다. 자본주의와 자연과학이 세계 평준화 경향을 보이는 것은 원리를 아는 것이 보편적으로 공유되었기에 가능하다.

대학교수는 강의를 명석하게 하고 연구에 대한 지배력이 있기에 권위를 갖는 것이다. 권위는 능력의 부산물로 주어지는 것이다. 권위가 있기에 탁월한 것이 아니라 연구가 탁월했기에 권위를 갖는 것이다. 우리가 아인슈타인에게서 물리학을 배우려는 것은 그의 권위 때문이 아니라 원리에 대한 그의 탁월한 능력에 있다. 자신의 무지를 감추기 위해 권위를 악용하는 그런 교수들도 많이 있다는 것을 망각해서는 안 된다.

하지만 이론적 지식이 아닌 실천적 지식에는 상황이 다르다. 케인즈는 주식에 관한 책을 썼지만 주식 투자에서 몇 번 손해를 보았다. 그는 경제 이론의 전문가로서 어떤 특정한 예측을 바탕으로 투자를 한 것이다. 하지만 그럼에도 불구하고 그는 투자를 통해 손해를 입었던 것이다. 이론의 힘은 예측하는 데 있지만 경제 예측은 때로 빗나갈 때가 있다. 그렇다고 경제학 이론이 다 쓸모가 없다는 것은 아니다. 상황의 불투명성, 문맥의 복잡성, 전통의 불투명성, 그리고 복잡하게 얽혀서 상호 작용하는 변수들의 인과적 얽힘들 때문에 우리의 분석이 정확함에도 불구하고 예측을 빗나갈 때가 종종 있는 것이다. 실천적 덕은 심사숙고를 동반한다는 점에서는 맹목적인 행동과 구별된다. 하지만 그런 심사숙고가 이론적 학문과 같이 그런 원리의 타당성에 기초하는 것은 아니다.

실천적 덕에서도 나름대로의 기준은 있다. 하지만 이 기준은 그 엄밀성에 있어서 이론적 지식과 같이 그렇게 엄밀하지 않다. 그렇기에 오늘날에도 인문학이나 사회학은 자연과학의 법칙성을 닮아 가려고 하고 자연과학은 수학의 불변성을 닮아 가려는 욕구가 지배하고 있는 것이다. 뉴턴이 만유인력을 발견했다고 해서 뉴턴만이 이것을 독점적으로 이해하고 지배하는 것은 아니다. 아인슈타인이 특수상대성 이론과 일반상대성 이론을 발견했다고 해서 그가 이것을 독점적으로 이해하고 지배하는 것은 아니다. 원리를 아는 자 모두는 이것을 공유하고 지배할 수 있다. 하지만 자연과학의 천재들과 비교되는 의미에서 인문학의 천재들(괴테나 셰익스피어 등)은 그들에게만 고유한 맛을 낸다. 우리는 이들의 업적을 그 고유성에서 이해하지 않으면 안 된다.

실천적 지식은 엄밀성이 이론학에 비해 떨어진다. 그렇다고 이것이 학문이 아닌 것은 아니다. 다만 다른 종류의 학문일 뿐이다. 실천학에서는 잘 행동해야 한다는 기준이 있다. 그리고 이것은 도덕적 심사숙고를 동반한다는 점에서 그렇지 않은 행동과 구별된다. 실천적 지식은 우리가 가장 모범이 되는 사례들(causa ememplaris)을 통해서 배울 수는 있다. 주식 투자자들이 성공한 사례들이나 사람들을 통해 배우려는 것과 마찬가지다. 실패한 사람이나 사업을 벤치마킹하는 자들은 없다. 우리는 실천적 덕을 판례나 사례들을 통해서 배우는 것이 가능하다. 미래를 알고자 하는 자들이 과거를 배우지 않으면 안 되는 이유도 여기에 있다. 비록 같은 사건들이 똑같이 재현되지는 않지만 유사성이 있을 수 있기 때문에 과거의 지식과 경험은 미래의 사건들에 대해 방향이나 안내를 제공할 수 있는 것이다. 독일의 유능한 군인들이 1차 세계 대전의 쓰라린 실패(독일이 서부 전선과 동부 전선에서 싸워야만 했기에 전력 분산으로 인한 패배)를 알고 있었기에 그리고 이런 실수를 되풀이해서는 안 되었기 때문에 히틀러의 일방적인 결정에 제동을 걸었던 것은 적어도 그 상황에서는 매우 탁월한 선택이었다. 우리는 이렇게 사례들을 통해서 행위의 탁월함을 배울 수가 있기는 있다. 엄밀성이 떨어진다고 해서 배우는 것이 불가능한 것은 아니다. 다만 배움의 종류와 성격이 서로 다를 뿐이다. 그렇기에 다른 행동은 있어도 틀린 행동은 없는 것이다. 행위는 모범 사례들을 제시함으로써 배울 수 있는 것이다. 하지만 행위의 배움은 이론학과 같이 그런 엄밀성을 소유하고 있지는 않다. 이 차이가 망각되어서는 안 된다. 윤리를 엄격한 학문으로 규정하면 할수록 그런 윤리는 실질적인 행위에 대해 어떤 지침도 내리지 못하는 공허함에 빠질 때가 있다. 하지만 잘 행동하기 위해 모범적인 사례로부터 교훈을 얻는 배움이 실제적인 행위에 더 많은 기여를 할 수 있다는 것을 잊지 말아야 한다.

작가, 역사가, 예술가 등은 만들어지는 것이 아니라 스스로 만들어 가는 것이다. 왜냐하면 실천적 덕은 노력하는 행위를 통해서만 비로소 이루어지기 때문이다. 실천적 덕도 훈련과 노력의 결과로서 얻어지는 것이다. 노력과 훈련을 통해 행위를 자기 것으로 지배하는 것이 실천적 덕을 쌓아 가는 것이 된다. 한국 축구가 한 번 4강에 올랐다고 해서 항상 한국 축구가 4강을 즐기는 것은 아니다. 4강 이상의 성적을 내는 것은 훈련과 노력의 결과로서 끊임없이 유지하지 않으면 안 된다. 일회성이 항상성을 대체할 수는 없다. 항상성을 유지하기 위해서는 지속적인 노력과 훈련을 하는 수밖에 없다. 그렇기에 한번 서울대가 평생 서울대라는 보장이 없는 것이다. 실천적 덕에서는 승자가 이기는 것이 아니라 이기는 자가 승자인 것이다. 승자가 되기 위해서는 지속적인 노력과 훈련을 할 수밖에 없다. 한때 주목받는 스타였다가 이름도 없이 사라져간 스타들이 얼마나 많이 있었던가?

한번 승자가 평생 승자가 되는 것이 아니다. 우리는 승자가 되기 위해 승자에게 요구되는 조건들(훈련과 노력)을 충족하지 않으면 안 된다. 이 조건들을 쉬지 않고 충족하기 위해 노력할 때 우리는 실천적인 덕을 쌓는 것이다. 덕은 행위의 결과로서 발생하는 것이다. 덕에 대한 이론을 배우거나 소유했다고 해서 덕을 쌓은 것은 아니다. 행동을 통해서만 덕이 비로소 쌓이는 것이다. 이론적 지식에서는 배움이 중요하지만 실천적 덕에서는 행동이 중요한 이유가 여기에 있다. 행동을 지속적으로 반복 훈련함으로써 행동을 완전히 자기 것으로 지배하는 것이 실천적 덕을 쌓는 과정이다. 열정과 노력을 동반하지 않고 덕이 자연발생적으로 얻어지는 것은 아니다.

3. 자기 통제

1944년 7월 10일 동부전선에서 독일군 슈타우펜베르크 대령은 왜 히틀러를 암살하려고 했을까? 그 이유는 간단하다. 히틀러는 아무런 제재도 받지 않은 채 자기의 의지대로 행동을 하려고 했기에 바로 이런 그의 저지 받지 않은 행동이 파국과 패전으로 이어지는 것이라고 그가 확신했기 때문이다. 이 확신은 그 당시 독일 군부의 일반적인 의견이기도 했다. 그렇기에 많은 군인들이 그 암살계획에 암묵적으로 찬성하거나 직접 가담할 수 있었던 것이다. 최고 결정자가 그릇된 결단을 할 때, 그리고 그 결단이 파국을 행해 치달을 때 잘못된 결단을 저지하는 것은 불가피하다.

그 대령은 반역죄로 총살되었다. 하지만 그의 불길한 예측은 10개월 뒤 독일의 무조건 항복에서 그대로 입증되었다. 화약을 안고 불구덩이로 뛰어드는 히틀러의 의지의 맹목성을 저지하는 것은 그 당시 독일 군부가 암묵적으로 인정하고 있었던 것이다. 이런 유사 사례들은 폴 포트에 의해 자행된 킬링필드, 스탈린의 굴라크 수용소, 마오쩌등의 인민 대공사와 문화 대혁명 등에서 발견되고 있다. 이런 파국을 막기 위해서는 니체의 힘에의 의지(will to power)가 아니라 진리에의 의지(will to truth)로 변형되어야만 한다.

의지는 맹목성(blindness)으로 인해 이성의 올바른 명령을 안 듣는 경향이 있다. 경우에 따라서 의지는 절대화되어 이성과 지성에 적대적으로 행동하기도 한다. 의지의 반달리즘은 결국 인간의 자기 파괴로 이어지기 때문에 반드시 저지되지 않으면 안 된다. 불의와 폭정에 항거하는 집단들이 있는가 하면 맹목적인 파괴에 열중하는 대중들도 있다. 파시스트들은 지성에 대한 의지의 무조건적 승리를 숭배한다. 힘을 맹목적으로 숭배하기에 이들의 재앙은 파국을 맞이해서야 비로소 멈추어진다. 그 때까지는 이 맹목적 돌격대를 막을 수가 없다. 적어도 우리는 역사를 통해 이런 맹목적 반달리즘들의 야만적인 문화 파괴를 경험했던 것이다. 히틀러의 분서(焚書)가 자행되었을 때 하이데거의 소극적 방관이 있었다는 것을 잊어서는 안 된다.

인간이 자기 행복의 주인이 되기 위해서는 우리가 맹목적이고 파괴적으로 작용하는 의지를 통제하는 것이 필요하다. 자기 통제(self-control)는 행복한 삶을 위해서 필요하다. 그것은 의지가 이성의 올바른 명령(recta ratio)에 따름으로써 자신의 행동 전체를 의미 있게 만들 수 있기에 더더욱 필요하다. 의지의 맹목성에 지배당하지 않고 의지의 맹목성을 지배하고 순화함으로써 보다 큰 삶의 목적에 이바지 하도록 해야 한다. 의지의 나약함에 빠지거나 굴복하지 않고 그러나 맹목성에 지배되지도 않으면서 의지로 하여금 추구하는 궁극목적에 이바지하도록 그렇게 조절해야만 한다.

예수도 한때 저들은 자신들이 무슨 일을 하는지도 모르면서 행위한다고 한탄한 적이 있다. 자기 파괴적인 의지의 맹목성을 통제하고 길들이는 것은 이 점에서 절대적으로 필요하다. 우리는 한 어린애에게 물건을 갖다 주어서는 안 된다. 그 대신 우리는 어린애로 하여금 물건이 있는 방향으로 가도록 가르쳐야 한다. 그렇지 않을 경우 그 어린애는 자기 기준으로 모든 것을 바라보는 위험에 노출된다. 모든 것을 자기중심적으로 바라보게 될 때 공적인 질서는 깨질 위험이 있다. 안 되는 것은 안 되는 것이다. 억지로 할 때 우리는 질서가 파괴됨을 목격하게 된다. 자기중심적인 의지의 집착은 모든 관계 자체를 왜곡시키고 파괴한다. 이성의 정당한 명령에 거부하고 지성을 경멸하려 드는 의지의 맹목성을 근절할 수는 없겠지만 이것을 완화시키도록 해야 한다. 적어도 도덕 교육이 필요한 것은 이런 이유에서 정당하다.

역사는 때로 맹목성과 무오류성이 결합될 때 엄청난 파국을 초래할 수 있다는 것을 아주 생생하게 보여 주었다. 같은 실수가 되풀이하도록 방치해서는 안 된다. 개인이든 집단이든 의지의 제어되지 않은 맹목성과 무오류성은 치명적인 위험을 초래한다. 의지의 추진력은 방향의 올바름에 의해서만 적절하게 제어되고 인도되어야 한다. 그렇게 하는 것이 우리가 의지의 나약함을 극복함으로써 덕을 쌓아 가는 것을 가능하게 한다. 여하튼 인간은 계몽되지 않으면 안 된다. 의지의 자기 통제는 자기 계몽으로 가는 과정에서 반드시 필요한 것이다. 이것 역시 행복한 삶의 조건이다.

4. 인간 조건들의 충족

인간은 덕만 충족한다고 해서 행복한 것은 아니다. 사실 많은 경우 행복의 실현에 있어서 덕의 충족은 일차적으로 가장 중요하다. 하지만 덕 하나만이 행복의 보증 수표는 아니다. 우리는 인간이기에 인간 조건들을 충족하지 않으면 안 된다. 덕과 인간조건들의 특수성 충족은 행복한 삶을 위해 불가결하다. 물질적 조건들을 거부하는 인간은 이미 인간이 아니다. 하지만 물질적 조건들의 충족이 행복이라는 것은 그릇된 유물론적 태도다. 인간에게는 인간에게 고유한 욕구가 있는데 이 욕구는 정신적인 측면과 물질적인 측면 모두에서 충족되지 않으면 안 된다.

돈이 너무 많아서 돈의 주인이 되지 못하고 돈의 노예가 되어 삶이 파국되는 것을 우리는 많은 경험적 사례를 통해 알고 있다. 돈이 있다는 것은 그것을 통해 우리가 외적으로 덜 지배를 받는다는 점에서 우리를 고통으로부터 해방시켜 준다. 하지만 돈을 위한 돈이라든지 돈을 물신숭배해서 돈의 노예가 될 때 우리는 불행하게 될 수도 있다. 행복에 기여하기 위해서는 가난과 고통이라는 삶의 억압적인 조건들로부터 벗어나는 것이 필요하다. 돈은 이럴 때 해방과 면책의 수단으로서 아주 좋은 것으로 작용한다. 돈이 행복의 조건은 될 수 있어도 행복의 조건을 결정하는 것은 절대 아니다. 자본주의의 화폐 물신숭배는 효율성과 생산성은 약속할지는 몰라도 행복을 보장하는 것은 절대 아니다.

복지가 무조건적으로 필요한 것은 인간이 물질적인 안정을 통해 행복을 얻기 때문에 그렇다. 헌법이 행복추구의 정당성을 반영하고 집행하는 것은 행복한 공동체를 만들기 위해서다. 그리고 복지의 충족은 행복한 삶을 위해 무조건적으로 요구되는 우리 시대의 정언명령이다. 극도의 가난은 인간을 파괴할 수도 있다. 복지는 인간들이 인

간으로 살기 위한 조건들의 충족을 의미하는 한에서만 의미를 지닌
다. 그것은 인간적으로 살기 위한 생존의 예비조건을 충족하는 것이
다. 복지 없는 인간 존엄성은 수사학적 허구에 지나지 않는다.

몸이 너무 아픈 사람들에게는 가장 필요한 것이 건강을 회복하는
것일 것이다. 건강도 우리 행복을 형성하는 조건들이다. 외모 지상주
의와 성형 지상주의는 행복한 삶을 위해 반드시 필요한 것은 아니다.
혼인도 상품이 되어 버린 곳에서는 외모지상주의가 판을 칠지 모르
지만 스토아의 기준들에서 보면 이런 것들은 다 쓰레기 같은 삶에 지
나지 않는다. 우리 시대만큼 성형과 외모가 삶을 판쳤던 시대도 없다.
이 추세는 아직 멈추지 않고 있는데 그럴수록 우리의 내면은 더욱 황
폐해져 간다. 사랑과 미모를 대표하는 그리스 여신들이 성형과 외모
가꾸기를 한 적이 있었던가?

타자와의 과잉 비교에서 타자보다 우월하다는 지배와 과시욕이 인
간을 병들게 한다. 명품 집착은 내면의 콤플렉스를 감추기 위한 것이
다. 생각이 명품이어야 명품다운 다운 삶을 사는 것이다. 디오게네스
가 알렉산더 앞에서 보인 행동은 어떤 경우에도 자신의 주체성과 자
율성을 잃고 싶지 않았던 태도로 보아야만 한다. 행복의 구성 요건들
을 행복 자체로 착각하는 것이 모든 불행의 시초다. 스토아는 생각이
명품이면 삶도 명품이라고 강조한다. 껍데기가 본질을 대체하거나 능
가할 수는 없다.

대화는 행복한 삶에 있어서 매우 중요하다. 마음이 맞는 친구나 동
료들과 함께 흉금을 털어놓고 이야기하는 것은 더할 나위 없는 행복
이다. 마음과 우정으로부터 비롯되는 대화와 일치의 기쁨은 무엇과도
비교할 수 없는 즐거움이다. 대화는 의사소통의 가능조건들이다. 우

리는 서로 들을 수 있었기에 서로 대화할 수 있는 것이다. 같은 것을 같이 나누어 가질 수 있는 대화의 즐거움은 더할 나위 없는 행복의 조건이다. 우리가 같은 공간 안에 있다고 해서 우리가 같은 것을 나누어 갖는 것은 아니다. 하지만 같은 것을 나누어 갖는다는 것은 그가 어디에 처해 있든 인간의 결속을 가능하게 한다. 왜곡된 우정은 같은 것을 나누어 갖지만 방향의 올바름이 결여되어 있기에 맹목적으로 흐를 위험이 있다. 하지만 진정한 우정은 같은 것을 나누어 갖되 방향의 올바름과 타자의 다름에 대한 인정이 있다. 강요하지 않으면서도 같은 것을 자발적으로 나누어 가질 수 있는 개방과 관용이 우정의 지속적인 조건이다.

인간은 정치 공동체 안에서 다름과 차이를 인정한 채 합의를 도출하려고 대화를 한다. 대화의 목적의 합의에 종속하는 것은 아니다. 하지만 대화가 설득을 통해 합의를 이끌어 내려고 하는 것은 사실이다. 대화는 차이와 다름을 인정한 채 합의를 이끌어 내려는 것을 목적으로 한다. 이 대화가 인간을 서로 묶어 준다. 그리고 이런 결속은 자발적이기에 강제 없는 상황에서 구속력 있는 일치를 확보하는 것을 추구한다. 대화는 이 점에서 인간들을 결속시키는 공적 행복의 조건이다. 인간의 사회성은 바로 이런 대화에서 찾아져야만 한다.

물질적 조건들의 충족은 인간 종의 자연적 재생산을 위해 필수다. 기본적 욕구들은 생존을 위해 필수다. 차이와 다름을 인정하면서 같은 것을 공유하려는 대화 역시 인간의 재생산을 위해 요구된다. 왜냐하면 사회는 인간과 인간을 이어 주는 공통의 유대를 통해서만 유지되기 때문이다. 우리는 모여 있기 때문에 사회생활을 하는 것이 아니라 대화를 통해 유대와 결속을 창조하기 때문에 사회생활을 하는 것이다. 대화를 통한 충족이 인간의 행복에 절대적이라는 것은 말할 필요도 없다.

정치 공동체의 구성원은 정치적 삶을 통해 그 삶을 함께 만든 자신들의 행위를 즐거워한다. 정치는 인간의 행위와 더불어 비로소 만들어진다. 그렇기에 위대한 정치 공동체는 그 삶을 만든 자신들의 행위를 다시 한번 확인하는 즐거움을 지니게 된다. 아테네가 현대의 대중 소비 사회보다 더 행복할 수 있었던 것은 그들이 만든 정치 공동체의 아름다운 생활 때문이다. 모범적인 정치 지도자가 있고, 모범적인 시민들이 있고, 시민들의 덕이 공동의 질서를 창조하고 이 삶을 즐길 수 있다면 이것은 더할 나위 없는 공적 행복일 것이다. 공동체에 대한 사랑과 애국심은 어떤 강요도 없이 자발적으로 형성되는 것이다. 지킬 것이 있을 때 사람들은 그것을 위해 자발적으로 목숨을 내놓기도 한다. 공화주의에서 애국이 자발적으로 이루어지는 것은 이런 이유 때문이다. 우리가 정치 공동체를 의미 있게 창조하고 만들어야만 하는 이유가 여기에 있다. 덕이 있는 자들이 행위의 방향을 줄 수 있듯이 덕이 있는 시민들의 자율성에 기초한 공동체가 바로 시민들을 묶을 수 있는 결속력의 토대로 작용한다. 자율에 기초하면서도 인간적 결속을 강하게 맺을 수 있다면 인간은 대화와 공적 삶의 행복을 최고로 누리는 것이다.

5. 열린 행복

오늘날은 인간의 행위를 구속하는 초감성적 기준이 부재하거나 아니면 영향력이 상실된 시대로 평가된다. 옛 기준은 사라지거나 영향력을 상실했고 새로운 기준은 아직 제시되지 않고 있다. 이런 부재와 과도기를 경험하면서 우리는 여전히 우리 행위의 구속력 있는 근거를 제시해야만 하는 과제를 짊어지고 있다.

우리는 먼저 인간이고 그 다음에 특정한 어떤 개체로 규정된다. 인간이 처한 공동체나 국가는 그가 자유롭게 선택한 것이 아니다. 인간은 우연한 조건들에 그냥 던져져 있을 뿐이다. 우리가 자유로울 때는 자유롭게 선택하고 결정할 수 있지만 자기 조건이나 운명을 자유롭게 결정하고 태어난 인간은 없다. 우연한 조건들이 인간의 선택 사항은 아니다. 인간은 자신이 만든 행위에 대해서만 책임을 질 수 있다. 인간은 우선 인간으로서 공유하는 그런 공통성과 보편성을 인정하고 난 다음에 특수한 개인이나 공동체의 특정 구성원으로서 규정을 받게 된다. 흑인, 백인, 황인종이든지 간에 인간은 자신이 무엇인가 되고자 하는 공통의 목적을 지니고 활동하고 있다.

삶에 뿌리내리지 못하는 세계 시민은 공허하다. 특수성과 배타성에 집착해서 인간의 공통 연대를 맺지 못하는 적과 동지의 사회는 폐쇄적이다. 자율에 기초한 개인들 사이에 갈등이 배제될 수는 없다. 자율 없는 무차별적 통일은 폭력이다. 나의 자유만 있고 타인들의 자유는 없는 그런 유아론은 자유의 파괴에 지나지 않는다. 자유는 유대나 연대와 대립하는 것이 절대 아니다. 인간은 인간으로서 지니는 공통성의 충족과 함께 그러나 인간들이 처한 특수한 문맥과 공동체의 조건을 반영하면서 이 둘을 매개된 것으로 통합하지 않으면 안 된다. 인간의 행복한 삶은 이 둘이 서로 고립되지 않고 연결될 수 있기를 바란다.

오늘날 세계화는 기술 통신적인 의미에서는 거리를 제거하는 놀라운 쾌거를 이루었다. 동시성의 생활화가 가능해졌다. 하지만 우리가 한 공간에 같이 있다는 것과 한 공간 안에서 같이 산다는 것은 서로 구별하지 않으면 안 된다. 한 공간 안에 같이 있다고 해서 한 공간 안에서 같이 사는 것은 아니다. 세계 연대와 세계 시민은 세계화 시대에서 아직 정착되고 있지 않다. 삶의 조건들이 더 어려워지면서 극우가 새롭게 등장하는 그런 위험한 시대에 우리가 살고 있다. 파시즘은 행복을 경멸하지만 우리는 행복을 경멸하는 그런 파시즘을 영원히 매장시키지 않으면 안 된다.

6장 행위의 보편화 가능성

1. 행위의 무제약적 요구

칸트의 윤리는 한 마디로 정리하면 정언명령(der kategorische Imperative = categorical imperative)으로 압축된다. 칸트 윤리학을 이해할 때 우리는 칸트에게 아주 고유한 의미로 규정되고 이해되는 선의지(der gute Wille = good will), 행위의 사적 원칙(maxim = private rule of action), 준칙의 보편화 요구, 법칙에 대한 자발적 존중, 자기규정으로서의 자유, 목적의 왕국 등을 이해하지 않으면 안 된다.[1]

준칙[2](maxim)이란 행위를 이끌어가는 주관적 원칙이다. 누구는 돈을 벌고자 하고, 어떤 이들은 쾌락을 추구하고, 어떤 또 다른 이들은 봉사하는 것을 위해서 산다. 이런 개별 준칙들은 행위자 각자에게만

---

[1] Kant, *Grundlegung zur Metaphysik der Sitten*, Ferlix Meiner Verlag, Hamburg 1965(이하 GMS로 약칭해서 인용).

[2] 칸트는 준칙(Maxime)을 우리 모두가 그것에 따라 실제로 행위하는 사적 규칙(subjektive Regel, nach der man wirklich handelt)으로 규정한다. 이것은 객관적이고 보편타당한 법칙과 구별된다. 칸트가 말하는 법칙(Gesetz)은 칸트 문맥 안에서는 경험적 타당성이 아니라 실천적 타당성을 지니는가에 따라 결정된다. 이것은 결국 준칙의 보편화 요구를 검증하는 것으로 귀결된다.

구속력이 있을 뿐 다른 이들에게는 구속력이 없다. 외모와 피부가 권력인 여성들에게는 이것들이 가치 있을지 모르지만 덕이나 학문을 추구하는 여성들에게는 이런 것들은 별반 의미가 없을 수도 있다.

각자가 자기 행위를 행하는 그런 각자의 행위원칙을 칸트는 준칙으로 이해한다. 준칙에서는 너의 행위와 나의 행위가 서로 일치한다는 그런 보편성은 생겨나지 않는다. 준칙은 각자에게는 내용이 있는 구체적 행위 원칙일 수는 있어도 행위 주체 모두를 구속하는 그런 보편성은 결여하고 있다. 준칙은 보편화 가능성을 충족할 수도 있지만 반드시 그렇다는 보장이 없다. 보편화 가능성을 결여하고 있다는 점에서 칸트는 준칙을 도덕의 보편 기준으로 설정할 수 없었다. 특수하고 상대적이고 제한적일 수밖에 없다는 한계를 지닌 준칙은 개인에게 구속력이 있는 행위원칙은 될 수 있어도 모두에게 구속력이 있는 그런 보편성을 충족하는 것은 아니다.

루이 레비나스는 "타자의 얼굴은 나의 인질이다."라고 주장한다. 그에게는 동정심이 윤리의 보편 기준이다. 하지만 어떤 이들은(쇼펜하우어와 니체) 동정심을 인간의 자율성과 독립성을 방해한다는 점에서 비판적이다. 레비나스에게 동정심이 윤리의 보편적 기초였다면 니체에게 동정심은 그야말로 인간의 노예화의 징표에 지나지 않았다. 이와 같이 각자가 준칙으로 삼고 있는 행위 원칙이 일치한다는 보장은 없다. 칸트는 준칙의 보편화 요구에 있어서 이 보편화를 심리적이거나 경험적 일반화로 이해하고 있지 않다.

칸트는 시간과 공간 그리고 사람에 따라 좌우되는 그런 제한성 모두를 조건적 명령으로 이해한다. 칸트에 따르면 "네가 하기 싫은 일을 남에게 강요하지 마라."라는 것 역시 무조건적 명령이 될 수 없다.

행위가 무제약적이려면 행위는 모든 제한된 것을 뛰어넘어야만 한다. 칸트는 경향성에서 비롯되는 모든 행위는 개별 주체들의 특수성에 제약되었기에 무제약적 성격을 지니지 못한다고 비판하고 있다. 경향성에 따르는 의지의 행위는 어떤 경우에도 도덕적 보편성을 충족시킬 수 없다고 칸트는 주장한다. 반면에 절대적으로 선한 의지는 오직 그것이 보편법칙에 따르는 한에서만 무제약적 가치를 지닌다고 칸트는 주장한다.3)

칸트에게서 정언적(Kategorisch＝unconditional) 요구는 시간과 공간 그리고 사람들에 제약되지 않은 그런 무제약적 성격을 지닌다. 정언적에 대립되는 표현은 가언적(Hypothetisch＝conditinal) 내지는 조건적이다. 가난한 사람을 도우면 좋다는 것 역시 칸트에게서는 정언명령이 될 수 없다. 비록 타인을 돕는 것이 도덕적으로 바람직하고 권장할 만한 것이라고 말할 수 있더라도 그리고 모든 사람들이 이것에 따라 행위한다고 하더라도 칸트는 이런 것을 정언명령으로 보지 않는다. 가언적 내지는 조건적인 것과 대비되는 의미에서 칸트는 시간과 장소 그리고 사람에 구속받지 않고 언제 어디서나 무제약적으로 성립하는 그런 도덕적 명령만을 정언명령으로 이해한다. 경향성과 자의가 제약된 것으로 평가된다면 법칙에 대한 자발적 존중은 무제약적인 도덕 가치를 지닌다고 칸트는 주장한다. 경향성에 대한 법칙의 우위는 칸트의 도덕철학을 이해하는 가장 중요한 단서다.

준칙에서 모든 내용을 제거하고 나면 순수하게 형식적인 요구만 남게 된다. 우리는 준칙에 따라 행동해야 하는데 그 준칙이란 모든

---

3) "단적으로 선의지는 그것의 준칙들이 항상 자기 안에서 보편법칙을 간직할 수 있는 것일 수 있을 때만 가능하다(GMS 447)."

행위 주체들에게 타당할 수 있는 그런 보편성을 충족해야만 한다는 것이다. 내용이 있는 보편규정이 아니라 내용이 결여된 순수한 형식적 보편화 요구만이 남아 있다. 칸트 윤리학이 형식윤리학으로 비판되는 것은 이 때문이다.

도덕 심리학자들은 행위가 이루어지는 구체적 동기 분석을 다룬다. 하지만 칸트는 도덕적 심리학과 구별되는 의미에서 도덕의 보편화 토대를 다루는 것을 자신의 도덕철학의 과제라고 설정한다. 도덕법칙의 개별사례들에 대한 적용은 언제나 도덕법칙의 타당성 요구에 의해 의존되어 있기에 도덕철학은 행위의 정당화 충족을 다루지 않으면 안 된다고 칸트는 주장한다. 그렇기 때문에 칸트의 윤리학을 동기 분석으로 이해하는 것은 칸트의 진의에서 벗어나 있는 것이다. 정언명령은 행위의 동기 분석하고 아무 관련이 없다. 가미카제 특공대가 어떤 동기에서 죽음을 선택했는가를 분석하는 것이 칸트 윤리학의 주제는 아니다. 그에게는 상황, 문맥, 동기, 조건들을 떠나서 모든 행위 주체들에게 구속력을 지닐 수 있는 그런 행위의 보편화 가능성만이 문제가 된다. 준칙을 넘어서 보편화 가능성으로 넘어가는 것은 칸트에게서 필수적이다. 이런 맥락에서만 칸트가 의지(Wille)를 법칙에 따르려는 자발적 복종으로 이해하는 것이 이해가 된다. 물론 이런 의지에 대한 칸트의 독특한 규정은 니체가 말하는 "힘에의 의지(Wille zurr Macht)", 살려고 하는 맹목적 생에의 충동의지(쇼펜하우어), 프로이트가 말하는 성적 충동으로서의 리비도, 자기 유지나 보존으로 이해되는 코나투스, 아니면 피히테나 쉘링의 근원 충동과 확연히 구별되는 근거이기도 하다. 의지의 승리(the triumph of will)를 부르짖는 히틀러의 제3제국이 칸트의 윤리학으로부터 너무 멀리 빗나갔다는 것은 두말할 필요조차 없다.

2. 선의지

칸트는 의지에게서 자의성과 특수성을 제거한다. 그에게 의지는 오직 준칙을 법칙으로 고양시키려는 것으로 이어진다. 선의지는 의지가 모든 특수한 내용들이나 규정들로부터 정화되는 것을 뜻한다. 칸트에게서 순수하다는 것은 어떤 경우에도 경험과 섞이지 않았다는 것을 의미한다. 실천이성의 근거 지움에서 순수하다는 것은 주관적 준칙들로부터 벗어나 있다는 점에서 형식적 의미만을 지니고 있다.

스토아학파는 아파테이아(apatheia)를 자율적 삶의 이상으로 여겼다. 칸트 역시 오직 법칙에 대한 자발적 복종을 선의지로 규정한다. 의지가 모든 특수하고 상대적이고 제한된 내용들로부터 정화되어서 오직 법칙에 대한 자발적 복종을 하는 것을 칸트는 선의지로 이해한다. 그렇기에 칸트에게서 선의지는 무제약적으로 규정된다. 의지를 모든 특수한 내용들로부터 벗어나게 한 다음 오직 법칙에 대한 자발적 복종으로 이해하는 데서 칸트가 규정한 선의지의 고유성이 드러난다.

> "세계 안에서나 세계 밖에서나 선의지를 제외하고 제약 없이 좋은 것으로 여겨질 수 있는 것은 아무것도 없다(GMS 393)."

전통적인 의미에서 의지는 항상 무엇을 의지하는 것으로 이해되어져 왔다. 의지는 이성이 올바르게 명령해도 잘 듣지 않으려는 그런 맹목성을 통해 규정된다. 자기 파괴적인 의지의 맹목성을 길들이는 작업이 바로 인간이 바로 자기 의지를 통제해서 덕을 쌓는 과정을 형성할 수 배경이다. 하지만 칸트가 규정하고 있는 의지는 이런 맹목성이거나 대상 관련적인 지향적 욕구가 아니다. 선의지는 오직 절대적인 일의적 가치만을 지녀야만 한다. 그것은 무조건적으로 타당해야만 하는 그런 가치를 말한다. 의지가 모든 경험적이고 특수하고 사적인 규정들로부터 벗어나서 오직 법칙에 자발적으로 복종하는 그런 의지만이 선의지의 자격을 지니게 된다. 모든 내용들로부터 의지가 정화되어서 오직 자발적으로 법칙에 복종하는 것이 선의지의 규정이 된다.

3. 보편화 요구

준칙이 모든 도덕주체들에게 구속력을 지닌다는 보장은 없다. 하지만 보편적인 것은 모든 개별 도덕주체를 구속할 수 있다. 칸트는 형식적인 의미(내용적인 규정이 아님에 주의)에서 이 관계를 준칙과 법칙에 적용한다. 준칙과 법칙의 비대칭성을 감안하면 칸트의 형식적 요구가 분명해진다. 우리가 어떤 행위를 하더라도 우리는 우리의 행위 원칙이 모든 도덕 주체들에게 타당할 수 있는 그런 방식으로 행위하지 않으면 절대로 보편성의 형식적 조건들을 충족시키지 못한다. 그렇기에 보편성의 형식적 조건은 준칙을 보편화하는 것(the universalization of maxim)이라고 볼 수 있다.

　　"준칙들에 따라 행위하라. 그 준칙을 통해 너는 그것들이 보편법칙
　이 될 수 있도록 그렇게 의지할 수 있어야만 한다(GMS 421)."4)

　칸트는 법칙을 모든 도덕 주체들에게 타당한 것으로 본다. 칸트는
법칙을 매우 엄격하게 이해한다. 그렇기에 그는 법칙을 어떤 경우에
도 예외가 없는 것과 같은 것으로 매우 엄격하게 이해한다. 우리는
오늘날 법칙을 예외가 있는 법칙과 예외가 없는 법칙으로 구별해서
이해하는 데 익숙하다. 하지만 칸트의 도덕법칙에 대한 이해는 어떤
경우에도 예외를 두지 않으려는 그런 엄격함으로 제한시켜서 이해하
고 있다. 그렇기에 칸트는 자연법칙의 정식을 통해 보편화 요구를 어
떤 경우에도 예외가 없는 그런 엄격함으로 이해할 것을 제시할 수 있
었다. 도덕법칙의 보편화 요구에서 이 보편화 요구를 어떤 경우에도
예외가 없다는 그런 엄격함으로 이해하는 것이 바로 자연법칙의 정
식이 의미하는 바다.

　　"마치 네 행위의 준칙들이 너의 의지를 통해 그것들이 일반 자연법
　칙이 될 수 있도록 그렇게 행위해라(GMS 421)."5)

　자연법칙의 요구를 정당화하기 위해 칸트는 거짓말하지 말라는 사
례를 제시한다. 하지만 이런 칸트의 사례 제시는 여러 가지 비판을
피할 길이 없다. 이 비판의 정당성은 칸트의 도덕법칙이 지니고 있는

---

4) handle nur nach derjenigen Maxime, durch die du zugleich wollen kannst, daß sie ein allgemeines
Gesetz werde = act only in accordance with that maxim through which you can at the same time will
that it becomes a universal law

5) handle so, als ob die Maxime deiner Handlung durch deinen Willen zum allgemeinen Naturgesetz
werden sollte. 또한 GMS 436에서는 다음과 같다. "daß die Maximen so müssen gewählt werden, als
ob sie wie allgemeine Naturgesetze gelten sollten."

형식적 일반화가 지니고 있는 엄격성을 향하고 있다는 점에서 매우 주목할 만하다.

칸트는 법칙을 어떤 경우에도 예외를 허용하지 않는 그런 엄격성으로 이해한다. 칸트는 자연과학에서 말하는 법칙의 현상 지배를 말하고 있는 것이 아니다. 자연법칙이란 그 타당성이 해당된 모든 현상들에 대해 어떤 경우에도 예외를 허용하지 않고 지배하는 것을 말한다. 칸트는 이런 엄격성을 강조하기 위해 보편화 요구를 더 강하게 표현해서 자연법칙의 정식으로 제시했다.

4. 자율성의 요구

칸트는 의무로부터 비롯되는 행위(action from duty = Handlung aus Pflicht)를 자율성의 조건으로 규정한다.[6] 이 행위는 법칙에 순응(entsprechend dem Gesetz)하거나 따르는 행위와 구별된다. 도덕적으로 자율성을 얻는 행위는 행위의 법칙에 대한 외적 적응 능력에 있는 것이 아니라 행위의 근거 충족에서만 비롯된다. 칸트가 도덕법칙의 현실적 적용을 도덕법칙의 근거제시 요구에 종속시키는 것은 이 때문이다. 칸트에 따르면 도덕법칙의 현실적 적용은 도덕법칙의 근거요구에 의존해서만 가능하다. 그러나 그 반대는 아니다.

도덕법칙은 밖으로부터 주어진 것이 아니다. 칸트는 타율과 자율

---

6) "의무란 법칙에 대한 존중으로부터 비롯되는 것으로서 행위의 필연성이다(Pflicht ist Notwendigkeit einer Handlung aus Achtung fürs Gesetz)(GMS 400)." "구속력으로부터 비롯되는 행위의 객관적 필연성이 바로 의무다(Die objektive Notwendigkeit einer Handlung aus Verbindlichkeit heißt Pflicht)(GMS 439)."

을 대립시킨다. 도덕법칙은 의지의 자기규정을 통해 산출되는 것이다. 칸트는 자유를 자기규정으로 이해하기 때문에 자기규정으로부터 만들어진 것만이 도덕적 자율성을 얻을 수 있다고 본다. 모든 도덕법칙은 의지의 자기규정으로부터만 형성된다. 그런데 행위 주체가 만들었다고 해서 다 도덕법칙이 되는 자격을 얻는 것은 아니다. 주체가 자율적으로 도덕법칙을 만들었음에도 불구하고 그 주체가 자신이 만든 법에 자발적으로 복종할 수 있을 때만 도덕법칙은 보편타당성을 얻는다. 자신이 만든 법칙에 모든 도덕주체들이 종속할 수 있을 때만 그 법칙은 보편타당성을 유지할 수 있기에 칸트는 자유와 법칙에 대한 자발적 복종을 같은 것으로 규정한다.

> "그러므로 자유의지와 도덕 법칙에 종속하는 의지는 완전히 같다
> (GMS 447)."[7]

자유란 자기규정으로서 도덕법칙에 대한 자발적 복종으로 규정된다. 법칙에 대한 자발적 복종은 의지가 자신의 의지사용을 모든 모돈 주체들에게 타당하게 일반화할 수 있을 때만 가능하다. 모든 도덕법칙이 그 생성에 있어서는 주체에게서 근원을 지니고 있음에도 불구하고 이 법칙이 모든 도덕주체들에게 타당한 구속력을 지닌다는 점에서 법칙에 대한 자발적 복종이 성립하게 된다. 바로 이런 이유에서 칸트는 자유를 도덕법칙에 대한 자발적 복종과 완전히 일치하는 것으로 이해한다.

---

7) "also ist ein freier Wille und ein Wille unter sittlichen Gesetzen einerlei."

5. 목적의 왕국

칸트는 목적의 왕국을 정당화할 때 크리스도교의 깊은 영향사적 전통 아래 있다는 것을 스스로 인정하고 있다. 엄밀한 의미에서 인격 (Person)은 신학적 유래를 통해서만 그 충분한 의미가 이해된다. 인간이 인격이라는 것은 인간이 세계를 초월한 존재로서 정신적 가치를 지닌다는 것을 뜻한다. 그리고 신학적으로 인간은 바로 신의 모상이기 때문에 인격적 존엄성을 지닌다.

인간은 현상 세계에서는 물리 인과의 자연법칙의 지배를 받는다. 하지만 인간은 예지계의 구성원으로서 절대적인 자기 목적성의 존재이기도 하다. 인간은 각기 다른 두 차원에서 서로 다른 것의 지배를 받는다. 우리는 시간과 공간을 통해 제약된 영역에서는 인과율의 지배를 받고 있다. 하지만 시간과 공간 너머의 무제약적 영역에서는 절대적인 자기 목적성으로서의 존엄한 가치를 지니고 있다.

감성적으로 제약된 인간이 감성적인 것을 벗어나 있는 것들에 의해 규정되기 때문에 인간은 그것에 상응하는 삶을 누릴 권리가 있다. 인격이란 칸트에게서는 그렇기에 인간의 무제약적인 초감성적 절대적 가치를 형성하게 된다. 이것은 어떤 경우에도 수단이나 도구로 전락될 수 없다. 칸트에게서 장애인은 기능이 불편할 뿐 절대적인 의미에서 인격임에는 변함이 없다.

사물들은 항상 도구적 유용성에 따라 측정된다. 사물들은 교환 가능하고, 재생산 가능하고, 대체 가능하고, 측정 가능하고, 반복 가능한 속성을 지닌다. 그렇기에 그것들은 언제나 목적으로서가 아니라 수단으로서 항상 상대적인 가치만을 지니게 된다. 하지만 인간은 비교 가능한 사물이 아니라 비교 자체가 불가능한 절대적인 가치를 지니는 인격이다. 인격은 고유하고, 절대적이고, 무제약적이고, 자기 목적적이다. 인격은 모든 유용한 상대적 측정을 넘어서 있다. 인간이 절대적인 의미에서 자기 합목적적 존재라는 것은 인간이 인격으로서 절대적인 가치를 지녔다는 것을 의미한다. 인격은 어떤 경우에도 능력이나 기능으로 환원될 수 없는 절대적이고 고유한 측면을 지니고 있다. 이것이 바로 인간 인격의 절대적인 가치다.

> "너는 너의 인격에서나 타인의 인격에서 인간성을 결코 수단으로서가
> 아니라 목적으로서 사용할 수 있도록 그렇게 행위하라(GMS 429)."[8]

인간은 세계 안에 있지만 세계 안에 있는 어떤 것과도 비교될 수 없는 절대적인 가치를 지닌 존재로서 산다. 인간의 정신적 본질은 인간이 세계 안에 있으면서도 세계를 뛰어넘어 있는 존재라는 것을 암시한다. 그렇기 때문에 인간은 이런 절대적인 합목적성에 의해 대우를 받아야만 한다. 장애인 역시 그가 기능이나 활동성에서는 조금 뒤지기는 해도 인격이라는 점에서는 하등 손색이 없다. 목적의 왕국의 구성원은 인간을 대할 때 인간을 나와 동등한 자기 목적적 인격으로 대우하지 않으면 안 된다. 히틀러의 제3제국은 장애인이 전투에 부적합하다는 이유 때문에 그리고 우생학에 대한 그릇된 태도 때문에 장애인을 안락사로 죽이거나 탄압했다. 이것은 칸트의 기준으로 볼 때 인간 인격성에 대한 명백한 범죄 행위가 된다.

---

8) "Handle so, daß du die Menschheit, sowohl in deiner Person als in der Person eines jeden anderen, jederzeit zuglecih als Zweck, niemals bloß als Mittel brauchst."

6. 행위의 궁극적 기준으로서의 정언명령의 근본 문제점들

칸트가 말한 보편화는 보편 규정과는 다르다. 칸트의 보편화 요구는 형식적 요구만 있지 내용적인 자기규정이 없다. 우리는 도덕 법칙이 어떤 구체적이고 실질적인 내용을 지니고 있는지를 제시해야만 한다. 하지만 칸트의 정언명령에서는 형식적 일반화만 제시되어 있지 내용적인 자기규정이 들어 있지 않다. 형식적 보편타당성 요구와 실질적 구속성이 있는 내용적 보편타당성은 구별되어야 한다. 이것은 결국 칸트의 보편화 요구가 실제적으로 행위 주체들을 실질적으로 구속할 수 있는 가의 검증을 불가피하게 만들고 있다.

우리 인간들이 개별적이고 특수하고 고유한 문맥과 상황 안에서 행위할 때 정언명령은 우리에게 구체적으로 무엇을 해야만 하는가에 대한 내용적 지침을 제시하지 않고 있다. 형식적 규정이 아니라 내용적인 실질 규정을 제시할 수 있을 때 정언명령은 도덕주체들에게 구속력을 행사할 수 있다. 법칙들의 행위 주체들에 대한 실질적인 구속력은 어떻게 확보되는 것인가?

샤르트르는 칸트의 형식주의를 흉내 내면서 정언명령을 선택이론으로 변형시킨다. 나는 나 자신을 선택할 때 동시에 전 인류를 위해 선택한다고 말이다. 하지만 나의 선택이 나에게만 타당한 것이 아니라 모든 인류에게 타당해야만 한다는 그런 일반화 요구만 있지 실제로 무엇을 선택했는가에 대한 내용적 규정이 없기는 마찬가지다. 선택이 보편성을 지녀야 한다는 요구와 무엇을 선택했는가는 다른 문제다. 개별 도덕 주체가 선택한 내용이 무엇이며 이것이 어떻게 해서 모든 도덕 주체들에게 구속력을 지닐 수 있는 지가 검증되지 않으면 안 된다. 형식적 결단론은 보편화 요구에 대한 강한 요구에도 불구하고 무엇을 선택했는가에 대한 내용적 규정이 없기에 공허한 형식주의로 남아 있을 수밖에 없다.

이미 말한 바와 같이 칸트는 법칙을 아주 엄격한 의미로 이해한다. 법칙이 있다고 해서 예외가 있을 필요는 없다. 하지만 예외가 있다는 것은 법칙을 전제로 한다. 이 점에서 너를 죽이려는 적 앞에서조차 거짓말을 해서는 안 된다는 칸트의 주장은 받아들이기가 힘들다. 우리는 거짓말의 구체적인 내용을 검증하지 않으면 안 된다. 나와 타인의 연대성과 보편성을 해치는 거짓말은 당연히 해서는 안 된다. 왜냐하면 거짓말은 결국 보편성을 해침으로써 나 자신마저도 해치는 것이 되기 때문이다.

하지만 거짓말이 불가피할 때가 있다. 의사가 환자한테 진실을 말하지 않고 거짓을 말했다고 하더라도 이 거짓은 속이거나 관계를 해치는 것이 아니라 관계를 개선하기 위한 것일 수도 있다. 이런 거짓말은 장려의 대상은 되지 않더라도 불가피하기는 하다. 거짓말을 해서 아우슈비츠로 가는 유대인을 구해 낸다면 이 거짓말은 그냥 거짓말이 아니라 생명을 구하는 거짓말이다. 생명과 도덕원칙이 충돌할 때 우리가 생명을 포기하고 도덕법칙을 따라야 할 이유가 어디에 있는가? 칸트가 생명을 희생하면서까지 도덕법칙의 보편타당성을 지키라고 요구한다면 어떤 근거에서 그가 이것을 요구할 수 있단 말인가? 삶에 봉사하지 않고 삶을 억압하는 그런 도덕법칙의 싸늘한 명령은 반드시 거부되지 않으면 안 된다.

가언명령은 무조건적이지는 않지만 때로 인간관계에서 보편성을 유지할 때가 있다. 네가 하기 싫은 일을 남에게 강요하지 말라는 것은 비록 조건적으로 표현되었다고 하더라도 내용적으로는 서로를 구속할 수 있다. 내가 타인들로부터 부당한 간섭을 받지 말아야 하는 것은 내가 타인을 부당하게 간섭하지 않을 것을 함축한다. 이것은 상호적이다. 비록 이 요구가 조건적으로 표현되었다고 하더라도 내용은 충분히 모두를 묶어 줄 수 있는 보편성을 지니고 있는 것이다. 내용이 결여된 무제약적 정언명령과 내용이 있으면서도 조건적으로 서로를 구속할 수 있는 가언명령은 경합관계나 대립관계에 있는 것이 아니라 보완적인 관계에 있다. 정언명령이라는 엄격한 잣대를 통해 현실 연관을 얻지 못하는 것보다 현실적인 적용을 할 수 있는 가언명령이 더 필요한 것은 사실이다. 당위의 무기력성은 정언명령이 항상 해결해야만 하는 문제로 남아 있다. 괴물과 싸우는 것은 좋지만 괴물과 싸우는 인간이 괴물이 되어서는 안 되지 않겠는가? 정언명령이 인간 모두를 실질적으로 구속할 수 있어야 함에도 불구하고 인간을 실제로 구속할 수 없다면 이런 당위의 무기력성은 포기되어야 한다. 추상의 비현실적 규범에 의해 삶의 약동성과 풍부함이 고문을 당하거나 익사하면 안 된다. 정언명령은 삶에 적대적으로 작용하는 것을 피하기 위해서라도 모든 도덕 주체들을 구속할 수 있는 내용적 자기규정을 제시할 수 있어야만 한다.

흄은 약한 의미에서 동정심을 윤리의 보편 감정으로 본다. 맹자 역시 측은지심을 도덕의 보편 감정으로 본다. 루소나 레비나스 여기에다 동참하고 있다. 이런 감정들은 칸트가 말한 바와 같이 도덕법칙에 대한 자발적 존중과는 구별된다. 하지만 그럼에도 불구하고 동정심, 감정이입과 측은지심에서 비롯되는 행위 역시 도덕적 행위가 아니라고 말할 수는 없다. 동정심이 자연의 종에 대한 인정을 포함하게 될 경우 이것은 인간과 자연의 공진화의 가능조건으로 작용하게 된다. 따라서 감정에 기초한 행위도 보편성을 얻을 수 있다는 것이 망각되어서는 안 된다. 비록 감정에 기초한 행위 역시 순수성에 기초한 행위는 아니라고 할지라도 얼마든지 보편성을 얻을 가능성은 있다. 경험에 기초하지 않으면서도 경험에 적용될 수 있다는 칸트의 법칙은 이 연결이 어떻게 이루어질 수 있는가라는 현실적 검증의 문제를 피할 수는 없다.

의무와 순수성에 따른 삶이 때로 이슬람 원리주의자들과 같이 타인들에 대한 불관용과 배타성으로 나타날 때 이런 의무를 위한 의무의 순수성 요구는 테러와 폭력의 온상이 될 수도 있다. 도덕적 숭고미가 도덕적 비장함으로 전개될 필요는 없다. 얼굴 없는 천사들의 기부금은 그 행위자들이 도덕적 영웅심이나 비장함에서 비롯되지 않는다고 하더라도 인간을 감동시키기에 충분하다. 비록 모든 인간들이 이 행위에 의해 감동받는 것은 아니라고 하더라도 말이다. 하나의 행위가 감동을 불러일으킨다는 것이 중요하지 한 행동이 형식적 보편성의 차원에서 일반성을 얻는가가 중요한 것은 아니다. 감동이 보편성의 요건을 충족하지 않아도 그 행위 자체는 매우 숭고할 수 있다. 법칙에 대한 자발적 존중에서 비롯되는 행위만이 도덕적 숭고미를 얻는 것은 아니다.

7장 양심의 개별성과 보편성

사람이 행동을 하면서 살아가는 한에서 인간 모두는 분명 양심의 지배를 받는다. 이것은 피할 수 없는 사실이다. 우리가 양심을 부정하면 할수록 우리는 양심의 지배를 더욱 인정하지 않을 수밖에 없는 역설에 빠지게 된다. 양심은 양심을 앞서가는 질서를 인정하는 한에서 행위의 자기 검증이 불가피하다는 것을 가능하게 하고 있다. 양심을 피해갈 수 없다는 것은 우리 행위를 검증하며 사는 것이 불가피하다는 것을 뜻한다. 양심이 작동한다는 것은 행위의 개별적인 자기 검증 능력이 불가피하다는 것을 뜻한다. 양심의 부정은 결국 자기 부정으로 귀결되고 이것은 결국 자기 파멸을 뜻한다. 인간 각자는 자기 파멸을 피하고자 한다면 양심을 인정하면서 살지 않으면 안 된다.

인간의 행동은 선을 행할 때는 아무런 제재를 받지 않는다. 인간이 선을 행할 경우 그 행동은 칭찬이나 미덕의 대상이 된다. 하지만 우리가 나쁜 행동을 하거나 악한 행동을 한다면 우리의 행위는 즉각 제재를 받거나 처벌을 받게 된다. 법은 행위 결과를 외적으로 처벌하지만 양심은 행위의 동기를 내적으로 심판하고 평가한다. 우리의 마음 안에는 이처럼 선은 행하고 악은 피하라는 도덕적 명령이 늘 작동하고 있다는 것을 알게 된다. 선은 행하고 악은 피하라고 하는 도덕적 명령은 도덕의 제일 근본 원칙으로서 우리 행위를 지배하고 있다. 우리 인간은 이것을 만든 것이 아니라 이것을 따라야만 한다. 중용에 따르면 천명지위성, 솔성지위도, 수도지위교(天命之謂性, 率性之謂道, 修道之謂敎)라고 한다.

인간들은 굳이 배우지 않아도 자명하게 알고 있는 도덕의 근본 제일 원칙에 따라 행동할 것을 요구받는다. 우리의 행위를 지배하는 근본 도덕 원칙이 있다. 즉 선은 무조건 행하고 악은 무조건 피하라는 것이 그것이다. 이것이 바로 양심을 가능하게 하는 도덕의 근본 명령이다. 이 명령에 거역해서 행위할 때 우리는 양심의 중압감과 고통을 받게 된다. 양심의 고통과 분열은 우리의 개별 행위가 도덕의 근본 원칙에 위배될 때 발생한다는 것이 밝혀졌다. 이 점에서 양심의 작동과 심판은 피할 수 없다.

양심은 양심이 따라야 할 기준이 있다. 이것이 바로 Synderesis다. 양심은 나의 개별 행위를 Synderesis에 입각해서 검증하는 것을 말한다. 양심은 개별 행위를 검증하는 것으로서 작동하고 있다. 이 작동의 부정은 수행적 자기모순에 빠진다. 각자의 개별 행위를 Synderesis에 입각해서 검증하며 사는 것이 불가피하다는 것을 보여 준다는 점에서만 양심은 우리를 구속한다. 양심이 절대 기준이 아니라 측정된 조건부적 기준이라는 것이 오해되어서는 안 된다. 양심에 따른 행위일지라도 오류에 빠질 위험은 있다. 양심의 불가피성은 무오류성을 Synderesis에 입각해서 개별 행위를 검증하는 것이 불가피하다는 것을 의미할 뿐이다.

우리는 다음의 사례 연구들을 통해 양심이 어떻게 발생하며 작동하는가를 살펴볼 것이다.

[사례1] 무의식적으로 저지른 행위에 대한 양심의 고통

오이디푸스는 테베의 통치자였다. 그가 통치하는 도시국가에 재앙이 발생하자 그는 그 원인이 어디 있는지를 철저하게 밝히라고 명령한다. 예언자는 그 원인이 오이디푸스 자신에게 있다는 것을 알려 준다. 오이디푸스는 이것을 부정한다. 그리고 기억을 더듬어서 오이디푸스가 행한 모든 과정을 추궁하기 시작한다. 오이디푸스는 자신이 한 행동에 자신이 있었기에 행위의 원인에 대해 철저하게 추적할 것을 요구한다. 하지만 이 과정에서 그는 자신이 실제로 한 행동을 알게 된다.

오이디푸스는 길거리를 가다가 삼각지 교차로에서 어느 노인과 다투게 된다. 그런데 이 다툼의 과정에서 고집스러운 노인을 죽이게 된다. 그는 노인을 죽였지만 그가 죽인 노파가 자신의 아버지라는 것을 모르고 있었다. 테베로 돌아온 오이디푸스는 왕비가 제시한 수수께끼를 풀게 된다. 이 문제를 풀은 대가로 그는 왕비와 결혼하게 된다. 그런데 자신이 결혼한 왕비가 나중에 알고 보니까 자기 엄마라는 것을 알게 되었다. 하지만 그는 처음부터 그 사실을 알고 결혼한 것은 아니다.

예언자와의 논쟁을 통해 오이디푸스는 차츰 진실을 목격하게 된다. 물론 그에게는 이 진실을 알아가는 과정 자체가 매우 고통스러웠다. 자신이 죽인 노인네가 자기 아버지였고 자신이 결혼한 왕비가 자기 어머니라는 것을 알게 된 다음부터 오이디푸스는 깊은 고통과 번민에 빠지게 된다. 그는 이 진실을 알고 나서 너무 괴로워한 나머지 자신의 두 눈을 다 뽑아 버린다. 더는 이 세상을 똑바로 볼 수가 없었기 때문이다. 물론 왕비 역시 진실을 알고 부끄러워서 자살을 한다. 왜 오이디푸스는 두 눈을 뽑아 장님이 되어 고통을 감수하면서 살았으며 또한 왜 왕비는 자살을 했을까? 결국 그들은 양심의 심판과 그로 인한 고통을 감당할 수 없었기 때문에 그렇게 한 것이다. 프로이트가 이 고전 비극 작품을 성의 문제로 풀어 간 것은 아무리 보아도 억지 춘향이 해석처럼 보인다.

어떤 행위는 금지되고 금기시된다. 오이디푸스는 해서는 안 되는 짓을 했었다. 그렇기 때문에 그는 자기 마음 안에서 작동하는 양심의 소리와 집행을 피해 갈 수가 없었던 것이다. 그는 분명 하지 말아야만 했고 해서는 안 되는 일을 했었기에 양심의 처절한 고통을 경험하지 않을 수 없었던 것이다. 도대체 해서는 안 되는 행위들이 있다. 그래서 우리는 할 수 없다고 말해야만 한다. 오이디푸스는 해서는 안 될 행위를 했었기에 양심의 가책을 받게 된 것이다. 양심은 송곳보다도 더 날카롭게 그를 후벼 팠던 것이다. 그는 자신의 행위가 도덕의 근본 원칙에 어긋나는 것을 인정했고 그 결과 양심의 고통을 겪었으며 그로 인한 형벌로서 자기의 두 눈을 다 뽑아 버린 것이다.

우리가 실제로 수행한 행위가 도덕의 근본 명령들에 위반될 때 양심은 분열을 겪고 고통을 경험한다. 양심은 우리 안에서 다음과 같이 싸늘하게 명령한다. 도대체 해서는 안 될 일들이 있다고 말이다. 그래서 우리는 할 수 없다고 말해야만 한다. 오이디푸스는 자신이 한 행동에 대해 양심의 명령에 굴복했고 그 결과 자신이 한 행동에 대해 스스로 책임을 지기로 한 것이다. 스스로 지는 짐은 무겁지 않다.

[사례2] 무지로부터 발생한 행위로 인해 야기된 양심의 고통

아주 효성이 지극한 아들이 있었다. 그는 자기의 어머니에게 효도를 하기 위해 산에서 버섯을 캐다가 어머니에게 먹였다. 그런데 그 버섯을 먹은 어머니는 그만 죽게 되었다. 법은 행위의 동기를 묻는 것이 아니라 결과만을 묻는다. 버섯을 먹은 것이 원인이 되었기 때문에 그것은 어머니를 죽이게 된 결과로 이어졌다고 판결한다. 법의 판결에서는 과실이든 비과실이든, 고의든 고의가 아니든 그런 동기 여부는 중요하지 않다. 버섯이 죽음을 야기한 것이기 때문에 그의 행위는 살인죄에 해당하는 처벌을 받아야만 한다. 법은 행위 결과를 묻고 그것을 외적으로 처벌한다.

하지만 도덕적 양심의 경우에는 행위 결과가 아니라 행위가 이루어진 의도와 동기가 중요하다. 아들은 고생하는 어머니를 잘 대접하기 위해 버섯을 먹였던 것이다. 하지만 그 아들은 그 버섯이 독성이 있어서 사람이 먹어서는 안 되는 것을 모르고 있었다. 비록 아들의 행위가 죽음을 불러왔지만 착한 동기와 효성에서 비롯된 것 자체를 부정해서는 안 된다. 법은 동기를 묻지 않고 오직 결과만을 묻는다. 하지만 도덕은 동기나 의도의 착함을 묻는다. 그럼에도 불구하고 아들의 행위에는 양심의 고통을 피해 갈 수는 없다.

그 아들은 양심의 고통을 통해 다음의 것을 인정하게 된다. 내가 사람이 먹을 수 없는 버섯이라는 것을 알았더라면 그 버섯을 절대로 어머니에게 먹이지 않았을 텐데? 그런데 나는 그 사실을 몰랐다. 나의 이런 무지가 어머니를 죽음으로 이끌었다니? 아들은 효성스러운 착한 마음에서 버섯을 드렸을 뿐 살인하려고 드린 것은 아니다. 하지만 그는 그 버섯이 독성이 있다는 것을 알지는 못했다. 그는 자신의 행위가 무지로부터 비롯되었다는 것을 처절하게 깨달았다. 알았더라면 안 드렸을 텐데 몰랐기 때문에 드린 것이다. 이 아들의 행위는 무지로부터 비롯되는 행위로부터 발생했다. 그 결과 그 아들은 양심의 쓰라린 고통을 통해 자기 행위를 고칠 수 있는 여지를 남겨 두게 된다.

죄를 인정했다는 것은 다시는 죄를 짓지 않으려는 것으로 이어진다. 양심을 통한 후회와 통한의 감정은 이런 재발방지를 요구한다. 양심의 가책은 자기 행위를 수정할 수 있으며 그런 한에서 무지는 극복될 수 있다는 것을 알려 준다.

[사례3] 진실을 거부할 수 없었던 것으로부터 발생한 양심의 가책

거르투슈타인은 나치 시절 화학장교로 일했다고 한다. 그는 자신이 개발한 찌클론-B라는 물질이 독가스실에서 유대인을 효과적으로 죽이는 데 악용되는 것을 알게 되었다. 그는 이 진실을 알게 되면서 개인적으로 매우 괴로워했고 깊은 고통을 받게 된다. 그래서 그는 프랑스 레지스탕스에 투항한다. 투항 후 그는 모든 진실을 고백한다. 하지만 그를 독일군 첩자로 여기고 있던 레지스탕스는 그의 이런 주장을 허무맹랑한 헛소리라고 일축한다.

그는 자신이 개발한 화학약품이 유대인을 죽이는 데 악용되는 것을 보고 심하게 양심의 가책을 느꼈다. 그래서 탈출해서 이 진실을 모든 세계에 알리고 싶었다. 하지만 자신의 이런 의도가 레지스탕스에 의해 받아들여지지 않자 그는 자살을 하게 된다. 양심의 고통을 견딜 수 없었던 그는 그나마 진실을 알림으로써 자기 행위의 죄책감을 덜 수 있다고 보았던 것이다. 하지만 이것마저 여의치 않자 그는 끝내 양심의 갈등과 고통으로 인해 자살을 하게 된다. 이와 유사한 사례는 공교롭게도 뮌헨대학교의 백장미 사건(숄 자매의 경우)이 있다.

의무와 양심이 충돌할 때 우리는 의무보다는 양심을 선택한 사례들을 수없이 많이 접할 수 있다. 영화 실미도도 이런 경우에 해당한다. 국가가 국익이라는 이유 때문에 개인들에게 양심을 부정하는 행위를 강요하는 것은 옳지 않다. 개인들이 자기 양심을 지키기 위해 이런 부당한 행위를 거부하는 것은 불가피하다. 합법성과 도덕성이 충돌할 때 우리는 무조건 도덕성에 따라 행동해야 한다. 양심은 그렇게 명령한다. 물론 경험적 상황에서 인간들이 다 의롭게 행동한다는 보장은 없다. 다만 양심에 따를 경우 우리는 피할 수 없는 명령에 복종하지 않을 수 없게 된다. 양심에 따라 행동하는 것과 양심은 지키지만 행위할 수 없었던 것은 구별되어야 한다. 중요한 것은 양심에 따른 행위가 현실에서 아주 불이익을 당할 때가 많다는 것이다. 그럼에도 불구하고 양심에 따른 행위는 우리에게 늘 명령하고 있다는 것이 부정될 수는 없다.

[사례4] 인간성에 위배되는 것을 강요하는 행위에 대한 양심의 고통스러운 저항

헨리 VIII는 이혼으로 인해 로마 교황청과 결별한다. 영국 성공회는 이런 배경에서 탄생했다. 이혼을 금지하고 있으며 어느 정도는 그것을 죄악시하고 있는 로마 교황청과의 충돌을 피하기 위해 헨리 8세는 자신의 친구(그 당시 대법관)에게 자신의 행위를 정당화하라고 압박을 가하게 된다. 이런 부당한 압박을 받게 된 친구는 다음과 같이 말한다.

"인간은 해서는 안 되는 일이 있다. 그래서 나는 할 수가 없다." 대법관 친구는 그렇기 때문에 헨리 8세의 부당한 요구를 들어줄 수 없었다. "나는 너의 신하이기 이전에 먼저 인간성의 신하다. 내가 할 수 없기에 못하는 것이 아니라 내가 도대체 해서는 안 되기 때문에 나는 할 수가 없었던 것이다."라고 그 친구는 항변했다. 그는 양심의 목소리에 따라 행동했다. 물론 그의 이런 행위로 인해 그는 대법관의 지위를 박탈당하기는 했어도 그럼에도 그는 양심의 요구를 지켜 낼 수는 있었다. 양심과 권위가 충돌할 때 양심을 따랐던 사례는 히틀러 암살 사건에 가담했던 독일군 대령의 경우도 있다. 또한 영국의 식민 정책이 부당한 것에 항의해서 끝까지 싸운 존 스튜어트 밀의 위대한 행적도 기억되어야 한다.

대법관은 얼마든지 자신의 행위를 위조하고 합리화할 수 있었지만 끝내 이것을 거부했다. 그는 자신의 마음 안에서 작동하고 있는 양심의 준엄한 명령을 못 본 체할 수가 없었다. 우리 인간들에게는 도대체 해서는 안 되는 일들이 있다. 그래서 우리 인간들은 할 수가 없었다라고 양심의 명령을 듣게 된다. 해서는 안 되는 것이 우리가 할 수 없다고 따라야 한다. 소크라테스가 마음속의 양심의 명령을 거스를 수 없었던 것과 같이 우리 역시 양심의 명령에 따라야 하는 것이다. 해서는 안 되는 것이기 때문에 우리는 무조건 할 수 없다고 거부해야만 한다. 우리가 할 수 없기에 우리가 해서는 안 되는 것이 아니다.

중국 역사학의 아버지인 사마천이 궁형을 받았음에도 불구하고 끝까지 포기하지 않은 것이 있다면 바로 그것은 자기 마음 안에서 작동하고 있었던 양심의 소리였던 것이다. 양심의 불꽃은 우리 안에서 가장 분명하게 피어오르기 때문에 우리는 그것을 항상 켜 놓아야 한다. 양심의 목소리는 너무 분명하게 명령하고 작동하기에 우리 모두는 이것을 거부할 수가 없다.

[사례5] 자기 합리화를 거부하고 양심을 통해 죄를 자발적으로 인정

도스토옙스키는 『죄와 벌』이라는 불멸의 작품에서 가난한 법대생 라스콜로니코프를 통해 양심의 문제를 매우 잘 다루고 있다. 그는 고리대금업을 하는 노파를 죽였다. 물론 그는 이 살인 장면을 우연히 목격하게 된 노파의 여동생마저도 함께 죽여 버린다. 자신의 행위를 목격한 증인들은 이제 아무도 없기에 그는 완전범죄를 거의 확신했다. 그리고 그는 마땅히 죽여야 할 노파를 제거했다는 그릇된 확신으로 인해 자기 행위를 합리화했다. 완전범죄를 확신하고 자기 행위를 합리화하면 할수록 그의 마음 안에서는 다음과 같은 피할 수 없는 의문과 갈등이 일어나기 시작했다. 비록 내 행위가 아무런 목격자도 남기지 않은 완전범죄에 해당하고 마땅히 죽여야 할 노파를 내가 제거했다고 해서 과연 나의 이런 행위가 떳떳하고 정당한 것인가?

이렇게 그가 자기 행위를 정당화하고 합리화하면 할수록 양심은 정반대로 그를 고문하고 괴롭히기 시작했다. 아무리 노파를 죽인 나의 명분이 정당하고 완전범죄에 가깝더라도 결국 나는 해서는 안 되는 살인을 한 것이 아니었던가? 자기 합리화의 천재인 그가 아무리 자기 행위를 정당화하려고 해도 결국 그의 양심은 결국 그의 행위를 살인 행위로 고발하고 있었던 것이다. 그는 이런 양심의 고통을 견딜 수가 없어서 모든 사실을 자신의 연인에게 고백하게 된다. 이 진실을 알게 된 그의 연인은 그에게 자수할 것을 권유한다. 결국 그는 자수해서 자신이 저지른 행위에 대해 자발적으로 처벌을 받게 된다.

양심은 우리 행위를 심판하는 것이지 미화하거나 합리화하는 것이 절대 아니다. 양심은 뻔뻔스러운 변명을 가차 없이 고발한다. 보이지 않는 곳에 숨어 있어도 아무 소용이 없다. 왜냐하면 양심의 심판을 벗어날 수 있는 것은 아무 데도 없기 때문이다. 양심은 우리가 어디에 있건 상관없이 끝까지 우리를 따라다니면서 우리를 심판한다. 거짓말을 미화하고 변명하려고 든 라스콜로니코프는 결국 그러면 그럴수록 자기변명에 빠져드는 악순환을 경험하게 된다. 결국 그는 뻔뻔스러운 자기 합리화나 변명 대신에 양심의 심판을 받아들이기로 한다. 자신이 저지른 죄를 인정하고 그 죄를 자발적으로 감수함으로써 그는 죄의 무거운 중압감으로부터 스스로를 건져 낼 수 있었던 것이다. 법에서는 처벌의 유효기간이 있지만 양심에서는 이런 유효기간이 없다. 프랑스가 나치 협력자들에 대해 처벌의 유효기간을 없애 버린 이유도 이런 배경에서만 이해가 가능하다. 양심에는 유효기간이 없기에 양심은 우리가 어디에 있는 우리의 행위를 끝까지 지배하게 된다.

[사례6] 양심을 통해 자기 죄를 반성하고 타인들과 진정으로 화해하기

1966년 독일의 수상 빌리 브란트는 폴란드를 방문해서 비가 오는 날 무릎을 꿇고 꽃다발을 바치면서 자신의 조국이 저질렀던 역사적 만행에 대해 사과를 했다. 물론 그 당시 독일의 극우주의자들은 사고 대신에 배상을 권유했지만 빌리 브란트는 배상은 물론이고 사과까지 했다. 우리 한국이 일왕에게서 이것을 기대할 수 없는 것은 참으로 유감이다.

가해자인 독일이 가해자로서 양심의 가책을 느끼지 않으면(개인과 집단 모두를 포함해서) 피해자가 피해의식을 잊고 살아가기가 힘들다. 고통의 원인을 제공한 가해자가 먼저 양심의 가책을 통해 뉘우치

지 않으면 피해자에게는 그 어떤 화해나 위로도 불가능하다. 양심은 죄를 인정함으로써 다시는 죄를 짓지 않으려는 변화를 동반한다. 그 것은 과거의 낡은 기억에 얽매어서 그 기억의 포로가 되거나 그 기억 에 고착되는 것이 아니다. 그것은 오히려 아픈 기억과 고통을 넘어서 고자 한다. 가해자는 고통의 중압감을 덜어 냄으로써 과거의 고통으 로부터 자유롭게 될 수가 있다. 피해자는 위로를 받음으로써 가해자 를 용서할 수 있는 것이다. 과거를 기억하되 잊지는 않는다. 하지만 용서를 통해 과거의 기억을 동시에 치료도 해야만 한다. 이런 치료는 오로지 양심의 철저한 자기반성을 통해서만 가능하다.

빌리 브란트는 거짓이 불가피할 때가 있지만 그렇다고 거짓이 정 당화될 수는 없다고 주장한다. 하물며 거짓을 미화하거나 정당화하면 서 가르칠 수는 없다. 피해자가 피해의식을 잊고 살아가도록 하기 위 해서는 가해자가 먼저 자신이 저지른 행위에 대해 반성하고 사과해 야만 한다. 상처 자체가 없었던 것은 아니다. 하지만 양심의 철저한 반성을 통해 아픈 상처는 치유된다. 양심은 기억을 부정하는 것이 아 니라 기억을 반성함으로써 기억을 다르게 치료하는 것이다.

앞에서 열거된 사례들 이외에도 양심에 관련된 사례들을 일일이 열거하려면 끝이 없다. 여기서는 양심에 대한 사례분석이 문제가 아 니고 그 유형들을 개관해서 양심을 포괄적으로 이해하는 것이 필요 하다. 개별적이고 구체적이고 고유한 개인들의 행동 하나하나를 분석 하는 것이 이 글의 목적은 아니다. 양심의 유형분석과 개별 사례들은 서로 맞물려 있어서 이 둘을 분리해서는 안 된다. 인간 행위의 복잡 성이 이런 유형틀에 의해 남김없이 정리될 수 있다는 그릇된 환상을 버리는 것이 중요하다. 중요한 것은 양심의 작용이 인간 안에 내재화되어 있다는 것이다. 그런 한에서 인간은 자기 행위를 검증하며 사는 것이 가능하게 된다. 양심이 작동한다는 것과 자기 행위를 의식적으로 검증하며 사는 것은 한 사태의 상이한 측면이다.

인간들 각자가 저지른 행위들이 도덕원칙에 어긋날 때 양심은 어김없이 우리 안에서 작동하게 된다. 이 점에서 어느 누구도 양심의 작동을 피해갈 수는 없다. 때로 양심이 자기변명과 합리화로 왜곡되기도 한다. 그러나 이것은 양심이 파괴되었거나 변질되었다는 것을 뜻하는 것이 아니라 단지 그 개인의 파렴치한 행동에서 비롯되었다는 것을 말할 뿐이다. 왜냐하면 양심은 잘못된 행위를 바로잡는 노력이지 잘못된 행위를 변명하거나 미화하는 것이 아니기 때문이다. 양심을 변명의 도구로 사용하는 자들이 있다고 해서 양심이 부정되는 것은 아니다. 양심을 합리화나 변명으로 악용하는 자들이 있다고 해서 양심이 부정될 수는 없다.

인간은 누구나 다 실수를 저지를 수 있는 가능성에 노출되어 있다. 하지만 그럼에도 불구하고 우리는 다시는 그런 실수를 반복하지 않도록 노력해야 한다. 양심은 우리에게 우리 행위가 저지른 죄를 인정함으로써 다시는 죄를 않도록 재촉한다. 각자가 저지른 행위를 바로잡음으로써 그 행위를 수정해 가도록 변화시키는 기능이 바로 양심의 역할이다. 양심의 철저함은 자기기만과 위선의 가능성 그리고 불성실을 철저하게 고발한다. 죄를 인정하고 대가를 치루고 다시는 죄를 짓지 않으려는 그런 변화 때문에 양심은 우리로 하여금 우리를 다른 인간으로 만드는 데 기여하고 있다.

양심을 통한 행위의 수정은 행위가 파괴한 질서를 다시 복구시키는 데 있다. 양심은 각자가 저지른 행위의 사실 자체를 부정하는 것이 아니라 행위 사실을 인정함으로써 행위 자체를 수정하는 것을 의미한다. 이것이 양심의 자기 치유다. 상처가 치료되면 상처는 아문다. 우리는 양심을 통해 우리가 파괴한 도덕규범과 질서를 다시 복구시키는 것이다. 이것이 양심의 자기반성이며 구제다. 양심은 행위를 고문하고 심판함으로써 행위를 치료하는 것을 목적으로 한다. 치료가 이루어지려면 죄의 고백이 필수적이다. 양심은 행위를 검증하고 수정함으로써 행위를 변화시키는 것을 목적으로 한다.

원죄 이후로 모든 것이 파괴되었지만 아직 파괴되지 않고 남아 있는 것이 있다면 우리가 양심을 통해 자신이 저지를 잘못을 고칠 수 있다는 것이다. 양심은 자기 행위를 철저하게 검증함으로써 행위가 저지른 과오를 수정하고 고치는 데 있다. 자신이 파괴한 질서를 자신이 복구하고 인정함으로써 질서가 정당하다는 것을 다시 세우는 것이 양심이 하는 것이다.

8장 행위의 주인이 되는 것

1. 쾌락의 긍정

에피쿠로스가 말한 쾌락(ataraxia)은 우리가 흔히 말하는 그런 감각적 쾌락을 뜻하는 것이 아니다. 이 쾌락은 또한 공리주의자가 말하는 것과 같이 그런 계량화 가능한 쾌락을 뜻하는 것도 아니다. 그에게 쾌락은 정신적인 쾌락을 의미했다. 쾌락을 추구하는 인간은 그것이 인간 조건의 정당한 구성을 형성할 때만 의미를 지니게 된다.

우리는 보통 정신을 반물질적이거나 비물질적 것으로 이해하고 쾌락을 물질적이거나 감각적인 충족으로 이해하는 이분법에 고착되어 있다. 하지만 정신도 물질도 인간을 형성하는 두 측면들이다. 이 둘은 구별되어야지 분리되어서는 안 된다. 육체를 영혼의 감옥으로 여기는 플라톤의 전통은 크리스도교를 통해 이런 이분법을 거의 기정사실화하고 있다. 하지만 여기서 우리가 조심해야 할 것은 육체 역시 인간을 형성하는 요인들이라는 것이다. 따라서 정신을 구제하기 위해 육체를 고문하고 배제하는 것이 되어서는 안 된다. 물질이나 육체는 궁극적인 것은 아니다. 하지만 이것들 역시 인간 삶에 필수적이다. 우리는 육체와 정신, 영혼과 육체라는 것을 구별해야지 이것들을 분리해서는 안 된다. 구별은 통합의 가능성을 열어 둔다. 그렇기 때문에 전체로서의 인간은 이 둘을 구별하면서도 통일시키지 않으면 안 된다. 육체가 긍정되는 것은 그것이 인간 삶을 형성하는 요인이기 때문에 그렇다.

에피쿠로스가 말하는 정신적 쾌락은 그 정신이 어떻게 이해되든지 간에 인간의 적극적인 요소임에는 틀림이 없다. 공리주의자들과 같이 에피쿠로스도 고통은 피하고 즐거움은 추구하라고 말한다. 벤담의 친구인 밀은 계량화 가능한 쾌락 이외에도 질적인 쾌락을 선호한다. 쾌락은 인간 삶의 불가결한 조건이다. 선은 피하고 악은 피하라는 것은 인간 모두에게 매우 공통인 것이다. 그런 한에서 쾌락의 추구는 물질적인 측면과 정신적인 측면 모두에서 충족될 필요가 있다.

정신이나 영혼의 순수성을 위해 물질을 적대시하고 육체를 고문할 필요는 없다. 육체와 정신의 복합체인 인간은 정신과 육체 모두에서 쾌락을 충족하고자 한다. 구별되었음에도 불구하고 통일되었기에 인간은 이 두 차원의 욕구 충족을 요구한다. 물질적 안락함도 그리고 정신적 욕구도 동시에 충족될 때 한해서만 인간은 자기 충족을 얻을 수 있는 것이다. 에로스가 독살되고 쾌락이 죄악시 되고 멀쩡한 육체가 고문받거나 추방되어서는 안 된다. 육체나 물질적 안락함의 추구 역시 행복한 삶에 필수적이다. 우리가 물질을 즐긴다고 해서 물질에 노예가 될 필요는 없다. 적어도 물질의 향락이 행복에 기여하는 만큼 물질을 제어하고 즐길 수 있다면 그만큼 좋은 삶을 사는 것이다. 먹고 죽은 귀신이 때깔도 좋듯이 행복하기 위해 물질적 쾌락을 즐기는 것은 좋은 것이다.

우리가 진정한 의미에서 쾌락과 육체 그리고 물질의 주인이 되는 것은 필요하다. 물론 에피쿠로스는 물질과 쾌락의 노예가 되는 것은 마음의 평정을 해치는 것이기 때문에 비판한다. 반대로 우리는 물질과 쾌락을 제어할 수 있는 덕을 기르면서 이것을 행복한 삶에 기여할 수 있도록 해야만 한다. 감각을 거부해서 감각에 지배되는 그런 위선적인 삶을 살기보다는 감각을 즐기면서 그것을 제어할 수 있는 지혜가 더 좋은 것이다. 물론 우리가 우리 육체와 감각의 주인이 되는 것은 그렇게 쉽지가 않다는 것을 인정해야만 한다. 밀은 만족한 돼지보다 불만족한 소크라테스가 되고 싶다고 주장한다. 하지만 우리는 선택을 강요하는 양자택일보다는 쾌락의 만족과 정신적인 욕구 둘 다 충족하는 것이 바람직하다고 본다.

정신은 물질의 오염으로부터 스스로를 방어적으로 지키고자 해서는 안 된다. 그것은 인간조건의 다차원성을 충분히 반영하지 못하는 한계가 있다. 반대로 물질과 관계하면서 물질을 충족하고 그것을 지배하고 능가하는 것이 필요하다. 정신이 순수성을 유지하기 위해 물질을 배제하고 고문하면 정신 역시 기형적으로 될 위험이 있다. 우리가 물질을 즐기면서도 물질의 노예가 되지 않는다면 물질은 인간의 행복 실현에 좋은 계기로 봉사한다. 물질과 관계하고 물질을 자기실현의 계기로 변형시킬 수 있는 욕구 속에서만 물질은 삶에 기여하게 된다.

2. 행위의 주인

스토아학파들은 매우 다양한 구성원들로 이루어져 있다. 이들의 특수성을 무시하고 두리뭉실하게 말하는 것이 어려운 것은 이 때문이다. 여기서는 스토아학파 구성원들의 하나하나를 검토하는 것은 하지 않을 것이다. 그 대신 이들에게 공통인 apatheia에 대해서 검토해 보자.

스토아학파는 칸트를 앞질러서 이미 자율의 윤리를 제기하고 있다. 그들에게 있어서 진정 중요한 것은 자기 삶의 주인이 되는 것이다. 정념이 인간의 자기 되어감에 방해가 된다면 우리는 그런 것들로부터 벗어나야 한다. 자기 삶의 주인이 되는 것들에 방해가 된다면 그것이 어떤 종류의 것이든 그런 것으로부터 벗어나야만 한다. 정념, 명예, 공명심, 권력욕, 감각의 혼란, 지배욕, 탐욕 등 이런 것들은 인간의 자기되어 감을 저해할 수 있기에 이런 것들로부터 영향을 받지 않는 것이 필요하다.

스토아주의자들에게는 자기 삶의 진정한 주인이 되는 것이 중요했기에 이것을 방해하는 일체의 것들로부터 정화될 필요가 있었다. 의지는 일차적으로 자기 삶의 주인이 되는 것을 방해하는 일체의 것들로부터 벗어나는 것을 의미했다. 의지는 단념하고 체념하는 것을 훈련하지 않으면 안 된다. 자유란 멋대로 사는 것이 아니다. 자유란 최고의 필연을 통찰하고 깨우치는 데 있다. 이들에게 자기 삶의 주인이 된다는 것과 자유롭게 사는 것은 같은 것이었다. 성경에 네가 온 천하를 얻어도 네가 네 영혼을 잃으면 아무것도 아니듯이 스토아주의자들에게도 자기를 잃으면 그야말로 아무것도 아닌 것에 불과했다.

아리스토텔레스가 행복을 구성하는 요인들로서 나름대로 중요하다고 여겼던 것들(대화, 우정, 적절한 돈, 가문의 명예, 좋은 공동체의 구성원, 건강 등)은 이들에게는 그렇게 중요한 것이 아니었다. 스토아학파들이 금욕주의로 평가되는 것은 그들이 이런 것들을 거부했다는 데 있는 것이 아니다. 오히려 이것들이 자기 삶의 주인이 되는 데 중요한 것이 될 수 없기에 이런 것들로부터 초연할 것을 요구한 데 있다. 이들은 우리 인간이 노예의 옷을 입고 있다고 하더라도 우리가 노예근성을 지니지 않으면 우리는 노예가 아니라고 주장한다. 반대로 우리가 황제의 옷을 입고 위용을 부린다 하더라도 자기 내면의 주인이 될 수 없다면 그런 껍데기는 아무것도 아니라는 것이다. 마르쿠스 아우렐리우스는 틈만 나면 속세의 번잡한 정치로부터 해방되어 내면의 평화와 안정을 찾으려고 노력했다.

귀족 근성과 노예근성은 니체의 초인 도덕을 이해하는 데 중요한 단서다. 키르케고르에 있어서도 자기다움과 실존적 성실성을 강조하는 것이 윤리의 핵심을 이룬다. 실존철학자들은 본래성과 비본래성을 구별한다. 이들에게는 비본래성으로부터 벗어나서 본래적인 자신이 되려는 것이 진정으로 윤리의 핵심을 이룬다. 하지만 이들보다 훨씬 앞서서 스토아주의자들은 이미 자기 삶에 대해 절대적인 자기 책임을 지는 것을 자율의 윤리로 규정했다. 세상에서 가장 쓸모가 없으면서도 그러나 가장 중요한 것은 바로 자기 자신이 되는 것이었다. 자기 자신이 된다는 내용이 구체적으로 무엇인지는 이들에게 그렇게 중요한 것이 아니었다. 중요한 것은 자신이 되려는 진중성과 책임 그리고 실존적 성실성이다. 세상 사람들의 평판이나 행복은 이들에게는 기준이 아니다. 이들에게 기준은 바로 자신이 되고자 하는 인간이 될 것인가, 아니면 그렇지 못한가를 결정하는 것이었다.

이들은 출신이 노예로부터 황제에 이르기까지 매우 다양한 구성원들로 되어 있다. 하지만 자기 삶의 주인이 되어야 한다는 점에서 이들은 하나같이 일치한다. 로마인들은 외적인 권력에서 이들의 주인이었지만 이들은 자기 내면성의 당당함에 있어서 자기 삶의 주인이었다. 주인은 노예의 노예로 전락하고 노예는 주인의 주인으로 반전되었다는 점에서 그들은 정복자를 정복했던 것이다. 물론 이 정복자가 세계 시민에 개방적이었던 그런 로마인들이었기에 가능했지 그 대상이 독일이나 일본이었다면 불가능했을 것이다. 홀로코스트나 인종청소를 단행하는 정복자들에게는 이런 스토아의 내면적 자부심과 저항도 별반 소용은 없었을 것이다.

언어가 없는 민족들은 정체성을 상실할 수밖에 없다. 스토아는 지배받았지만 자기 언어와 삶에 대한 진정한 자부심과 긍지가 있었다. 이들은 외적으로는 지배를 받았지만 내적으로는 자기 언어를 지켜 낼 수 있었다. 지배받고 있는 노예의 당당함은 로마 정복자들을 매우 당황하게 만들었다. 그들은 자신들의 지배를 받는 노예들의 당당함을 이해하려다 스토아에 동화되어 갔다. 로마는 스토아들을 통해 세계 시민주의를 받아들이게 되었다. 그리고 그들 자신들도 변화되어 갔다. 남미인들은 스페인의 지배를 받으면서 자기 언어도 동시에 잃어버렸다. 마추픽추의 유적은 있지만 우리는 그것을 아직도 이해하고 있지 못하다. 언어를 잃은 민족들은 껍데기는 있지만 정체성은 없다. 스토아가 우리에게 주는 교훈 중의 하나는 타인의 지배를 받더라도 언어를 잃어서는 안 된다는 것이었다. 언어를 지켜 낸 민족들은 시련은 있을지라도 다시금 자기 정체성을 찾을 수 있고 스스로를 회복할 수 있다는 것이다. 훗날 그리스가 터키의 지배를 4백 년 동안 받고서도 살아남을 수 있었던 것은 그들이 언어를 지켜 낼 수 있었기에 가능했다. 영어에 모든 것을 올인하는 현재 대한민국이 반드시 고민하지 않으면 안 되는 문제가 바로 이것이다. 스토아학파들은 자기 삶의 진정한 주인이 되는 것과 개방성이 모순이 아니라 상보적일 수 있다는 것을 우리에게 가르쳐 주고 있다.

3. 숭고함

숭고란 대상이나 타자가 너무 압도적이기 때문에 그 앞에서 우리가 한없이 작다는 것을 느끼게 된다. 타자나 대상이 너무 압도적이기 때문에 우리는 그 앞에서 절망을 느끼지 않을 수 없다. 하지만 숭고는 우리가 절망만 느끼는 것이 아니라 절망을 느끼면서 동시에 그 타자나 대상을 닮아 가고 싶은 충동이 생겨나는 것을 경험하게 된다. 숭고의 본질은 이런 역설에 기초한다. 즉, 나를 압도하거나 좌절하게 하는 것이 동시에 나를 분발하게 하는 것이다.

아름다움이란 우리가 가까스로 견뎌 낼 수 있는 두려움의 시작에 지나지 않는다. 숭고는 타자의 크기로 인해 우리를 좌절하게 하는 것을 불가피하게 만들기 때문에 우리는 항상 우리를 압도하면서 능가하는 타자의 힘에 사로잡힌다. 대상이 크거나 우월하기에 숭고는 바로 그 대상을 닮아 가는 것을 가능하게 한다. 숭고는 상이한 방식으로 나타난다.

전체는 알려지지 않는다. 학문은 전체를 모르기 때문에 바로 그 전체 앞에서 좌절한다. 하지만 학문은 전체를 자신의 추구 대상으로 삼는다는 점에서 전체와 관계한다. 인간의 영혼은 본성상 모든 것이다. 인간은 가능적으로 모든 것을 알 수 있다. 하지만 영혼은 가능적인 의미에서 그렇다는 것이지 실제로 그렇다는 것은 아니다. 그렇기에 영혼 역시 전체를 자기 추구의 대상으로 삼는다. 영혼은 전체를 알고 싶은 과제에 직면한다. 영혼은 자기 움직임의 원리다. 그런데 이 움직임은 영혼이 추구하는 것 모두를 완성하려는 욕구에서 비롯된다. 영혼은 전체로 인해 좌절했지만 전체를 추구하는 것에 의해 분발한다.

학문은 전체 앞에서 그야말로 아무것도 아니라는 왜소함을 경험한다. 전문화된 지식에 사로잡힌 학문은 전체를 완성할 수가 없다. 학문은 영역을 전문화했기 때문에 학문의 자격을 지닌다. 바로 그렇기에 학문은 자신이 할 수 있는 것을 통해(영역의 세분화), 동시에 자신이 할 수 없는 것을 드러낸다(전체 앞에서의 무지 경험). 그런데 학문은 왜소함의 경험에만 머무르지 않고 바로 자기를 왜소하게 만들었던 그 전체를 자기 앞의 추구대상으로 삼는다. 지적 숭고미란 전체 앞에서의 좌절의 경험을 말한다. 하지만 바로 그 좌절이 학문으로 하여금 전체를 탐구하도록 부추긴다. 전체는 알려지지 않은 타자이지만 동시에 학문으로 하여금 전체를 탐구하도록 부추긴다는 점에서 지적 숭고의 토대가 된다. 과학은 부분을 정복하지만 전체를 정복하지 못하기 때문에 지적 숭고미에 동참하지 않을 수 없다. 생물학은 생명의 복잡성을 모르기 때문에 좌절하지만(한계를 경험하지만) 동시에 생명의 복잡성 전체를 알려고 노력한다. 부분들의 합이 전체는 아니다. 전체는 학문이 추구하고 완성할 대상으로 남아 있다. 학문은 이 전체 앞에서 자신의 무지를 경험한다. 동시에 그 무지를 정복하고 싶은 분발력이 생기는 것이다.

오늘날 학문은 절망을 자기 안에 지니고 있다. 학문은 특정 대상화된 영역에서 전문화된 지배를 행사할 수는 있어도 전체를 통제하거나 지배하지 못한다. 이 무능이 학문이 있는 위치다. 학문으로 하여금 무능하도록 만든 것은 바로 알려지지 않은 전체다. 하지만 이 전체를 자기 탐구의 대상으로 삼는다는 점에서 전체는 학문을 분발케 하고 자극시킨다.

도덕적 숭고미는 어떤 모범적인 인간의 행위가 너무 탁월하고 높아서 그 행위 앞에서 좌절을 경험하는 것을 말한다. 바로 그렇기 때문에 동시에 자신을 좌절한 대상을 닮아 가고 싶은 욕구를 불러일으킨다. 예수가 여기에 해당한다. 예수의 행위는 인간으로서 하기에 너무 높은 곳에 있다. 우리가 그를 모방하려 들면 우리는 좌절하지 않을 수 없다. 내가 추구하는 대상이 바로 나를 좌절하게 만드는 역설을 우리는 경험한다.

우리가 예수를 모방하지만 그렇게 하는 것은 그의 탁월한 행위가 우리를 좌절하게 만든 데서 유래한다. 모방은 닮는 것을 말한다. 내가 모방하기에 예수의 행위는 너무 높은 데 있지만 동시에 내가 되고 싶다는 점에서 나를 분발하게 한다. 나를 절망하게 한 자가 바로 나를 분발하게 한다. 이것이 도덕적 숭고의 모습이다. 우리는 크리스도인이 되는 것을, 그가 어떤 일을 행하는가에 따라 평가한다. 우리가 행하는 것의 절대 기준이 예수이기에 우리는 그를 우리 행위의 모방대상으로 삼는다. 예수의 행위는 인간의 행위를 평가하는 기준으로 작용한다. 이 걸림돌 앞에서 우리는 쓰러지고 좌절한다. 우리는 절대로 도덕적 행위에 있어서 의인이 아니다. 예수를 모방하는 과정에서 우리는 그 모방이 쉽지 않기에 좌절을 경험한다. 하지만 그 좌절이 바로 우리 인간 각자가 자기 자신이 되는 방식을 형성한다.

태평양은 너무 넓어서 바라보는 우리들을 좌절하게 만든다. 하지만 우리는 우리를 압도하는 대상의 크기에 쪼그라들지 않고 동시에 그것을 항해하고 싶은 욕구가 생겨나는 것을 경험한다. 파타고니아의 빙하는 너무 방대해서 그것을 보면 우리가 한없이 작다는 것을 느낀다. 하지만 그렇기에 그 빙하를 탐색하고 싶은 욕구가 생긴다. 북극탐험과 남극탐험 역시 마찬가지다. 히말라야는 너무 높아서 우리를 현기증 나게 만든다. 하지만 그렇기에 우리는 등반하고 싶은 욕구가 생겨나는 것이다.

우주는 너무 광활해서 우리가 그 앞에만 있으면 한없이 작다는 것을 경험한다. 무한에 비하면 우리는 아주 작고 작은 티끌에 지나지 않는다. 즉 무를 경험한다. 하지만 그렇기에 우리는 우리를 좌절하게 만든 그 무한한 우주를 항해하고 싶은 욕구를 불러일으킨다. 우리는 사고실험을 통해 광속으로 여행하고 싶은 욕구가 발동한다. 빅뱅에서부터 우주팽창에 이르기까지 우리는 자연을 탐구하고 싶은 지적 호기심과 모험심을 느낀다. 우주의 은하계는 너무 광대하지만 우주는 자신이 넓다는 것을 모른다. 하지만 인간은 우주의 광활한 크기 앞에서 아무것도 아니지만 그 무한대를 경험하고 싶은 욕구를 지닌다. 광활한 우주 앞에서 인간이 느끼는 왜소함은 동시에 우리 인간에게 좌절을 불러일으킨 우주 전체를 알고 항해하고 싶은 욕구로 나타난다.

수학에 있어서 0과 ∞는 우리의 이해 능력을 넘어서 있다. 이것은 신의 영역에 속한다. 그렇기에 우리는 수학에 있어서 무한을 알고 싶은 도전을 한다. 페르마의 마지막 정리에 대해 인간이 도전을 하는 것은 그것이 우리를 분발하게 하기 때문이다. 무한과 0의 영역은 예로부터 신의 영역에 속한다고 전해졌다. 인간은 바로 그렇기 때문에 이런 무한대를 알고 싶은 지적 호기심을 발동시키게 된다. 숭고는 좌절을 통해 도전을 불가피하게 요구하고 있다. 이것이 수학적 숭고미의 본질이다.

우리 인간들은 자기의 존재기반이 사실 아무것에도 기초하지 않는다는 것을 경험한다. 바로 그렇기에 인간은 자기의 무를 극복하기 위해 더 높은 초월자에 의존한다. 무를 경험하면서 무를 끝까지 걸머지는 삶이 있는 용기가 필요하다. 우리는 자기 안에 존재 근거를 지니고 있지 않기에 무를 경험하면서 무를 극복하기 위해 신에게 모든 것을 맡기는 삶에 우리를 온전히 내맡긴다. 전자가 비극적 실존이라면 후자는 초월하는 실존이 된다. 인간존재의 바닥모를 심연은 그것을 느끼는 자들로 하여금 그것을 넘어서도록 한다. 인간은 그 존재조건들이 자기를 뛰어넘어 가도록 그렇게 조건 지워져 있다. 인간이 다른 존재가 되는 것이 아니라 인간이 자기를 변화시켜서 자신의 다른 모습이 되도록 그렇게 변화되어 갈 뿐이다. 우리는 신을 모르지만 그렇기에 신을 알고 싶은 호기심을 지니게 된다.

위대한 것이 있다. 위대한 것이 대상으로서 나를 압도한다. 나는 그 위력과 크기에 있어서 나를 능가하는 타자 앞에서 좌절을 경험하지만 동시에 그 대상이나 타자를 추구함으로써 나의 왜소함을 벗어나는 것이다. 숭고란 이런 역설을 드러낸다. 내 안에서 타자의 크기나 위대함이 드러나도록 나를 분발하게 하는 힘이 숭고의 핵심이다.

숭고는 인간이 타자로 인해 그 왜소함을 경험하면서 동시에 타자를 닮아 가는 것을 가능하게 한다. 우리는 이 역설을 우리 존재의 모습으로 인정한다. 이 인정 속에서 인간의 변화가 가능하다. 숭고는 우리를 변화시켜서 우리를 높은 곳으로 끌고 간다. 왜소함에 고착된 우리를 벗어나게 하면서 동시에 우리 안에 내재된 위대함으로 우리를 끌고 가는 점에서 인간의 역설적 위대함이 드러난다.

4. 인격에 대한 짤막한 단상들

(1) 인격의 문제는 언제나 인간의 자기 동일성 규정에 있어서 필수적이다. 자기 동일화란 자기를 스스로 비교하는 것이다. 우리는 이 비교의 근거를 어디에다 맞추는 가에 따라서 두 측면으로 나눌 수 있다. 두 인간이 아니라 한 인간이 두 측면에 걸쳐서 말해지는 것이다. 문제는 이 비교의 기준을 분명히 하는 데 있다. 이 비교의 근거는 무엇인가? 인격이란 바로 이 기준의 궁극성을 제시한다.

칸트는 인간의 자기규정에 있어서 인간을 인격에다가 위치 지운다. 인간의 위치는 감성계에 제약당한 존재이지만 동시에 예지계에 속한 인간이다. 한 인간이 두 개의 세계에 속한 것이다. 즉 인간을 인간으로 규정하는 데 있어서 예지계의 측면이 작용한다는 것이다.

인간은 자기를 일치하기 위해서 이 일치의 근거를 마련하지 않으면 안 된다. 일치시킬 장소에다 우리는 우리를 묶는다. 이 자기동일성을 묶는 장소설정이 바로 인간의 인격규정이다. 이 장소는 일차적으로 인격에 대한 존중으로 나타난다. 이 장소는 있다, 없다의 문제가 아니라 우리가 세워야 할 곳을 의미한다. 여기에서 인간의 전체적인 규정이 드러난다. 이것은 궁극적이다. 이 궁극성(Worumwillen = um seiner selbst willen)은 언제나 자신의 궁극성이다. 우리는 우리를 이 궁극성에 입각해서 전체로서 드러낸다. 인격은 우리에게 하나의 되어야 할 바 척도를 준다. 척도란 재는 것이다. 스스로를 재는 것이다. 이 재는 자를 우리는 설정해야만 한다. 이 재는 자가 바로 인격이다. 우리는 인격을 기준으로해서 우리를 측정한다. 인간은 절대척도가 아니라 항상 "측정 지워진 측정"이다. 우리는 이런 자를 통해서 인간을 재지만 동시에 이것에 의해 측정된다. 이 척도가 바로 인격이다. 우리는 분명히 인격에 의해 규정된다. 따라서 인간이 그것을 통해 측정되어지는 바 그 장소를 분명히 제시해야만 한다.

(2) 인격은 인간이 신에 대한 자유로운 응답을 통해서만 스스로를 책임지는 것으로 드러난다. 일차적으로 인격은 인간을 사물로 규정하는 것에 반대한다. 우리는 사물이 아니다. 사물이란 언제나 교환의 대상이 된다. 인격은 개별규정에 있어서 고유성과 절대성 그리고 대체 불가능성에 의해 특징 지워진다. 이것은 제거적으로 정의될 수 있다. 인간은 사물이 아니다. 사물이란 교환될 수 있다. 인격은 거래의 대상이 아니다. 흥정의 대상이 아니다. 사물이란 대체할 수 있다. 인격이란 대체할 수 없다. 물건이란 재생산 가능하다. 인격이란 재생산 가능하지 않다. 물건이란 언제든지 반복가능하다. 인격이란 반복 가능하지 않다. 대체 가능하고 반복 가능하고 재생산 가능한 사물에 비해서 인격은 이것의 반대로 정의될 수 있다. 이 절대성은 절대로 침해받을 수 없다. 이 고유성은 절대적이다. 따라서 절대존엄하다. 이 절대성은 오직 인간이 신의 목적론적 빛 아래서만 하나의 선물로서 규정된다. 인간에 대해 말한다는 것은 인간을 하나의 인격으로 드러내는 것을

의미한다. 인격은 철저하게 인간의 목적론적 규정을 수반한다. 인간
이 인간인 것은 사물로서 말해지는 것을 넘어서서 하나의 인격의 빛
아래서 규정될 때 한에서만 의미가 있다.

(3) 인격은 세계개방적이다. 본성상 인격은 개별적인 결단의 사적
체험을 넘어서 간다. 인격은 타인과 세계와의 관계에서 절대적인 책
임의 원리로 개방된다. 이 개방성을 통해서 인격은 세계의 열린 시민
을 수행한다. 인격은 수행이지만 좁은 의미에서 기능으로 이해되어서
는 안 된다. 인격은 책임지려는 열린 의지다. 책임은 자신의 규정 아
래 항상 타인과 세계 그리고 자연을 포함한다. 인격은 타인에 대해,
역사에 대해, 자연에 대해 책임을 지려는 열린 의지다. 인격은 자신의
규정 아래 항상 더불어 살아가려는 공동의지를 포함한다. 인격은 더
불어 살아가려는 공동의지다. 따라서 이 가능성의 조건 아래 스스로
를 묶는다. 인격은 자기규정에 있어서 항상 더불어 살아가려는 공동
적인 삶에다가 스스로를 묶는다. 여기서 연대적인 삶의 가능성이 형
성된다.

(4) 철학적 시대로서의 현대는 인간이 자기 자신에 대해 새로운 관
계를 의식하게 되었다. 그리스인들은 폴리스에서 그리고 중세인들은
신과 성스러움에 의해 자신의 삶을 규정했다. 우리 현대인들은 우리
를 묶을 이 기준을 아직 마련하고 있지 못하다. 우리는 이 기준을 스
스로 제시해야만 한다.

이 새로운 자기태도가 아직 이것에 적합한 규정을 얻지 못하고 있
다는 것은 자명하다. 인격은 사전적인 정의로서 마감되는 것이 아니

다. 이 규정은 오직 드러내는 실천적 깊이에서 실천적으로 그때그때 정의될 따름이다. 인격의 규정은 역사적 규정이다. 이 역사적 규정이 이것에 적합한 세부적 규정(Artikulation)을 발견하지 못하고 있다는 것이 주목할 만하다. 현대인간은 비록 자기 자신에 대해 자신의 규정에 적합한 뚜렷한 규정을 결여하고 있더라도 이 결핍을 실패로 간주하지는 않는다. 우리는 아직 인간학에 적합한 고유 규정을 지니고 있지 못하다. 우리는 오늘날 자신의 고유한 규정을 위해서 자신의 본질에 대해 다양하게 관계 맺고 동시에 이 관계를 표현하고 있다. 인간의 본성은 나 안에 있는 삶의 원리이지만 우리는 이 원리를 다양하게 정의하고 있는 것이다. 또 이런 상황에서 살고 있다. 우리는 현대적인 것을 일의적으로 확정할 수 없다는 방식으로서 바로 우리의 무규정성을 규정한다. 우리는 자연존재, 이성존재 혹은 사회적인 존재로 우리를 반성하고 있다. 우리는 자연과학적 인간학을 창조해 냈다. 동시에 우리는 철학적 인간학, 사회＝정치적인 인간학을 창조해 냈다. 그러나 인간학 그 자체는 결여되었다.

인간학에 있어서 이러한 다원주의가 체계적인 결핍을 드러내고 있다면 이 다원주의는 동시에 더욱더 고조되어 가고 역사와 밀착된 구체성을 함축하고 있다. 우리는 현대적인 것을 일의적으로 마감할 수 없다는 방식으로 현대적인 것을 규정하고 있는 것이다. 이런 맥락에서 우리는 복잡한 다양성의 규정을 통해서 이 다양성을 묶는 통일적인 규정의 가능성을 요구할 수 있는 것이다. 이 다양성 한가운데 있는 일의적인 규정가능성을 분명하게 의식하고 표현해야만 한다는 것이 절박하게 요청된다. 이런 의미에서 인격은 인간이 분명히 자기 자신을 기입하는 방식이다. 인격이란 인간이 이해되는 궁극적인 방식을 의미한다.

인간학은 인간이 자신의 새로운 관계를 무매개적이 아니라 다양한 매개를 통해서 얻고 있다는 바로 그 이유 때문에 우선은 다원적으로 스스로를 형성해 왔다. 인간은 단적으로 갑자기 새로운 인간, 즉 시대적으로 제약된 인간으로서 자기 자신을 세울 수 있는 것이 아니다. 인간의 자기규정은 시대적으로 마감되는 것이 아니다. 오히려 그는 하나의 길고도 힘겨운 일을 여정으로 남겨 두고 있는데 이 여정의 단계는 인간이 그때그때마다 자기 현존재의 특정한 요소에 대해 자기 자신을 새로운 관계로 형성시키고 이 요소 자체를 변경시켰다는 사실을 통해 특징 지워진다.

유명론(Nominalism)에 있어서 인간은 개념적 사고틀 안에서 구체화되어 버린 내용들에 대해서 하나의 추상을 전제했다. 개념은 단지 내용으로부터의 추상을 의미한다. 동시에 이 개념을 자연설명의 원리로 삼았다. 이것은 자연의 현상들에 대해 스스로를 보존할 것을 목표로 하고 있다. 개념은 단순히 이름이지만 동시에 실재와의 관계에서 이것을 적합하게 드러내고자 한다. 개념은 스스로를 유지하는 힘으로 전개한다. '아는 것이 힘이다.'라는 베이컨의 규정은 이 전통을 대변한다.

확대되어진 단계에 있어서 자연은 자연현상들을 정밀하게 관찰하고 수학화된 방법의 응용을 통해서 학문적으로 통제되어 버렸고 법칙들의 인식을 통해서 자연과정을 지배해 버렸다. 자연은 이제 우리가 던진 그물에 의해 완전히 통제되어 버렸다. 개념은 지배하는 의지에 의해 자연을 지배의 의지로 마감해 버렸다. 그렇다면 자연은 공학적 지배를 통해 완결되는가? 분명히 그렇지는 않다. 자연의 지배가

아닌 자연의 개방은 자연에 대한 인간의 철저한 태도변경을 요구한
다. 자연을 목적론적으로 규정하는 것은 인격의 자기규정 아래 두어
질 것인지는 시대적으로 장담할 수 없다. 그러나 자연에 대한 지배의
지는 반드시 공동체와의 삶의 연관 안에서 통제되어져야만 한다. 인
격은 더불어 사는 삶의 조건을 통해 자연을 전체적인 삶의 문맥 안에
두고자 한다.

(5) 프랑스 혁명에서 인간은 궁극적으로 공적시민으로서 군주적 국
가자율성으로부터 자기 자신을 해방시켰고 자연법 원리를 민주국가
의 원리로 만들어 버렸다. 자연법원리의 헌법적 실현이 이 혁명의 역
사적 의의다. 헤겔은 이것을 신의 이념이 현실을 구속하는 원리의 세
계사적 실현으로 규정했다. 인격은 국가 안에서 자유의 원리로 실증
화되었다.

보이지 않는 것을 보이는 원리로 드러나게 하는 것이 바로 인격의
자기실현이다. 자유, 평등, 박애는 바로 신의 이념이다. 이 보이지 않
는 덕목이 바로 국가 안에서 국가를 구속하는 원리로 보이게 되었다.
이 보이게 하는 것의 작용이 바로 인격의 의미다. 칸트철학에서 인간
의 새로운 자기관계는 포괄적이며 모범적인 표현이 나타났는데 이것
은 인간학적 독트린으로서 이해되어진다기보다는 이성의 비판으로
서 가능하다. 그는 실용론적 견지에서 인간학을 서술했는데 이것을
넘어서 비판적인 분석에서는 자유를 이성적인 존재로서 인간의 초월
적 근원 및 근거로서 제시했다. 자유란 비록 인간존재의 근거다. 자유
란 자기규정(Selbstbestimmung)으로서 필연성으로 이해되는 자연규정
(Naturbestimmung)과는 대비된다. 그러나 인간은 자유와 필연의 대립

을 넘어서서 이 둘의 통일을 통해서만 전체로서 규정되어질 수 있다. 자유는 자연규정으로 환원되지 않는다. 자유는 동시에 인간조건의 결정된 측면을 무시하지 않는다. 인격의 자기창조는 인간이 자유롭게 스스로를 유지하는 것을 포함한다. 각자는 인격의 자기규정의 자유로운 떠맡음 안에 본래의 자기가 될 수 있다는 가능성을 자각한다. 자유란 노력이자 완성에의 의지에 의해 스스로를 유지한다. 인간은 자기 자신이 스스로에게 관계하는 자유로운 창조며 관계하는 자로서 하나의 의무고 이 과제를 자발적으로 떠맡는 과정 속에서 비로소 자유로울 수 있다.

(6) 중용에 의하면 "밝은 덕을 밝게 하는 것"이 있다. 여기서 밝은 덕이 중요한 것이 아니라 이것을 밝히는 것이 문제다. 이 밝히는 문제가 실천이다. 의지의 실행이 문제다. 밝은 덕을 규정하는 것은 이론이성의 근거 문제에 속한다. 이것을 실행하는 것은 실천적 자기창조에 속한다. 이성은 이성에의 의지다. 인격은 인격에의 의지다.

(7) 인격은 언제나 이성의 실현의지다. 인간이 하나의 정치, 사회 공동체 안에서 개별자로서 보편성이 되어 가는 과정은 동시에 인간이 인격으로서 우주의 시민이 된다는 것과 같다. 인격은 항상 개별의 보편화를 의미한다. 개별실존의 고유성(Eigentümlichkeit)은 결코 보편자로부터 파생되어져 나오는 것은 아니다. 파생되어질 수도 없다. 개별자는 절대로 보편자의 한 예가 아니다. 마찬가지로 개별의 개별화는 동시에 개별의 보편화를 포함한다. 문제는 개별자의 자기보편화를 어떻게 가능한 것으로 실현시키고 고양시키는가에 있다. 이 실천의

문제는 각자의 고유성에 속한다. 여기서 인격은 개별자의 인격으로서 고유한 맛을 낸다. 이 맛이 인격의 향기다.

(8) 창조란 자기 인격을 창조하는 것이며 타인 안에서 드러나는 인격의 자기개방에 대한 인정을 어울러 포함한다. 따라서 자기가 창조한 것에 자기가 구속되어 가는 자기보편화의 의지 내에서만 의지는 자기 자신을 창조한다. 인격이란 하나의 관계이지만 동시에 항상 상호 관계로서 이 관계를 책임지려는 의지다. 인격은 책임에의 의지로서 절대적인 자기구속에다 자기의 의지를 종속시킨다.

(9) 실존의 우연성은 논리적이거나 사실적인 우연성이 아니다. 이것은 우리의 선택이 개입할 수 없이 주어진 그런 우연성이다. 사실성과 대비되는 의미에서 이 실존의 우연성은 현사실성(Faktizitat)으로서의 우연성이다.

논리적인 의미에서 우연은 필연의 대립이다. 필연이란 항상 그렇고 다르게 있을 수 있는 것이 불가능한 한에서 반대물의 부재를 의미한다. 이렇게 본다면 실존의 우연성은 항상 될 수 있는 가능성으로 남아 있다. 이 가능성은 항상 열린 가능성으로 남아 있다. 우리는 이 많은 가능성 중에서 어느 하나의 가능성을 택하는 것이라기보다는 주어진 전체로서의 우리의 가능성을 선택한다. 이 선택은 항상 다른 것을 배제하는 한에서 존재론적인 선택이다. 선택은 따라서 죄책의식이다.

우리는 자기원인도 아니고 무도 아니다. 있기 때문에 무가 아니고 스스로 비롯된 원인이 아니기에 자기 안에 자기원인을 지닌 것도 아니다. 우리는 우리의 상황을 깔끔히 정리할 만큼 절대명증적인 실존을 지닌 것도 아니다. 이것을 솔직히 고백해야 한다. 상황은 내가 선택한 것이 아니라 상황 안에 우리가 있게 된 것이다. 이런 수동성에 우리는 던져져 있다. 이 상황 안에서 우리는 이런 수동성을 창조적으로 규정해 가는 것이다. 인격은 이러한 자기 기록방식이다. 즉 스스로를 책임으로 지탱해 가는 방식이다.

우리는 이룩해야만 하는 위임의 자발적 떠맡음 속에서 우리의 상황을 조건 지워진 규정과 조건 자체를 끊임없이 형성해가는 이중의 유희 속에서 매순간 창조하지 않으면 안 된다. 피히테는 이 상황 내에 있다는 것을 우리가 무제약적 당위로서 인륜성에 의해 요구되어진 존재로서 규정한다. 결단이 중요한 것이 아니라 연대적인 공동책임이 중요하다. 인격은 이 연대성에 스스로를 묶는 의지다. 즉 책임지려는 의지다.

우리의 의지는 의지일반을 의지하는 것이 아니라 바로 무엇을 의욕한다. 의지는 이 무엇을 규정함에 있어서 바로 스스로를 드러낸다. 우리의 자기규정은 선일반에만 개방되어 있다. 그러나 이 선일반은 규정되어 있지 않다. 따라서 문제는 이 무규정성을 규정하는 것이다. 우리는 이 규정의 원리를 주어야 한다. 나는 인격의 빛 아래서 이 규정을 인륜적인 자유의 실현이라고 규정하고 싶다.

인격은 세계사의 핵이다. 이것은 언제나 인격이 공동존재의 가능성을 걸머지고 실현한다는 전제 아래서만 가능하다. 인격이란 유아론을 벗어나 타인과 세계 속에서 연대적인 공동실존을 실현하는 한에서 실존적 자폐성을 넘어선다. 인격은 항상 연대적인 삶의 창조에 이바지한다. 이것은 인격이 개별자로서 보편성이 되어 가는 것을 의미한다. 개별자가 보편자로부터 이끌어져 나오지 않는 것은 당연하다. 인격의 절대 존엄한 원리는 일회성, 대체불가능성, 고유성, 절대성, 환원불가능성을 대표한다. 적극적인 규정은 개별자로서 개별의 보편화 창조다. 이 창조가 연대적인 삶의 가능성을 이룩하는 것이다. 근원적으로 자기 자신을 개방하는 창조적인 자기 드러냄은 개방하는 깊이에 의해서만 그 연대성이 확보된다. 이것은 강요된 일반화의 의지가 아니다. 인격은 그래서 질서를 가능하게 하는 질서를 스스로 세우려는 의지다. 이 의지에 의해서만 인격의 의지는 공동적인 연대적인 삶의 창조에 이바지한다. 이 의지는 개별성으로서 보편성이 되어 가는 자발적 동의에서만 가능하다.

(10) 앎은 앎에 대한 합리적인 정당화를 요구한다. 정당화된 믿음이 참 믿음이듯이 앎도 정당화될 때 참으로 인정받는 것이다. 양심은 바로 이 인정을 요구한다. 양심의 절대성은 언제나 측정되어지기를 바란다. 양심은 측정되어진 측정으로서 언제나 매개되어져야만 한다. 양심은 주관화의 절대요구에 저항한다. 오히려 이 요구를 일반화의 연대적 삶의 창조에 종속시킨다. 양심이란 믿고 있는 것과 이 믿고 있는 것을 정당화하는 반성에 의해 이 신념을 상호 주관적으로 검증된 것으로 고양시키는 의지다. 이때 한에서 확실성은 매개된 확실성이 된다.

양심은 자기일치에 이르려는 의지 때문에 반성의 역동성을 수반한다. 참된 의미에서 자기에 일치하려는 의지 속에서 확실성은 검증된 것으로 인정되는 것이다. 스스로를 인정으로 묶는 연대적 의지 속에서 이 양심의 확실성은 매개된 것으로 보편화될 수 있는 것이다. 인간은 양심의 빛 아래서 스스로 자기에게 하나의 이룩해야 할 과제다. 과제란 이미 있는 것을 수행하는 것을 의미하지는 않는다. 이것은 수행할 것을 함께 이끌고 가는 자기창조를 동반한다.

위임과 위임되어진 것 사이에 놓여 있는 차이를 양심은 솔직하게 떠맡고 이 대립의 해소를 위해 자신을 역사적으로 실현시켜 나간다. 우리는 역사 안에서 살기 때문에 역사적인 존재라기보다는 역사로서 살기 때문에 이 삶을 역사화시키는 것이다. 1789년의 프랑스 혁명은 단순한 역사적 사건이 아니다. 이것은 역사 그 자체다. 왜냐하면 여기에는 역사를 구속하는 사건 자체가 일어났기 때문이다. 이 사건은 반복할 값어치가 있는 한에서만 우리의 역사를 지금도 구속한다. 자유, 평등, 박애는 하늘나라의 덕목이다. 동시에 이것은 우리의 지상을 구속하는 원리다. 이 역사적 사건은 1789년에 일어난 물리적 사건이 아니라 역사 자체의 의미를 구속하는 역사 그 자체다. 이 의의는 오직 반복할 값어치가 있는 한에서 우리의 현재를 그때그때 구속한다. 우리는 역사다. 역사는 대화다. 대화란 동시에 구속력 있는 삶의 건설이다. 구속력 있는 삶의 창조는 스스로를 보편적으로 드높이는 인격과 양심의 책임 아래서만 가능하다. 양심은 세계사 안에서 드러났다. 이 세계사를 구속하는 원리는 보편성으로 드높여지는 개별 양심의 보편화에 있다. 양심은 속일 수 없고 절대로 방황하지 않는다.

방황하는 것은 우리의 의지이지 양심이 절대 아니다. 우리의 의지는 나약함 때문에 흔들릴 수는 있어도 양심은 방황하지 않는다. 이 절대성은 책임지려는 절대성이다. 우리는 이 양심에 의해 항상 연대적인 삶의 창조로 요구되고 있다. 양심이란 역사로서 살아가는 인간의 요구되어진 존재를 일깨워 주는 일치에의 각성이다. 개별자 없는 보편성은 폭력이다. 보편성 없는 개별성은 자폐적이다. 인격은 이런 추상화에 거부하는 것이다. 인격의 자기구체화는 바로 추상적인 일면성을 거부하는 것으로서 개별로서 보편이 되어 가려는 데서 가시화된다. 인격은 보이지 않는 재산이지만 동시에 보이는 것으로 구체화하는 실천의지다.

인격은 보이지 않는 것이 보이는 것 속에서 드러나는 원리다. 이제도 속에서 구체화하는 원리가 바로 양심의 실천적 삶이다. 양심은 그래서 자신의 내면에만 갇혀 있을 수 없는 사회적인 삶을 조건으로 하고 있다. 인격은 그래서 나와 타인, 나와 자연, 나와 역사, 나와 인간성에 대한 연대적인 창조를 형성하려는 의지다. 계몽이란 스스로를 밝게 하는 것이다. 스스로를 밝게 하면서 동시에 다른 것을 빛 밝히는 것이다. 계몽은 스스로 스스로를 세우려는 의지다. 동시에 타인과의 연대적인 삶을 세우려는 의지다. 자기를 통해서 스스로 선다는 것은 자기의 삶 안에 타인과의 공존이라는 연대적인 삶의 창조를 동반한다. 양심은 양심이지만 동시에 절대적인 책임의지다. 이 책임의식 속에서 타자와의 연대적인 삶의 가능성이 도출된다. 양심은 이 요구 앞에 스스로를 묶기 때문에 언제나 사회적이다. 그러나 그 반대는 아니다. 말할 수 있다는 것은 책임질 수 있다는 것이다.

(11) 양심적인 역사가는 자신의 양심을 통해서 스스로의 관점을 객관화시키는 것이다. 역사서술의 객관성은 자료에서부터 주어지는 것은 아니다. 역사적 사실 내지 자료는 하나의 부대 자루와 같다. 이 부대 자루를 모양 지우는 것은 하나의 역사적 관점이다. 이 관점은 주어지는 것이 아니라 개발하는 것이다. 역사가는 양심을 통해서 이 해

석의 객관성을 스스로 개발하는 것이다. 의지는 나약하고 방황해도 양심은 그렇지 못하다. 양심은 속일 수 없다. 양심은 실수하지 않는다. 단지 양심은 책임지고자 한다. 이 책임 때문에 양심은 언제나 객관화의 요구에 스스로를 묶는다. 이것이 역사서술에 있어서 양심이 지니는 객관성의 조건이다. 양심을 들여다보면 책임이라는 요구를 만난다. 그래서 양심에는 심연이 없다. 있다면 책임 있는 삶의 창조만 있다. 역사는 관점을 생산함으로써 동시에 삶을 창조하는 것이다. 양심은 역사서술 안에서 역사를 바로 세우는 것으로 작용한다. 삶에서 확인되지 못하는 양심은 양심이 아니다. 양심은 힘이다. 삶으로써 제도화하는 힘이다. 따라서 역사를 구속하는 힘이다.

(12) 인격은 자기 동일화의 비교근거를 초월적 동일성에다가 귀속시킨다. 그러나 인격은 동시에 자기비교의 근거를 이것의 실현에다가 맡긴다. 따라서 누구나 절대 목적의 왕국에서 우리 모두는 인격으로 인정된다. 그럼에도 불구하고 인격은 자신의 삶 안에서 바로 인간의 인격규정을 실현해야만 한다. 우리 모두는 인격의 시민이지만 동시에 이 인격에 합당한 삶의 형성을 위해 인격적인 실천을 수행해야만 한다. 인격의 절대성은 그래서 삶 안에서 존중되고 이 존중의 생활화 속에서 우리 모두는 인정의 공동체를 유지할 수 있다.

우리는 바로 인격의 세계초월성을 통해서 인격의 시민으로 인정되었다. 우리는 인격의 세계개방성 때문에 인격을 사회적인 공동인정의 가능성으로 만들었다. 우리는 인격의 책임성 때문에 우리의 인격을 공동존재적인 삶의 창조에다가 종속시켰다. 그리고 우리는 스스로를 인격에 합당한 삶으로 스스로를 고양시키는 것을 자신의 실천적 자기형성으로 의무화시켰다. 인격은 강제 없는 강제에 스스로를 따르게 한다. 이것이 인격의 자유다. 바로 이 인격이 참 의미에서 사회성립의 적극적인 원리다. 이 기초를 견고하게 유지해 가는 데서 연대적 책임이라는 직업윤리가 생활화할 수 있다. 인격의 존중과 실현 속에서 사회의 보이지 않는 성숙이 있다. 성숙한 사회는 책임질 수 있는 사회다. 동시에 스스로를 책임 있게 형성할 수 있는 것으로 자신의 인격을 연대적인 책임으로 묶을 수 있어야 한다. 인격은 그래서 양심의 밀도화를 사회적 제도로 연결시킬 수 있다.

제4부

9장 근대에 대한 불충분한 단상들

1. 근대의 조건(The condition of modernism)

한스 블루멘베르크는 『근대의 정당성(The Legitimacy of modernism)』 이라는 유명한 저서에서 호기심과 자기유지에 대한 욕구가 근대성을 특징짓는 가장 본질적인 특징이라고 주장한다. 이에 반해서 하이데거는 근대성이라는 것은 존재망각의 극단적인 결과로 인해 허무주의로 귀착된다고 비판한다. 하이데거는 표상중심적 사고는 보다 더 근본적인 전회(존재론적 전회)를 통해 대체할 것을 요구한다.

데카르트는 『방법서설』 제6부에서 자기의식의 대상 지배를 다음과 같이 말하고 있다. "우리가 불과 물과 별과 하늘의 힘과 영향을 알고 우리 주변에 있는 다른 천체를 모두 안다면 우리는 자연의 주인과 지배자로 비약할 수 있는 것이다." 데카르트는 진리가 자기의식을 통해 검증된다는 것보다는 자기의식이 진리의 근거라고 주장했다. 그리고 자기의식은 대상 지배를 할 수 있다는 점에서 철학적 최후근거로 자리 잡게 했다. 하지만 우리는 자기의식을 통해 진리가 검증된다고 해야지 자기의식이 진리의 고향이라고 말해서는 안 된다. 자기의식이 진리의 근거라는 것은 정당화의 짐 앞에서 그 타당성을 입증하지 않으면 안 된다. 선포는 절대 진리가 아니다. 검증을 통과한 것만이 진리의 자격을 얻는다. 자기의식이 철학의 방향전환을 불가피하게 설정한 것은 시대의 거역할 수 없는 조류였지만 그렇다고 그것을 통해 진리가 완성되었다고 말하는 것은 문제가 있다.

자기의식을 진리의 근거로 설정하는 입장에서부터 힘에의 의지에 이르기까지 근대 주관성 철학은 많은 다양한 입장을 유지하고 있었다. 그러나 한 가지 분명한 것은 자기의식의 출발점이 근대의 불가피한 출발은 이루었지만 이것이 궁극적으로 완성되었는가에 대한 비판과 의문이 계속 남아 있다. 하이데거의 비판은 이 점에서 매우 정당하다. 우리는 표상 중심적 사고가 어떻게 등장했으며 이것이 어떤 문제점을 노출시키고 있는지를 검증하지 않으면 안 된다.

오늘의 포스트모더니즘은 탈합리화로 특징 지워진다. 이것은 근대의 합리성을 비판하는 점에서 탈근대를 추구한다. 근대의 이성이 지배하는 동일성을 통해 타자나 자연을 억압해 왔기 때문에 탈합리적 철학이 필요하다고 이들은 주장한다. 이에 반해 하버마스는 근대성의 조건 속에서 아직 완성되지 않고 남아 있는 합리성을 더 완성해야만 하기 때문에 우리는 근대성을 미완성의 기획으로 평가해야만 한다고 주장한다.

헤겔의 죽음(1831)과 더불어 형이상학적 사변의 거대 체계와 담론은 완전히 끝났다고 료타르는 주장한다. 헤겔 이후의 실증주의 시대는 형이상학의 검증되지 않은 독단을 완전히 제거해 버린다. 더 이상 자연과 정신을 포괄하는 그런 거대 체계는 필요하지도 않다. 자연 없는 자연철학은 쓸모가 없게 되었다. 학문이론은 검증을 통해 더 이상 검증되지 않은 독단적 체계를 허용할 수 없다. 인식론의 자연주의화를 통해 학문은 이제 검증과 같은 것으로 좁혀졌다. 이런 실증주의적 도전 앞에서 전통 철학을 재생산하는 것이 너무 어렵게 되었다. 우리는 그렇기 때문에 근대 주관성 철학의 정당성이 무엇이며 아울러 그것이 어떻게 시대 제약적인 한계를 보이는지를 정확하게 밝히지 않으면 안 된다.

인간중심주의로의 방향전환은 근대의 가장 근본적인 특징이다. 인간은 이제 진리의 근거를 외부에 설정하지 않고 자기의식을 통해 그것을 정당화하고자 한다. 주관 중심적 철학은 어떤 외부의 것에 의존해서 진리를 설명하려고 하지 않는다. 갈릴레이는 이미 아리스토텔레스의 자연철학이 시대에 더 이상 적합하지 못하다는 이유로 그의 자연학 전체를 매장해 버렸다. 제도적 관성에 의해 중세를 지배했던 아리스토텔레스의 유산은 철저하게 의문시되었고 더 이상 근대성의 조건을 충족시키지 못하고 있기에 추방되었다. 근대의 자연과학은 그의 목적론적 자연 이해를 더 이상 받아들이지 않는다.

신적인 불변성을 파악한다는 의미에서의 이론(theorein)은 이제 그 의미를 완전히 잃어버렸다. 이론은 주체가 세계에 대해 지니고 있는 가설로 변형되었다. 그리고 가설은 검증을 통해 경험적으로 확증되지 않으면 안 되었다. 검증되지 않은 모든 이론은 기껏해야 주관적 가설에 지나지 않는다. 신이 이제는 더 이상 진리의 보증자가 아니다. 진리는 주관적 가설과 경험이 일치하는 것을 통해서만 경험적으로 확증된다. 인식 주체는 가설을 설정하고 이 설정된 것에 따라 자연을 검증하고 지배한다. 주관에 설정된 가설의 전면 지배와 생활화는 자연 전체를 이제 목적론적 연관 틀 안에서가 아니라 검증 가능한 한 범위 안에 가두어 버렸다. 이렇게 학문의 검증 요구와 충돌하면서 형이상학을 주장하거나 복원하는 것은 시대착오적인 것처럼 비판되었다. 칸트의 선험철학은 이런 지평에서 우리가 알 수 있는 영역과 우리가 알 수 없는 영역을 명백히 설정한다. 그리고 그는 인식 가능성의 조건들을 정당화하는 작업을 비판철학으로 아주 좁게 제한시키고 있다. 그리고 전통적인 의미에서의 형이상학의 본래 대상들을 무제약적인 영역 안에서 아주 조심스럽게 규정할 것을 요구하고 있다. 칸트는 인식론적으로는 형이상학을 비판하고 부정했지만 실천이성에서는 자유, 영혼불멸, 신을 다시 복구시키고 있다. 하지만 이것은 더 이상 인식의 문제에 속하는 것이 아니다.

근대와 탈근대라는 싸움이 오늘의 철학적 담론을 지배하고 있다. 하지만 근대성의 규정과 비판에는 서로 의견의 일치를 보이고 있지 않다. 이 불일치가 철학적 담론을 더 가치 있게 만들고 있다는 것이 부정되어서는 안 된다. 근대성의 규정에 대한 이런 복잡한 갈등 때문에, 그리고 서로 경합하는 진단 때문에 근대성을 일의적으로 정리하고 완결된 것으로 마감하고 확정하는 것이 어렵다. 이런 어려움을 간직하면서 그리고 해석의 다양성을 열려 있게 개방하면서 우리는 근대성의 특징을 다음과 같이 요약할 수 있다. 물론 이런 압축은 사태의 복잡성을 단순화하는 위험성을 어느 정도 내포하고 있다. 문제는 근대의 합리성이 매우 다차원적인 복잡성을 지니고 있기에 우리는 이것을 정확하게 이해해야만 한다는 것이다. 선택은 불가피하다. 다만 그 선택이 복잡성을 이해하는 안내자인 한해서만 의미를 지니게 된다.

(1) 철학적으로 규정되는 근대는 일의적이 아니라 다양한 스펙트럼을 통해 규정된다. 우리는 보통 근대화를 합리화와 같은 의미로 이해한다. 탈근대화가 탈합리화를 의미하기 때문에 근대성과 현대성의 구별을 합리화와 탈합리화로 규정하려는 시도가 자주 제기된다. 이에 반해 근대성 안에서 아직 완성되지 않고 남아 있는 것을 완성하려는 시도를 통해 탈근대성을 비판하는 주장도 있다. 하버마스와 포스트모더니즘을 대표하는 료타르 간에 발생하고 있는 이 근본적인 싸움은 미해결로 남아 있다. 하지만 이들의 근대성 이해에는 근대의 정당성과 불충분성에 대한 포괄적 이해가 부족하다. 그리고 결정적으로 이런 부족함은 주로 과학에 대한 그들의 이해가 매우 소박하다는 데 기초한다. 우리는 plus ultra(더 넓게) 나가야만 한다.

(2) 토마스 아퀴나스에 따르면 우리의 지성은 사물에 동화되어 간다. 진리는 사물의 현실성에 기초한다. 신이 우리 지성 안에 심어 준 것과 사물 안에 심어 놓은 형상이 일치함으로써 진리를 사고와 존재의 동근원성으로 이해하려는 시도가 토마스 아퀴나스에 의해 아주 모범적으로 정초되었다. 진리의 기초는 우리 인간 마음이 아니라 사물에 측정된 우리 이해 능력이 된다. 하지만 이런 것은 데카르트에 의해 철저하게 변화를 겪게 된다. 아도르노는 객체의 우위를 통해 토마스 아퀴나스를 재발견한다. 물론 아도르노는 그를 잘 알았던 것은 아니다. 객체의 우위는 주체를 통한 대상의 지배가 얼마나 위험하고 허구적인 것인가를 지적하는 한에서는 옳다. 토마스 아퀴나스는 더 근본적으로 다음과 같이 물었다. "우리가 살고 있는 우주는 과연 우호적인가?" 그렇지 않다면 주체는 자기 이해를 위해서 그리고 자기

안에 내재하는 불안전성과 황량함을 극복하기 위해서라도 탐구라는 여행을 떠나지 않으면 안 되었다. 근대는 바로 이런 황량함에 대한 인식으로부터 시작하고 동시에 이것을 극복하려는 데서 출발하지 않을 수 없었다.

근대의 지평에서 진리의 기초는 마음의 확실성에 기초한다. 진리의 척도는 더 이상 사물이 아니라 우리 마음이 된다. 그것도 의심하는 주체로서 말이다. 진리의 척도는 더 이상 신이 아니라 우리 인간 주체의 마음에 달려 있게 된다. "나는 사고한다. 내가 존재한다."는 것은 이제 근대적 인식론을 알리는 이정표가 되었다. 칸트는 데카르트의 심리적 의식을 논리적 의식으로 변형시키지만 근본적으로 인간 중심적이라는 데 차이가 없다. 영국의 경험론과 대륙의 관념론은 서로 뚜렷한 입장 차이에도 불구하고 인간 중심적이라는 데 일치하고 있다. 심리적 자아, 경험적 자아, 논리적 자아로 상이하게 평가되고 있는 근대 주관성 철학은 인간 중심적이라는 데서 서로 일치한다.

진리의 척도 기준이 변했다는 것은 근대 주관성 철학을 이해하는 데 가장 중요한 특징을 이룬다. 진리의 기준이 사물이나 신이 아니라 인간 의식 안에 설정됨으로써 근대 주관성 철학은 인식하는 주체를 모든 것의 중심에 설정할 수 있었다. 대상화란 존재하는 모든 것을 인간의 의식과 규정을 통해 이해하는 방식을 의미한다. 진리를 주관화하는 위험으로부터 구제하려는 것이 토마스 아퀴나스의 근본 문제 제기였다. 하지만 근대 인식론은 신의 지평을 제거하면서 진리의 척도 자체를 인간 안에 설정한다. 절대지평이 아니라(여기서는 인식과 대상은 항상 일치한다) 인간적인 지평(여기서 인식과 대상은 분열된다)으로 변형되면서 진리의 기준으로 작용하는 의식 역시 불확실성이나 회의주의 혹은 이원론의 균열에 빠지게 된다.

(3) 종교적 의미에서 세속화라는 표현은 1648년 이후부터다. 독일에서 신교와 구교가 30년 전쟁을 치르고 난 다음에 베스트팔렌조약을 체결하게 되었다. 이제 신으로부터 모든 것이 떨어져 나왔기에 모든 것은 인간이 스스로 결정해야만 한다. 세속화란 결정이 이제 신이 아니라 인간에게 맡겨졌다는 것을 말한다. 신적인 연관으로부터 모든 관련이 끊어졌기에 모든 것은 이제 인간이 결정하지 않으면 안 된다. 종교적인 의미에서 근대성은 세속화와 함께 진행한다. 정치와 종교는 철저하게 분리되었고 삶의 영역에서 종교의 초월적 권위는 더 이상 권위로서 작용하지 않는다. 정치가 윤리나 종교로부터 분리되어서 그 자체로서 독자적인 영역을 확보하기 시작했다.

(4) 근대인은 전통이나 외적 권위 그리고 초월적 연관으로부터 스스로를 분리해 내었고 오직 자기에 근거해서 모든 질서 성립을 유지해 갔다. 신과 연관해서 이해되었던 목적론적 지평이 해소되면서 오직 인간 이해는 자기의 내면성을 근거로 해서 진행되었다. 모든 질서의 근원은 내면성, 반성적 태도, 주체성을 통해 확보되지 않으면 안 되었다. 그 결과 사회성립의 근본에 있어서 자연법이 지배의 정당화로만 좁게 해석되었고 자연법의 목적론적 고리는 잘려 나가게 되었다.

(5) 근대적 주체는 논리적 주체이고 자율적인 주체다. 논리적이라는 것은 인식론적 의미에서, 그리고 자율적 주체라는 것은 행위적 측면에서 이해된 것이다. 인간은 자기 근거를 위해 더 이상 신에 의존

하지 않고 자기 안에서 자기존립의 근거를 확보하려고 한다. 인간은 도덕적 주체로서 자기가 제정한 법에 대해 근거를 정당화하려고 한다. 자율성은 타율성에 대립된다. 자율이란 자기가 외부에 의존하지 않고 스스로 자기 운명을 결정한다는 것을 말한다.

(6) 예술에 있어서 근대는 더 이상 창조의 영감을 신에게 의존하지 않고 자기의 자율성을 통해 작품을 창조하는 것을 말한다. 미의 기준은 이제 더 이상 진리나 도덕이 아니다. 미의 기준은 미 자체에 있다. 미는 미를 자체적으로 규정할 뿐 다른 어떤 것에 의존하지 않는다. 미의 자율성 요구는 미의 기준이 미 자체에 있다는 것을 말한다. 예술적인 의미에서 주체의 자율성은 예술활동이 더 이상 다른 기준에 의해서가 아니라 미 자체에 의해 움직인다는 것을 말한다. 미학이라는 학문은 1760년경에 가서야 비로소 독립된 학문으로 대학에서 정식과목으로 채택된다.

(7) 사회정치적 의미에서 근대는 지배의 정당화를 통해 국가의 질서를 기초 짓는 것을 말한다. 국가의 기초는 지배의 정당화에 있다. 사회계약은 지배의 정당화를 제공하는 이론적 틀이다. 국가를 종교로부터 분리시켜서 자율적으로 근거 지우려는 시도가 근대 국가의 근본 토대를 형성한다. 홉스는 국가를 그 자체로서 파악할 것을 요구하고 국가를 지상에서 신의 대리자로 이해하는 모든 전통으로부터 스스로를 분리시켰다. 그 결과 국가와 권력 분석은 이제 더 이상 신의 질서연관에서가 아니라 그 자체로서 이해되지 않을 수 없게 되었다.

(8) 막스 베버는 근대화를 합리화의 전면 생활화로 규정한다. 삶의 모든 영역에서 마법적이고 주술적인 것이 사라지고 합리화가 전면 생활화되고 있다. 경제적인 의미에서 합리화란 수단 — 목적 — 실현의 관계에서 모든 것이 효율적으로 계산되는 사회를 말한다. 근대국가의 관료화는 사회를 효율적으로 통제하기 위해 고안된 것이다. 마법적인 것을 벗어남으로써 합리화를 전면 생활화하는 것이 가능하게 되었다. 사회 전체는 목적 — 수단 — 연관실현이라는 틀에 의해 움직이면서 모든 삶을 단순, 표준, 획일화하는 방향으로 진행시켰다.

(9) 근대성의 특징은 과학에 있어서 자연을 교감의 장소가 아니라 지배의 대상으로 전락시킨 데 있다. 인간은 호기심에 의해 자연을 알고자 한다. 그런데 그 호기심은 자연을 대상적으로 지배함으로써 자연의 가능성을 인간이 지배하고 정복하는 방향으로 가속화되었다. 호기심은 자연을 알아 가려는 인간의 근본적인 태도를 말한다. 자연은 인간의 호기심에 의해 남김없이 통제되고 지배되었다. 자연의 수학화는 자연의 법칙을 수학적으로 계량화하는 것을 말한다. 수학은 인간이 자연을 통제하는 가장 효과적인 안내자를 말한다. 대상화된 과정에 대한 기술적 통제를 통해 자연을 남김없이 인간의 지배 아래 두는 것이 근대적 의미에서의 과학의 의미다. '아는 것이 힘이다.'라는 베이컨의 표현은 바로 이것을 두고 하는 말이다. 그에 따르면 "학문에 종사하는 사람들은 실험을 일삼거나 아니면 독단을 휘두르는 사람들이었다. 실험하는 사람은 개미와 같다. 그들은 오직 수집하고 사용한다. 독단적 추리주의자들은 자신 속에 있는 것을 풀어서 집을 짓는 거미와 같다. 그러나 꿀벌은 제3의 중간을 택한다. 벌들은 뜰과 들에

핀 꽃들로부터 재료를 모아들이지만, 그것을 그들 자신의 힘으로 변화시키고 소화시킨다. 이 꿀벌의 태도와 비슷한 것이 철학의 길이다. 참된 철학은 오로지 이성의 힘에 의존하는 것이 아니고, 박물학처럼 실험을 통해 수집한 것을 있는 그대로 받아들이거나 기억 속에 저축하지도 않는다. 오히려 그것을 변화시켜서 오성 속에 저축하는 것이 참된 철학이다."

과학은 가설을 검증함으로써 오직 검증되는 한에서만 진리를 인정하는 태도다. 회의주의는 호기심의 역동성에 위배된다. 독단론자들은 검증되지 않은 주장을 강요하기 때문에 극복되지 않으면 안 된다. 과학적 탐구는 호기심에 의해 알려지지 않은 것을 알아가는 역동성에 의해 움직인다. 그렇다면 과학적 태도는 탐구의 역동성을 통해 특징 지워지지 않을 수 없다. 오늘날 탐구는 오직 지배와 시장 점령에 의해 제한되는 방향으로 가속화되어 가고 있다.

자연은 인간의 호기심과 과학적 탐구활동에 의해 하나의 정복될 대상으로 변질되었다. 자연의 유기체적 통합은 사라졌고 자연은 관찰될 대상으로 변형되었다. 인간은 자연에 대한 통제적 지식을 생활화함으로써 자연을 대상화하고 지배하기 시작했다. 오늘의 기술 공학적 사고는 이런 근대적 삶의 연장이고 완성으로 이해되지 않으면 안 된다. 기술과 과학은 이제 특정한 인식분과 중의 하나가 아니라 자연 자체를 정복하는 인간의 근본 태도 자체를 의미한다. 자연의 수학화는 이런 배경에서만 이해되지 않으면 안 된다. 존재하는 모든 것을 수학과 과학적 가설을 통해 남김없이 통제할 수 있다는 믿음은 계몽주의에 와서 정점에 달하고 이것은 미래에 대한 통제 가능성으로 확장되어 갔다. 이론의 힘은 베이컨 이래 예측하는 데 있고 예측은 실험과 검증을 통해 확증되는 방식으로 전개되었다. 오늘날 우리는 이 것을 가리켜서 비동일적인 것을 동일적인 것의 지평 안에 해소하는 것으로서 지배이데올로기로 비판하고 있다. 타자와 비동일성을 그 자체로서 인정하는 것이 아니라 동일성의 지평으로 환원해서 모든 것을 지배의 대상으로 변형시키는 태도가 바로 근대 동일성 철학의 위험이라고 아도르노는 비판하고 있다. 물론 이 비판의 정당성에 대해서는 또 다른 검증이 요구된다. 하지만 과학적 인식이 지배를 목적으로 하고 있다는 점에서 이 주장은 우리에게 많은 반성적 성찰을 요구하게 한다.

(10) 토마스 아퀴나스의 전통철학에서 인과율은 창조의 의미와 같이 이해된다. 이차적인 원인과 일차적인 원인을 구별함으로써 그는 창조가 원인을 창조하는 것으로 이해한다. 하지만 원인에 담긴 창조와 목적론이 사라지면서 근대는 인과율을 자연과학적 의미로만 제한시켜서 이해한다. 초기조건과 후기조건이 있으면 이 둘을 정확한 계산에 의해 측정해 내는 것이 가능하게 된다. 인과율의 철학적 의미는 이제 자연과학에서 말하는 원인과 결과 사이의 정확한 계량화로만 좁게 이해된다. 자연의 법칙을 수학적으로 완결지울 수 있다는 입장이 뉴턴이 취한 입장이다. 흄은 이것을 심리적으로 좁게 해석하면서 기껏해야 연상의 법칙으로만 이해한다. 칸트는 흄의 심리주의를 논리화한다. 인과율은 자연적, 습관적, 반복적 연상이 아니라 오성이 자연에 부과한 법칙이다. 양자론에 의해 인과율의 결정론이 비결정론으로 이해될 때까지 인과율을 결정론과 같은 것으로 이해되는 전통은 계속되었다.

이처럼 근대성=합리성을 이해하는 것은 서로 다른 측면에서 고찰되는 심층적 복잡성을 지니게 된다. 모델은 실재가 아니라 실재의 복잡성을 단순화하면서 이해하는 것을 말한다. 우리는 그 모델을 다시금 실재와 대면시켜서 실제로 그런 것인가를 지속적으로 검증하지 않으면 안 된다. 하지만 이 모든 복잡성에도 불구하고 공통적인 것이 있다면 인간이 아무 방해받지 않고 자율적으로 자기의 운명을 결정한다는 것이다. 인간은 만물의 척도다(homo mensura). 중세인들이 믿었던 것과 같이 신이 만물의 척도가 아니다. 고대인들이 믿었던 것과 같이 자연이 만물의 척도가 아니다. 근대인들은 신이나 신이 창조한 자연에 의존해서가 아니라 인간 스스로에 의존해서 모든 것을 근거 지우려고 했다. 신이나 자연이 근거가 아니라 인간이 모든 것의 척도가 된다. 신이 중심이 아니라 인간이 중심이 되었기에 모든 것은 인간의 통제 아래 종속하게 된다. 인간은 자연의 지배자이다. 인간은 자기 운명에 대해 지배자다. 인간은 도덕에 대해 주인이다.

우리는 오늘날 근대성의 영광과 좌절이 어떻게 작성될지에 대해서 명확한 대차대조표를 만들고 있다. 탈합리화로 규정되는 포스트모더니즘 시대에는 근대성의 불가피성과 한계에 대한 뚜렷한 평가를 동반하고 있다. 근대성 안에서 아직 완성되지 않고 남아 있는 가능성을 찾아내어 더 발전시킬 것인가 아니면 그것의 한계를 명백히 설정함으로써 탈근대를 가속화할 것인가가 아직은 결정되지 않은 채 팽팽한 이론적 대립을 첨예화하고 있다. 근대성의 유산 안에서 아직 남아 있는 합리성을 더 찾아서 그것을 발전적으로 계승할 것인가, 아니면 그것을 다른 패러다임으로 대체해야만 하는가? 사실상 오늘의 포스트모더니즘 물음은 이 문제를 해결하는 과정에 있다고 보아야 할 것이다.

2. 근대의 이중성(확실성 요구와 불안 사이에서)

　세계가 유한하고 근거가 더 이상 신에게 의존할 수 없다면 인간은 자기 앎의 가장 확실한 근거를 자기 안에 찾지 않으면 안 된다. 세계가 영원하지 않다. 신은 자기 안에 자기근거를 충족하고 있지만 신에 의해 창조된 피조물의 세계는 더 이상 그렇지 않다. 신과 세계와의 관계는 비대칭적이다.

　전체를 통제하고 전체에 대한 앎이 있는 신과 항상 부분밖에 알 수 없고 부분을 통해 부분을 연결할 수밖에 없는 유한한 인간은 앎에 있어서 서로 다르다. 그렇기 때문에 전체로부터 부분으로 옮겨 오는 신과 부분을 통해 전체로 비약하지 않을 수 없는 인간 지식은 전혀 다르다. 하지만 전혀 다르다고 해서 관계가 없다는 것은 아니다. 다만 그 정도가 너무 현저하게 다르기에 심연도 그만큼 크다는 것이다.

　신의 세계설계를 우리는 알 수가 없다. 하지만 우리는 유한한 앎을 통해 그것을 희미하게나마 그려 볼 수는 있다. 하지만 우리가 희미하게 그린 그것은 실재가 아니라 실재에 대한 희미한 복사에 지나지 않는다. 전체는 앎의 대상이 아니기에 우리는 전체를 그릴 수가 없다. 하지만 부분이 전체를 반영할 수는 있어도 전체를 대체할 수는 없다. 그렇다면 부분을 통해 전체를 재현할 수밖에 없는 인간은 앎의 불충분성을 인정하지 않을 수 없다. 인간이 모르고 있다면 인간은 도대체 무엇을 모르고 있는 것인가? 우리는 부분은 알지만 전체를 모른다. 우리가 알고 있는 부분도 사실은 불완전한 것이다. 따라서 수정될 여지는 얼마든지 있다. 우리는 모르는 것(전체에 대해)을 알고 있기에 우리 앎을 수정해 나갈 준비가 되어 있다. 하지만 우리의 무지도 우리가 다 통제할 수 있는 것이 아니다. 초월과 확장은 불가피하지만 그렇다고 해서 그것이 완결되는 것은 아니다.

자기 안에 자기 앎의 근거를 다 마감할 수 없는 인간은 이제 진리 근거를 더 이상 자연이나 신에게서 찾지 않는다. 하지만 그렇다고 우리 인간 안에서 이 앎이 완성되는 것은 아니다. 독립은 의존으로부터 벗어난다는 해방의 표현이었지만 해방은 방향을 잃었거나 표류하고 있다. 우리는 이 표류를 확인하고 짜증만 내고 있지 앎으로 완성하고 있지 못하다. 영광스러운 독립은 초라한 난파로 귀결되었다. 영광은 처음부터 과장되었다. 신대륙은 멋진 신세계가 아니라 불안정한 착륙이었다. 근대는 어디로 연착륙하고 있는가? 아니, 착륙이나 하고 있는 것인가? 확실성의 모든 지반은 화려한 요구에도 불구하고 전혀 확실하지 않았다. 철저한 요동 속에서 우리는 근거를 요구받고 있을 뿐이다. 확실성이 흔들리고 있다면 우리는 어디에다가 비빌 것인가?

상징적 재구성을 통해 우리는 실재의 규정된 앎을 넓혀 간다. 불완전한 모델에 의존해서 우리는 실재의 복잡성을 이해할 뿐이다. 모델은 안내자이지만 절대는 아니다. 필요함이 충분성을 대체하지는 못한다. 수학도 앎의 일부분일 뿐 실재를 다 포괄하지 못한다. 존재의 포괄성은 우리에게 항상 규정된 앎으로 유한하게 알려질 뿐이다. 앎의 초월은 불가피하다. 우리는 궁극지평을 소유할 수 없다. 그것은 단지 추구의 대상이다. 세계는 호기심을 통한 탐구의 시대가 되었다. 세속화는 선포되었을 뿐 완성되지 않았다. 확실성은 확실하게 난파되었다. 우리의 앎은 동요된다. 하지만 동요가 안정된다는 어떤 보장도 할 수가 없다. 기존의 패러다임을 한계 지으면서 새로운 현상들이 새롭게 제기되고 있다. 과도한 요구와 빈약한 성취 속에서 근대는 탈합리성의 요구에 직면하게 되었다. 근대의 거품이 빠졌다. 세계의 참모습을 있는 그대로 이해하면 된다. 우리가 질서의 근거는 아니다. 자연은 우리의 척도다. 우리가 자연의 척도는 아니다.

3. 유추를 통한 발견

우리는 이미 알고 있는 것으로부터 시작하지 않을 수 없다. 발견은 무작위적으로 일어나는 것이 아니라 의도적인 개입을 전제한다. 이 점에서 근대 자연과학은 미리 던지는(project) 것을 따른다. 하지만 우리가 이것을 자연을 통해 다시 확인하지 않으면 이것은 그냥 주관적으로 머무르게 된다. 우리가 던진 것을 자연 안에서 다시 확인할 때 우리는 우리가 던진 것을 자연의 구조로 알아듣게 된다. 앎의 충족은 결국 확인을 통해 이루어진다. 선이해와 가설은 발견의 단초를 제공한다. 선이해와 가설은 발견의 한 과정을 형성할 따름이다.

유추는 발견에 있어서 불가피하지만 그렇다고 반드시 성공한다는 보장은 없다. 발견은 실재와의 만남을 전제한다. 앎은 가설이 실현될 때 오는 충족을 말한다. 이것이 발견의 기쁨이다. 과학은 발견의 논리를 따른다. 하지만 이 발견은 방법적으로 고정되고 보장된 것이 아니다. 발견의 좌절도 얼마든지 가능하다. 발견은 성공을 목적으로 하지만 반드시 성공한다는 보장은 없다. 우리 앎은 항상 대상을 통해 그 현실성이 다시 충족되지 않으면 안 된다. 진리는 주관화의 위험에 저항한다. 진리는 진리일 뿐이다. 진리는 존재의 현실성에 기초한다. 우리 앎은 주관의 질서가 아니라 존재의 현실성을 따라간다.

과학은 법칙을 발견(the discovery of law)하는 것이지 법칙을 창조하는 것은 아니다. 중력의 법칙은 물질을 지배한다. 하지만 뉴턴이나 아인슈타인이 이것을 발견하지 않았더라도 누군가는 이것을 발견했을 것이다. 중력 법칙의 타당성은 이들이 발견했기에 효력을 발휘하는 것이 아니라 타당했기에 이들로 하여금 발견을 강요한 것이다. 이들 이전에도 중력의 법칙은 작용했었고 이들 이후에도 중력은 작용할 것이다. 우리는 이 발견과 함께 중력을 더 잘 이해했을 뿐이다. 모르는 것을 분명하게 앎으로써 자연현상을 더 잘 이해했을 뿐이다. 발견을 통해 더 많은 발견을 하려는 것이 우리 앎의 근본 충족 과정이다. 호기심은 과학을 지배하는 동력이다.

우리 인간들은 자연의 지배자가 아니라 자연을 이해하는 자다. 우리는 자연을 잘 이해함으로써 자연의 맹목성의 지배로부터 벗어날 수 있다. 동시에 자연을 잘 이해함으로써 자연을 보다 잘 관리할 수 있다. 자연에 대한 인간의 앎은 자연과 인간이 공존 가능한 삶을 위해 필요하다. 앎은 자연에 대한 책임을 의미한다. 근대 자연과학은 자연에 대한 인간의 지배를 가속화함으로써 자연에 대한 인간의 공동 삶의 가능성을 폐기처분했다. 하지만 자연의 황폐화는 결국 인간의 황폐화로 이어진다. 이것은 인간에게 돌이킬 수 없는 재앙이 된다. 자연의 삶이 엔트로피의 증가로 인해 비가역성을 지니고 있기에 우리는 자연이 훼손되기 이전에 자연을 책임 있게 보존해야 한다. 바로 이 때문에 우리는 자연에 대해 더 정확하게 알지 않으면 안 된다.

발견은 발견을 낳는다. 하지만 이것은 지배를 고착화하기 위해서가 아니라 잘 이해함으로써 잘 관리하기 위해서다. 앎은 지배를 목적으로 하는 것이 아니다. 앎의 지배는 자본주의적 시장지배를 위한 것일 뿐 과학의 내적 탐구나 계몽과는 무관하다. 자연에 대한 인간의 존재론적 책임 때문에 자연에 대한 인간의 정확한 앎이 활력을 얻게 된다. 성공만을 바라는 사업가의 자연이 아니라 공존과 공진화의 지평에서 자연을 이해하고 관리하는 것이 필요하다. 과학을 통한 계몽은 이 점에서 불가피하다. 과학은 자연이해를 독점하고 있다는 그릇된 자만에서 벗어나 자연을 바르게 이해함으로써 자연에 대한 인간의 공진화를 완성하는 데 이바지해야 한다.

4. 근대 주관성 철학의 인식론적 뿌리

이 글은 철학사에 나타난 인식론과 존재론의 근본 관계를 요약한 것이다. 고전철학이 인식을 존재의 한 방식으로 보았다면 근대 주관성 철학과 현대 언어철학은 범주나 언어를 통한 세계이해를 강조한다. 우리 앎의 궁극적 대상이 존재이기 때문에 아리스토텔레스나 토마스 아퀴나스는 앎을 있음에 대한 동화 내지 진화로 본다. 그들은 이 점에서 실재론자들이었다. 하지만 칸트는 대상을 있는 그대로서가 아니라 우리 인간에게의 관점에서 다룰 것을 요구한다. 그 유명한 코페르니쿠스적 전회는 우리의 인식이 대상을 따라가는 것이 아니라 대상이 우리의 인식조건에 따라 들어오는 것을 말한다. 규정하는 술어의 세계연관과 세계규정을 다루는 언어전회 역시 뉘앙스는 칸트와 조금 다르지만 결국 인간중심적이라는 데는 차이가 없다.

고전 철학이 우리에게 앞서가는 것과 있는 그대로 앞서가는 것을 구별하면서 우리에게가 아니라 있는 그대로를 따라가는 것을 강조한다면 근대 주관성 철학은 이 방향을 뒤집는다. 우리 인간에게 확신되고, 우리 인간에게 이해되고, 우리 인간에게 주어지는 것을 일차적인 탐구 대상으로 삼는 근대주관성 철학은 필연적으로 주체-객체-분열이라는 덫에 걸리게 된다. 진리가 사태의 그러함에 일치하기 때문에 사태의 그러함을 따르는 것이 진리의 실현이 된다. 이것이 고전적인 의미에서 진리의 핵심문제를 형성했다. 하지만 근대 주관성 철학은 진리를 사태의 그러함이 아니라 우리 인식의 규정조건에서 정당화하려고 했다. 이 차이를 염두에 두면서 두 입장의 차이를 정리하면 다음과 같이 요약될 수 있다.

4.1. 고대 그리스의 철학

아리스토텔레스가 존재로서의 존재(being as being)를 학문의 탐구 대상으로 만들었다. 존재를 그것이 있는 한에서 그 자체로서 물었고 이것을 궁극원인의 관점에서 탐구했다. 아는 것은 본성상 다 아는 것이고 이것을 원인에 따라 완성하는 것이 인식론의 목적이다. 우리 앎의 대상은 존재하는 것 전부며 이것은 궁극원인의 지평에서 탐구된다. 중세는 이 원인을 신에게 귀속시킨다. 토마스 아퀴나스는 진리를 우리 앎이 대상에 동화 내지 일치하는 것으로 본다. 이때 동화 내지 일치는 있음에 기초하려는 앎의 자기실현을 말한다. 이런 동근원성을 척도로 두면서 우리 앎의 질서가 있음의 질서에 다가가는 것이 가능하게 된다. 앎과 있음의 근원적인 동근원성을 마음 안에서 다시 한번 확증함으로써 앎을 존재론적 고립으로부터 해방하는 것이 가능하게 된다.

4.2. 근대 주관성의 철학

데카르트는 의식이 확실하다는 것으로부터 출발한다. 경험론은 감각적 지각이 확실하다는 것으로부터 출발한다. 칸트는 경험론과 같이 인식의 대상은 밖으로부터 주어지지만 그것을 인식하는 질서는 주관의 자발성을 통해 성립된다고 주장한다. 여기서는 존재로서의 존재가 문제가 아니라 의식 밖의 것이 의식을 통해 이해되고 인식되는 것이 문제다. 표상한다는 것은 다시 내어준다는 것인데 경험론은 경험을 다시 재현하는 것이고 관념론은 경험으로부터 주어진 것을 주관의 질서를 통해 다시 되돌려 주는 것으로 이해한다. 표상한다 = 대표한다 = 다시 내어준다는 것은 같은 말이다. 하지만 이것은 경험론과 관념론에서 확연히 차이가 난다. 칸트는 이 둘을 종합하지만 그의 시도는 근본적으로 현상계와 물자체라는 이원론에 빠진다.

4.3. 현대 언어철학

비트겐슈타인은 사적언어가 성립할 수 없다고 비판한다. 따라서 유아론을 비판하는 것이 그의 근본 의도였다. 규칙 따르기는 혼자서 할 수가 없다. 칸트의 문제가 범주의 대상관련과 규정에 있었다면 언어철학은 언어의 세계 관련을 다룬다. 여기서도 차이점은 있지만 언어 없이 세계 없다는 점에서 실재 이해의 언어관련성과 제약성이 다시금 등장한다. 유아론을 상호 주관성으로 대체하고 칸트가 말한 범주의 선험성을 언어의 선행적 틀로 변형하는 차이가 있을 뿐이다.

철학사에서는 이러한 **패러다임 변화**(paradigm shift)가 있었다. 인식론이란 앎의 문제(theory of knowledge)다. 존재론 내지 형이상학 이란 있음의 문제(theory of being)에 속한다. 무엇이 있는가? 있는 것 은 우리에게 알려지는가? 우리는 알려지는 대상을 개념적으로 파악 할 수 있는가? 그렇다면 개념은 그 자체가 목적이 아니라 실재를 이 해하는 도구에 지나지 않는다. 아리스토텔레스는 논리를 그래서 철학 의 **도구**(organon)로 여긴다. 개념은 실재의 그러함에 따라간다. 개념 의 실재에 대한 동화가 중요하다.

칸트의 **코페르니쿠스적 전회**(Kopernikanische Wende)는 우리의 인식이 대상을 따라가는 것이 아니라 대상이 우리의 개념적 질서를 따라온다는 입장이다. 우리는 사물 자체를 알 수는 없고 다만 그것이 우리에게 드러나는 현상만 인식할 뿐이다. 현대철학은 칸트의 물음과 공유하지만 범주 대신에 언어를 대체하는 데서 **언어적 전회**(linguistic turn)라고 불리어진다.

고대의 존재론적 전환(ontological turn), 근대 인식론의 선험적 전 환(transcendental turn), 현대의 언어전회(linguistic turn) 사이에는 아직도 끝나지 않는 긴장이 지배하고 있다. 우리 앎의 대상이 되는 것 을 기준으로 삼으면서 그것을 make intelligible(이해 가능하도록 하는 것)이 중요하다.

있는 것이 있는 그대로 우리에게 알려질 수 있고 또한 우리 인간이 있는 것을 있는 그대로 알아갈 수 있다는 입장이 고대 인식론의 근본 입장이다. 근대 인식론은 '우리 인간이 어떻게 하면 의식 밖에 존재 하는 것을 알아 갈 수 있을까?'라는 다리 놓기가 문제였다. 의식의 확 실성(데카르트), 경험의 확실성(영국 경험론), 범주의 선험성(칸트)에 공통인 것은 이것들 모두가 인간을 인식의 중심에 설정한다는 데 있다. 데카르트는 확실성으로부터 출발했지만 결국 신의 존재를 불러들였고, 영국 경험론은 경험으로부터 출발했지만 결국 흄의 회의주의에서와 같이 회의주의로 귀착되었고 칸트는 이원론(현상세계와 물자체의 대립)으로 빠져들었다.

고대인들은 알려지는 것과 아는 것은 같은 것으로 보았다. 알려지는 대상과 아는 인식은 인식이 대상에 동화되어 가는 방식으로 일치를 형성할 수 있었다. 근대 주관성 철학은 표상중심적 인식론으로서 우리가 주관을 통해 일치를 확보하는 것으로 변형되었다. 그 결과 진리는 주관의 충족을 외부세계에서 지속적으로 확인하는 것으로 귀착되었다. 인식에 있어서 형식과 내용이 통일을 형성했던 고대의 인식론과는 달리 근대 표상중심적 인식론은 형식과 내용의 불일치를 포함하게 되었다. 즉 주관 ─ 객관 ─ 분열은 필연적이었다. 진리의 기준이 대상에 있었기 때문에 고대 인식론은 인식조건들이 대상에 동화되어 가는 것으로 보았지만 칸트는 이 방향을 반대로 설정했다.

세계는 그 자체로서가 아니라 우리 인간에 의해 파악되어지고 이해되어지고 규정되어지는 한에서만 의미를 지닌다. 그 자체로서 존재하는 세계는 아무 인식적 의미를 획득하지 못한다. 세계는 항상 우리 인간에게 대상화되어지는 한에서만 세계가 된다. 인간은 이 관계를 세우는 기초로 모든 것의 중심에 들어서게 된다. 퍼트남은 칸트의 철학을 내재적 실재론이라고 규정한다. 실재란 의식과 독립해서가 아니라 의식의 지평 안에서 규정되는 한에서만 인식의 대상으로 변형된다. 주체의 규정 없이 세계는 아무 의미도 없게 된다. 칸트에게서 범주는 대상과 연관을 맺고(그것도 시간과 공간을 통해 우리 인간들에

게 주어지는 한에서만) 관련된 대상을 규정할 때 비로소 인식이 성립
하게 된다. 표상한다는 것은 관련된 대상을 규정된 형식을 통해 인식
한다는 것을 말한다. 근대 주관성 철학은 표상중심적 인식론이고 표
상은 대상의 무규정성을 규정하는 것을 말한다.

10장 사회 성립의 근거

1. 자연상태에 대한 상이한 가설들

사회는 이미 성립되어 있다. 우리는 자연법 이론에 따라 사회가 성립한 것이 아니라는 것을 이미 경험적으로 알고 있다. 사회계약론은 사회 성립의 정당화 근거를 제시하는 이론에 불과하다. 사회계약론이 가정하고 있는 자연법 이론은 한 마디로 압축하면 사회 성립의 법적 근거를 정당화하는 문제로 귀결된다.

어떤 사회도 지배가 없는 사회는 없다. 하지만 모든 사회가 다 지배 자체를 정당화하고 있는 것은 아니다. 사회계약론은 사회 성립의 타당한 근거, 즉 지배의 정당화를 밝히는 데 있다. 독일과 같이 유기체적 전체론을 좋아하는 사회에서는 사회계약의 근본 가정, 즉 원자적인 개인들이 모임에 불과한 사회계약론을 매우 비판적으로 바라보는 시각이 있다. 하지만 이런 비판은 독일적 특수성을 반영할 뿐 보편적인 타당성을 지니는 것은 아니다. 동시에 이런 비판은 독일적 공동체가 지는 한계를 비판하는 근거를 되돌려 주기도 한다.

자연상태에 대한 상이한 가정들, 롤즈의 원초적 입장, 하버마스의 이상적인 담론상황에 이르기까지 우리는 지배의 정당화를 제시하기 위해 수많은 이론들이 경합하는 싸움을 벌이고 있다는 것을 알고 있다. 이런 근본 가설들은 그 가설들이 지니는 무역사적 추상성 때문에 종종 비판의 대상이 되기도 한다. 하지만 더 중요한 것은 이런 가설의 비역사적 추상성 비판보다는 정치공동체의 질서가 가장 근본적인 것들에 의해 지탱되어야만 한다는 데 있다. 플라톤에서부터 시작해서 현대의 정치철학에 이르기까지 이 근본적인 것의 기초설정에 있어서 매우 다양한 근거들이 제시되어 왔었다. 근대의 사회계약론 역시 이런 다양한 시도들 중의 하나에 불과하다.

근대 자연법은 인간의 본성에 기초해서 자연법을 근거 지울 때 인간본성에 대한 이해의 차이 때문에 다양한 스펙트럼을 형성하게 된다. 자연상태에 대한 규정에 있어서 홉스, 로크, 루소, 칸트, 그로티우스의 견해가 서로 다르다는 것은 이들이 사회성립의 근거를 제시하는 방식에 있어서의 차이로 전개되었다. 시민들이 자연상태를 떠나서 계약상태로 이행할 때 이런 이행의 정당성과 타당성을 증명하는 과정에 있어서도 이들은 첨예한 대립을 겪는다. 하지만 한 가지의 공통점이 있는데 그것은 자연 상태를 어떤 형태로든지 간에 벗어나야만 한다는 것이다. 왜냐하면 자연상태에서는 법이 공적으로 지배하지 않기 때문이다. 법이 지배하지 않는다면 인간이 누릴 수 있는 자유는 실제로 불가능하거나 불안정하게 유지될 수밖에 없다. 법을 통한 안정적 지배는 인간이 자연상태를 벗어나는 것을 불가피하게 요구하고 있다. 법을 통한 공적 자유의 확보는 계약을 통해서만 달성될 수 있다. 법이 공적 자유의 실현이라는 것이 이런 이론들이 궁극적으로 밝히고자 하는 것이었다. 과연 이런 주장은 타당하고 설득력이 있는 것인가?

어느 사회나 지배가 없는 사회는 없다. 하지만 모든 사회가 다 지배를 정당화하며 살지는 않는다. 사회계약론은 지배의 정당화를 근거 짓기 위해 요청된 것이다. 사회는 이미 있었다. 하지만 사회가 성립한다고 할 때 이 성립의 근거를 묻는 점에서 사회계약론자들은 각기 자신들의 근거를 제시하게 된다. 하지만 이런 차이에도 불구하고 공통적인 것이 있다면 그것은 지배의 합리화 내지 정당화가 국가의 존립 이유라는 점이다. 국가는 정의와 질서에 기초한다. 질서와 정의는 계약을 통해 성립된다. 계약은 서로 서로를 묶는 토대로서 모두를 구속하는 힘을 지니게 된다. 물론 여기서는 헤겔과 같이 계약의 자의성을 비판하는 생산적인 지적이 간과되어서는 안 된다. 하지만 법을 통한 지배는 법이 너와 나를 묶어 줄 수 있는 공적 보편성을 확보하는 한에서 이미 자의성을 벗어나고 있다. 우리는 사회계약론자들이 주장하는 계약이 사적인 계약이 아니라 공적인 계약임을 망각해서는 안 된다. 그것은 법이 어떤 경우에도 자의의 산물이 아니라 너와 나를 묶어 줄 수 있는 정당한 구속력이라는 데서 분명해진다.

아리스토텔레스에게 있어서 사회는 공공선의 극대화와 개인의 행복실현을 위해 있다. 국가의 목적이 공공선의 극대화와 개인의 행복

실현에 봉사한다는 점에서 국가는 계약의 산물이 아니다. 그것은 헤겔이 잘 규정한 것과 같이 실체적 인륜성에 기초한다. 마찬가지로 사회 계약에서의 계약 역시 공적 자유로서의 법의 성립 근거를 정당화하고자 한다. 동의 없이 어떤 경우에도 대표가 없다면 대표의 정당성은 무엇인가? 이 문제는 근대의 정치 질서가 신이나 폴리스가 아니라 개인들의 자발적인 동의에 기초하기 때문에 불가피할 수밖에 없었다. 근대에 이르러서는 이런 고대 그리스적 공동체의 기반과 다른 의미에서 사회성립의 근거를 제시하는 것이 나타나게 되었다. 홉스에 와서 국가는 도덕적 공동체를 넘어서 힘을 집행하는 근거를 계약을 통해 확보하지 않으면 안 되는 것으로 나타났다. 국가가 공공선의 극대화에 따른다는 것이 고전적인 의미에서 국가의 이념이었다면 근대적 국가의 이념은 지배의 정당화를 확보하는 데 있다. 고전적인 의미에서 정치적 삶의 독적은 개인의 행복실현과 국가의 공공선 실현이 일치하는 데 있다.

합법성이 정당한 지배라는 보장은 없다. 합법적 지배는 그 합법성이 계속해서 검증의 대상이 된다. 반대로 정당성은 합법성의 이론적 근거다. 하지만 정당성이 항상 합법성으로 지배하는지는 경험적으로 검증할 문제에 속한다. 합법성은 지배의 정당화를 충족해야만 비로소 공적 지배를 행할 수가 있다. 정당성은 합법성의 실질 근거이고 합법성은 정당성의 공적 집행이다. 이 둘은 구별될 필요는 있지만 분리되어서는 안 된다. 물론 정당성의 현실적 실현이 항상 유지되어 왔는가를 검증하는 문제는 또 다른 문제에 속한다.

근대적인 의미에서 국가는 지배의 정당화라는 문제로 축소되어 버렸다. 개인은 일차적으로 국가라는 거대 권력의 잘못된 힘의 행사로부터 자신의 권리를 지키는 것이 문제가 되었다. 개인의 권리가 국가에 의해 지켜지지 않을 때 개인이 어떻게 자신의 권리를 확보하고 지키는 가가 매우 절박한 문제로 나타났다. 누구에게도 양도할 수 없는 자연의 권리는 국가 성립의 이론적 틀을 형성하기 때문에 개인들은 국가를 통해 자신들의 권리를 공적으로 보장받으려고 한다. 이것이 계약의 기초를 형성하게 된다.

군주라는 자의적 괴물을 극복하기 위해서는 군주를 추방하거나 제한시키는 것이 필요하다. 이제 군주는 사라지고 그 자리에 법의 지배라는 일반의지가 들어서지 않으면 안 된다. 법의 지배는 법을 통한 공동의지의 지배로 이어진다. 그렇기 때문에 법의 지배는 모든 자의성의 제거를 필연적으로 수반하지 않을 수 없다. 한 마디로 말하면 법 위에 아무도 있어서는 안 되지만 법 밑에 모두가 종속되어야만 한다. 법의 지배는 법이 지배하는 것으로서 법을 통한 지배하고 다르다. 법을 통한 지배는 지배의 타락이 있을 수 있지만 법이 지배하는 것은 공적 구속력의 집행 때문에 법의 자의적 폭력을 방지하는 것이다.

개인들의 권리 위에 기초한 국가는 너와 나를 묶어 줄 수 있는 공통 구속력의 제시를 통해서만 권력을 행사할 수 있을 뿐이다. 국가라는 자의적 괴물의 권력을 제한하기 위해서는 국가를 규범에 기초 지우는 것이 필수다. 법은 정의에 기초한다. 정의란 너와 나를 묶어 줄 수 있는 공적 질서다. 이 질서는 너와 나의 자의성을 제거하고 너와 나의 자유를 보장하는 그런 실질 구속력에 의해서만 달성된다. 법의 지배를 확보하기 위해 법의 지배를 불가능하게 했던 모든 자의성과 폭력을 제거하는 것은 필수다.

2. 계약의 공적 구속력

학자들마다 자연상태에 규정이 서로 다르다; 은총상태, 전쟁상태, 법이 부재한 상태, 조야한 상태, 평화상태, 목가상태, 결핍상태, 무정부 상태 등.

여하튼 우리 인간은 자연상태를 떠나지 않으면 안 된다. 왜냐하면 자연상태는 불안정하고 질서가 없고 법을 통한 안정적 지배가 없기 때문이다. 자연상태는 법을 통한 지배가 없기에 늘 불안정하고 무법이고 도야되지 않았기 때문에 계약상태로의 이행을 불가피하게 만들고 있다. 자유나 권리는 자연상태에서는 유지될 수가 없다. 왜냐하면 공공성을 전제하지 않을 때 그런 자유나 권리는 항상 사적으로 유지되고 그런 한에서 늘 불안정하기 때문이다. 자신의 권리를 사적으로 지키기 위해서라도 자신의 권리가 공적으로 인정받았고 공적으로 보장되었다는 것이 필요하다. 국가는 권리를 공적으로 인정함으로써 지배의 안정성을 확보한다. 개인은 자연상태에서 누리는 사적 자연권을 지키기 위해서라도 국가라는 틀 안에서 자유와 자연권을 공적으로 유지하지 않을 수 없다. 따라서 국가를 통한 자연권의 제도화 내지 법제화는 필수적이다.

'모두가 모두에 대해 전쟁을 한다(war of all against all).'든지 '타자는 지옥이다.'라는 주장은 인간을 인간성의 공통성에 입각해서 근거 지우려는 시도가 아니다. 이런 현상들은 자연상태의 근본 불안정성을 드러낼 뿐이다. 인간은 인간성을 공유하는 것에 의해서가 아니라 우선은 전쟁과 투쟁 그리고 갈등을 통해 야기되는 그런 상태에 의해 규정될 때가 있다. 이런 것들은 인간들로 하여금 불안정한 지배를 종식하기 위해서라도 안정적 지배를 불가피하게 만들고 있다. 개인과 개인의 관계가 적대적이라는 것은 개인과 개인들이 서로 불안정한 관계를 유지할 수 없다는 것을 반영한다. 자연상태에서의 자유는 그렇기 때문에 늘 깨어지고 쉽고 해체될 운명에 처한다. 개인들은 이런 불안전성을 극복하기 위해 계약을 하지 않으면 안 된다. 홉스는 그렇기 때문에 자연상태에서의 불안정한 자유를 포기하고 군주를 통해 자기 유지를 보장받는 것이 필요하다는 입장을 취한다. 홉스가 가정한 자연상태는 타자와 나를 서로 적대적으로 규정하는 사회를 전제로 한다.

홉스의 인간 이해와 다른 지평에서 정치 공동체를 바라보는 시각이 있다. 타자란 그 안에서 내가 발견되는 일치의 장소다. 따라서 타자란 나를 보충하고 완성한다. 타자와 내가 적대적이 아니라 서로를 보충하는 인간관에 따르면 타자는 나와 같은 인간성과 같은 목적을 공유하게 된다. 이렇게 공통된 것을 서로 확인하면서 이것을 다시금 모든 사람에게 되돌려 줄 때 국가라는 공동체가 형성되게 된다. 국가는 개인 위에서가 아니라 개인의 권리에 기초해서 개인들에게 그에게 속한 권리를 다시금 내어주고 대표한다. 국가가 개인 위에 군림할 수 없다면 국가는 개인들에게 그들에게 속한 자연의 권리를 다시 내어주어야만 한다. 개인은 국가를 통해 자신들의 권리가 공적으로 보장받게 된다. 국가는 개인을 통해 모두를 대표한다는 공공성을 위임받게 된다. 따라서 국가는 개인들에 기초하기 때문에 개인들에게 그들의 정당한 권리를 다시금 대표하고 집행하지 않으면 안 된다.

자연상태에서의 권리가 양도할 수 없는 것에 기초한다면 그 권리는 국가를 통해 공적으로 보장받게 된다. 자연상태에서의 평등한 권리는 국가를 통해 다시금 공적으로 보장받는다. 국가는 모든 개인들의 공공권리를 공적으로 대표하기 때문에 그 권리를 집행하고 유지하기 위해 힘을 필요로 한다. 힘은 정의의 공적인 집행인 한해서만 그 사용이 정당하다. 국가는 물리적 폭력 위에 기초할 수는 없다. 국가는 힘의 정당한 집행이 언제나 공적 질서를 대표하는 경우에 한해서만 정당하다. 아우구스티누스와 같이 정의에 기초하지 않은 국가는 도적과 하등 다를 바가 없다.

양도할 수 없는 자연의 권리는 자기유지, 안전, 행복추구의 권리, 인권 등이다. 국가는 이것을 공적으로 제도화하지 않을 수 없다. 법 위에 사람이 있을 수는 없다. 군주의 자의성과 폭력은 법을 통한 지배로 대체된다. 민주주의는 대표자를 통해 군주의 폭력과 자의성을 추방하는 정치제도다. 법을 통한 지배가 아니라 법이 지배한다. 법이 지배한다는 것은 법 밑에 모든 사람이 있어야만 한다는 것을 뜻한다. 물론 대표자도 예외는 아니다. 대표 없이는 어떤 경우에도 과세는 없다. 피치자의 동의가 없는 강제는 있을 수 없다. 법이 공적으로 지배하지 개인이 개인을 지배할 수는 없다. 대표자는 군림하는 자가 아니기 때문에 개인을 지배해서는 안 된다. 모든 지배는 개인들의 동의를 통해 이루어져야만 하기 때문에 개인들을 통한 개인들의 지배는 법적으로 금지된다. 법은 법을 어긴 자들에게 필연적으로 처벌을 가한다. 자연의 권리가 법의 근원이기 때문에 법은 자연의 권리를 다시금 개인들에게 집행하지 않을 수 없다.

국가를 통해 이것이 보장되지 않을 때 개인은 저항권을 행사할 수가 있다. 대표자들이 권력을 자의적으로 사용해서 피치자들의 동의를 거부할 때 피치자들 역시 대표자를 박탈할 권리가 있다. 민주주의는 선거에서 피 한 방울 흘리지 않고 대표자를 합법적으로 교체할 수 있다. 저항권은 개인들이 국가를 통해 공적으로 자신들의 정당한 권리를 다시 회복하는 방식이다. 군주는 애초부터 계약을 하지 않으려는 습성이 있다. 홉스의 절대군주는 지배의 안정화에 대한 약속에도 불구하고 언제든지 야만상태로 다시 떨어질 위험과 취약성이 있다. 군주가 약속을 지키고 이행한다는 어떤 보장도 없다. 그렇기에 국가가 공권력을 부당하게 사용할 때 개인은 저항권을 통해 자기의 본래적 권리를 찾을 권리가 있다. 개인적인 차원에서는 정당방위, 공적인 차원에서는 시민의 불복종, 국가의 공권력 횡포와 남용에 대해서는 저항권이 발동된다.

계약 당사자들이 아무리 자유롭고 이상적인 조건들 아래서 합의했다고 하더라도 계약의 내용이 자의적일 가능성이 있다는 것을 배제할 수는 없다. 군주의 약속 또한 이것이 자의성에 노출되면 얼마든지 계약을 어길 위험이 있다. 자의성을 최소한의 것으로 하고 공적인 권리를 누리기 위해서라도 권력의 자의적 사용을 제어하는 것은 불가피하다. 액튼이 경고한 것처럼 절대 권력을 절대로 부패하기 때문에 절대 권력의 자의성을 제어하는 것은 필수다. 공적 구속력은 어떤 경우에도 자의를 제거하지 않으면 안 된다. 계약이 필요한 것은 자의를 제거하고 공적인 질서를 집행하기 위해서다.

3. 치자와 피치자의 동등성

민주주의는 치지와 피치자가 동일하다는 전제로부터 출발한다. 물론 이 동등성이 어디서 유래하는가를 밝히는 문제는 남아 있다. 아테

네에 있어서 민주정치는 동등한 시민들의 권리에 기초해서 유지된
것은 아니다. 돈이 없는 백인들조차 선거권이 없었던 시절이 있었다.
여성들이 정치적 투표권을 얻은 것은 아주 최근의 일이다. 모든 인간
들은 자연 상태에서 평등하지도 않았다. 능력, 재산, 조건들, 타고난
신체 조건들 등에서 인간들은 전혀 동등하지 않다.9) 따라서 같지 않
은 인간들을 같다고 규정하는 것은 인간들의 자연조건에 위배된다.
그런데도 왜 민주주의는 치자와 피치자가 동등하다는 전제 위해서
출발하는가? 플라톤, 아리스토텔레스, 니체, 인기 영합적 포퓰리슴의
비판에 이르기까지 민주정치는 천한 것들의 반란에 불과하다고 비판
받아 오지 않았던가? 그런데 우리가 어떤 근거에서 민주정치에서 모
든 인간들이 권리가 같다고 주장할 수 있는 것인가?

　　아마도 여기에는 천부인권설이 깊이 작용하고 있다고 보아야 한다.
인간의 권리는 태어날 때부터 누구에게도 양도할 수 없는 절대적인
권리를 지닌다는 것이 그것이다. 이 점에서만 인간은 같은 권리 주체
로서 동등한 자격을 부여받고 있다. 하지만 민주주의의 근본 취약성
중의 하나는 누구에게도 양도할 수 없는 절대적인 고유 권리가 그 권
리사용에 있어서 심한 불평등을 초래할 수 있다는 데 있다. 주권자들
은 권리를 공공성에 부합하는 방식이 아니라 사적인 특수성에 입각
해서 사용하는 자의성에 노출된다. 주어진 권리의 동등성과 권리 사
용의 결과 사이에 나타나는 이런 편차 가능성은 민주주의의 아킬레

---

9) 미국의 독립선언은 "모든 인간은 평등하게 태어났다."고 말하고 있다. 하지만 이것은 현실이 아니다. 인간
　은 누구에게 양도할 수 없는 고유한 권리를 신으로부터 부여받았다는 것은 당위적 현실이지 실제의 현실은
　아니다. 그 당시 흑인들은 노예 상태로 있었기 때문에 투표권이 없었다. 독립 선언이 선포되고 난 뒤 140
　년이 지나서야 여성들은 투표권이 부여되었다. 그 당시에는 재산이 없는 자들은 투표권이 없었다. 그렇기
　때문에 모든 인간이라는 표현은 　'자산을 가지고 있는 백인 남성들만이 동등한 권리를 가질 수 있었다.'
　라고 변형하지 않으면 안 된다. 이런 정치적 기회의 불평등은 아테네 민주정치에서도 예외가 아니다.

스건으로 늘 남아 있다. 토크빌이 계속해서 권리 사용에 있어서 시민들의 덕을 강조하는 것도 이 때문이다.

모든 사람은 다 같이 동등한 권리를 지닌다. 자기가 자기를 다스린다. 그렇지 않을 경우 각자는 대표자를 통해 다스리게 한다. 선거는 피를 수반하지 않는 명예혁명이다. 모든 권력은 주권자 각자의 동의나 합의로부터 나온다. 권력은 총구로부터 나올 수 없고 또 그렇게 되어서도 안 된다. 권력의 기초는 정당성에 있다. 정당성은 모두를 구속할 수 있는 것으로부터 나온다. 따라서 정당한 권력을 합법적으로 사용하는 것에 의해서만 우리는 스스로를 지켜 갈 수 있을 뿐이다. 주권자가 정치적 삶과 실존에 대한 각성이 없을 때 그리고 자기 권리를 위한 투쟁이 없을 때 그 주권자는 스스로를 노예로 타락시키게 된다. 권리 위에 잠자는 자는 권리를 보호받을 수가 없다.

자유주의에서는 권리를 어떻게 행사하는가의 문제가 중요할 뿐이다. 소극적인 의미에서의 자유는 방해받지 않는다면 자기가 남에게 피해를 끼치지 않는 범위 안에서 무엇이든지 할 수 있다는 입장이다. 자유주의 시민들은 국가의 부당한 간섭으로부터 자기의 자율성을 최대한 누리고 싶어 한다. 적극적인 의미에서 자유는 자기실현을 추구한다. 하지만 소극적인 의미의 자유는 억압과 지배로부터의 해방을 뜻한다. 벗어난다는 것이 소극적 의미에서의 해방의 의미라면 자유주의는 국가의 부당한 간섭으로부터 자신의 권리를 지키는 그런 방어적 의미가 된다. 경제적인 의미에서의 자유주의는 국가의 과도한 비효율적 간섭으로부터 벗어나는 것을 목적으로 한다. 하지만 완전경쟁에 대한 요구는 비현실적 가정이지 현실의 모습은 아니다.

마르크스주의자들은 국가가 부르주아 집행위원회라고 비판한다.

국가는 보편성을 대표하는 것이 아니라 자산가들의 이익 단체의 연장에 지나지 않는다는 것이다. 반대로 신자유주의자들은 국가의 경제 간섭이 비효율적이고 나쁘기 때문에 배제되어야 한다는 입장이다. 이렇게 경제적 의미에서의 자유주의는 권리를 어떻게 사용하는 실질적인 문제와 연관되어 있기 때문에 자유의 본래 기능하고 위배되는 측면이 있다. 시장에서의 자유는 비록 이 자유가 완전히 공정한 룰의 지배 하에서 이루어진다고 해도 경제적 불평등과 독점으로 귀결되는 것을 피할 수가 없다. 신자유주의에서는 경제적 불평등이 정치적 불평등으로 이어지는 것은 불을 보듯 뻔하다. 그렇기 때문에 경제적 불평등에 대한 수정이 없이는 민주주의가 제대로 작동하지 않는다는 지적은 백번 지당하다. 부당한 간섭과 정당한 규제가 혼동되어서는 안 된다. 모든 규제가 나쁘다는 자유주의의 요구는 자유주의의 이데올로기에 불과하다. 정당한 규제는 반드시 집행되어야 하고 부당한 규제는 어떤 경우에도 집행되어서는 안 된다. 자유는 하고 싶은 일을 마음대로 하는 것과 같은 것이 아니다. 유리한 경쟁 조건들에 있다는 것은 할 수 있는 일이 좀 더 자유롭다는 것을 뜻할 뿐이다. 삼성이 일부 국회의원이나 검사, 판사들을 매수하는 것을 자유라고 보아서는 안 된다. 권력과 재력에 자발적으로 매춘을 하는 인간들을 공적 질서의 집행자로 보아서는 안 된다.

민주주의는 타락하게 되면 대중의 폭력과 선동이 가능하다. 자유주의는 타락하게 되면 시장의 폭력이 가능하다. 따라서 이것이 제대로 지켜지기 위해서는 공공성에 대한 덕이 필요하다. 정의에 대한 감각의 형성은 개인의 덕이면서 동시에 공공의 덕이 된다. 하지만 덕이 공적으로 실현된다는 필연성이 없기에 이것을 공동체는 하나의 성숙함과 자율성에 대한 장려로서 생활화하지 않으면 안 된다. 공공선에 대한 공통된 각성은 개인이 스스로를 개인으로서 그리고 공적 시민으로서 성숙하게 만드는 한에서 필수적이다.

주권의 동등한 주체들이 천박한 대중들의 무리로 전락할 때 민주주의는 기초부터 흔들린다. 소크라테스를 죽음에 처하게 한 그리스의 민주정치는 포퓰리슴의 민주정치가 얼마나 천박하고 위험한가를 여실히 보여 준다. 물론 이런 정치가 21세기에도 계속 자행되고 있다는 것이 간과되어서는 안 된다. 권리의 사용이 권리의 기초가 되는 것을 부정하는 데 사용하는 그런 주권자들에게 투표권을 주어야 할지도 한번 검토해 보아야 한다. 바이마르 공화국의 헌법이 무기력해지고 파시스트들에게 이양된 것은 민주정치가 취약한 독일적 특수성만의 문제는 아니다. 그것은 모든 사회에서 일어날 수 있는 잠재적 위험의 경고다.

4. 공적 삶

정치공동체란 인간이 만든 작품이다. 각자는 그 작품을 만든 자기 자신을 다시 만나고 싶어 한다. 왜? 그 작품 안에서 그가 실제로 살고 있기 때문이다. 내가 내 집에서 고향 같다(feel at home)고 느끼듯이 나는 내가 만든 작품 속에서 내가 편히 쉴 수 있어야만 한다. 차이가 아니라 일치가 내가 나를 창조하는 근거가 된다. 한 정치공동체의 위대함은 인간이 이것을 창조하고 유지할 수 있는가에 있다. 페리클레스에 따르면 아테네가 다른 나라에 비해서 더 자랑스러운 것은 우리

아테네가 민주주의라는 가장 탁월한 공동체를 창조했기 때문이라는 자부심에 기초하는 데 있었다. 적어도 페리클레스는 타 문화권들에 비해 이런 자부심을 강하게 지니고 있었다. 정치 공동체의 구성원들은 자신들이 만든 정치공동체가 자신들에게 행복의 근원이 될 수 있다는 것에 대해 강한 긍지와 자부심을 지닌다. 정치적 삶이라는 것은 정치 공동체의 구성원들이 만들 수 있는 가장 탁월한 작품이기도 하다. 이 작품이 명품이 되었다면 정치 공동체의 구성원은 이 작품에 대해 매우 강한 긍지와 자부심을 지닐 것이다.

나와 공동체, 나와 타인, 나와 국가는 강요된 관계에 따라서 유지될 수가 없다. 강요된 애국이 아니라 자발적인 애국이 필요하다. 나와 국가를 같은 것으로 여기기 위해서는 나를 통해 국가가 실현되고 국가를 통해 내가 다시 발견되고 인정되어야만 한다. 헤겔은 "타자 안에서 자기 자신으로 머무르는 것"을 진정한 의미에서 인륜적 행복으로 규정한다. 모든 정치공동체는 하나의 작품에 의해 평가된다. 하지만 그 작품은 각자가 자신이 만든 작품 안에서 자기를 다시 발견하는 인정의 실현을 전제로 해서만 의미가 있다. 국가의 목적은 자유의 실현에 있고 자유를 생활화하는 데 있다. 개인의 목적 역시 자유의 실현에 있다. 국가를 통해 나의 자유가 공적으로 실현되고 나를 통해 국가가 자유를 법적으로 실현하는 것이 가능하게 된다. 국가는 지배의 정당화라는 좁은 틀에 갇힌 것이 아니라 이것을 포함하면서 더 적극적인 의미에서는 자유를 공적으로 실현하는 것을 목적으로 하지 않을 수 없다. 국가의 기초는 계약이 아니라 자유의 현실적 실현에 있다. 개인들의 행복추구와 자유실현은 국가의 목적이기도 하다. 국가의 목적은 바로 자유를 공적으로 실현하는 것에 따른다. 오직 그

때 한에서 국가의 목적과 개인의 목적은 같게 된다. 따라서 국가를 개인과 적대적인 것으로 볼 필요는 없다. 국가는 강요된 것에 기초한 것이 아니기 때문에 나는 강요된 존재로서가 아니라 자발적으로 국가를 내 것과 같은 것으로 여기게 된다. 그리고 그런 국가를 나는 내 모습으로 유지하지 않을 수 없다. 왜? 국가의 공적인 모습이 바로 내 모습이기 때문이다. 강요된 애국은 당연히 폐지되어야 하지만 자발적인 애국은 바로 내가 사는 존재이유다. 강요된 애국의 폐지와 자발적 애국의 유지는 같은 사태를 다른 차원에서 표현한 것이다. 이것을 유지하기 위해 개인들은 사적 시민이 아니라 정치적인 공적 시민으로서 자신들의 덕을 공화주의적으로 증명하지 않으면 안 된다.

민주시민들은 권리 사용의 자의성으로 인해 시장의 잡배들과 같이 천박하게 행동할 수도 있다. 아니면 공적 시민으로서 자신의 권리 사용이 공적인 질서에 일치하는 방식으로 사용할 수도 있다. 결국 주권자들의 성숙에 따라 민주정치는 공화적 연대로 나갈 수도 있고 가축들의 무리로 전락할 수도 있다. 민주정치는 자동적으로 공화적 삶으로 이어지는 것이 아니다. 민주정치가 공화적 연대로 이어지기 위해서는 그 권리 사용자들이 자신들의 권리를 공공성에 부합하는 방식으로 사용할 수 있어야만 한다. 하지만 이런 권리 사용의 공적 보편성이 자동 보장되어 있지 않기 때문에 민주정치 역시 불안정하기는 마찬가지다. 민주정치가 취약한 곳에서는 전체주의적 독재와 야만이 독버섯처럼 자라나는 것이다.

정치적 의미에서 자유주의는 매우 복잡하다. 국가의 부당한 권력으로부터 개인의 권리를 지키는 것에서부터 국가를 부르주아 집행위원회로 여기는 것에 이르기까지 그 종류도 매우 다양하다. 국가가 비효율적이고 시장은 효율적이기에 국가가 시장에 개입해서는 안 된다는 신자유주의적 입장에서부터 국가가 특수한 부르주아의 이익단체에 불과하다는 그런 비판에 까지 자유주의는 그 스펙트럼이 매우 다양하다. 국가가 공정 위원회를 작동시켜 시장의 자유로운 왜곡을 정당하게 제재하는 것은 권리의 침해가 절대 아니다. 자유주의는 이런 공정한 간섭을 배제나 비효율로 여겨서는 안 된다. 경제적인 의미에서의 자유주의는 국가가 시장 지배를 간섭하는 한에서는 독점을 형성하는 경향이 있고 그 독점을 영구지배로 전환시킬 때는 국가를 도구적으로 이용하려 든다. 시장의 자유경쟁이 항상 시장의 불평등으로 귀착되는 위험 때문에 국가를 시장의 연장으로 보는 것은 당연히 금지되어야 한다. 자유주의와 민주주의는 이 점에서 서로 일치하지 않는다.

5. 민주주의의 근본 취약성과 보완해야 할 과제

인간은 인간성을 규정할 때 인간조건에 대한 정당한 이해를 수반해야만 한다. 자연주의적 오류와 역자연주의적 오류는 이 점에서 적절한 균형을 유지하지 못하기 때문에 비판받지 않으면 안 된다. 당위를 검증하지 않은 채 출발점으로 삼아서도 안 된다. 자유경쟁은 부르주아가 만든 수사학적 허구에 지나지 않는다. 경제적인 의미에서의 자유경쟁은 그것이 항상 불평등하게 귀착되는 차이를 간과하는 위험이 있다. 또한 사실을 바탕으로 당위를 추론해서도 안 된다. 사실의 선택과 해석에는 이미 인간들의 가치평가가 개입되어 있다. 자연상태에 대한 상이한 가정들의 차이는 결국 자연상태를 규정하는 인간들의 차이에 기초한다. 모두가 자연상태에 대해 동의하지 않는다면 자연상태는 결국 자의성에 기초하고 있는 것에 지나지 않는다. 사회 이전의 계약론적 주체들을 반사실적 가정으로부터 출발점으로 삼는 이론들이 무기력하고 자의성을 벗어나지 못하는 것은 이 때문이다.

인간의 반사회적 조건을 사회적인 것으로 일반화하는 입장들과 인간의 이상적 조건을 마치 사실적 조건으로 여길 때 둘 다 오류가 발생한다. 이론은 이론이 형성된 삶의 구체적인 문맥 안에서 깊이 뿌리내리지 못할 때 삶과 유리되게 된다. 더 나쁜 것은 이 괴리가 현실을 지배하는 데 있다.

동등한 권리 주체는 권리 사용에 있어서 심한 불일치를 겪는다는 것을 이미 살펴보았다. 동등한 권리 사용자들이 덕을 갖추고 있는 것도 아니다. 그들의 권리 사용이 공적인 것에 부합한다는 보장도 없다. 국가의 대표성이 특수이익의 일반화에 지나지 않을 때가 있음을 역사적으로도 확인했다. 개인과 공동체가 일치한다는 보장도 없다. 일반의지가 아무리 전체의지와 구별되어야만 하고 다르게 규정된다고 하더라도 일반의지가 실행된다는 보장은 없다. 대표성이 공적 삶을 결여하고 특수한 집단들의 이데올로기에 불과할 때가 있다는 것을 간과할 수도 없다. 토크빌은 아주 소극적으로 민주정치가 전쟁을 좋아하는 군주들의 권력 남용을 제어하기 때문에 민주국가에서는 전쟁이 예방될 수 있다고 보았다. 하지만 이것도 부시의 이라크 침공을 막는 데는 실패했다. 소크라테스에 대한 마녀사냥식 재판에서부터 부시의 이라크 침공에 이르기까지 민주정치가 저지를 실수들은 이루 말할 수 없이 많다. 토론과 심의를 제도화함으로써 자의성을 막으려는 민주정치의 권력남용 방지가 근본적으로 해결되지는 못하고 있다.

교회가 존재하기 훨씬 이전에도 도덕은 이미 있었고 작용했다. 국가가 존재하기 이전에도 이미 무역과 지배는 있었으며 자유로운 왕래도 있었다. 화폐가 존재하기 이전에도 인간들은 서로 거래했다. 홉스나 루소의 사회계약론이 있기 전에도 이미 사회가 있었으며 유지되어 왔다. 인권 이전에도 복지정책은 시행되었었다. 바빌론 시대 이전에도 문화가 있었다. 애덤 스미스 이전에도 이미 이기성에 입각한 사리사욕 추구가 작동했다. 자본주의 이전에도 인간의 탐욕은 존재했었다. 민주주의 이전에도 토론과 다수결 그리고 만장일치도 있었다.

민주정치를 통해 우리는 권력자가 권력을 자의적으로 사용하고 법에 위배되는 짓을 했을 때 그 통치자를 처벌할 수 있는 것을 제도적으로 만들었다. 비록 권리주체들이 권리사용에 있어서 자의성을 피할 길이 없고 대표자가 권력을 자의적으로 남용하는 것을 피할 수는 없다고 하더라도 민주주의는 법이 지배해야 한다는 원칙을 지킴으로써 모든 권리 주체들에게 주인이라는 것을 보장했다. 민주정치는 때로 독재정치보다 효율성에 있어서 떨어질 수 있다. 민주정치는 자유 시장 옹호론자들처럼 비생산적이거나 비효율적일 수도 있다. 하지만 경험적으로 보면 시장이 항상 효율적이라는 보장도 없다. 이 모든 결점들에 노출되어 있으면서도 민주주의가 지닌 장점이 있다면 바로 법을 통한 지배가 합법적으로 제도화되었다는 것이다. 시민들이 성숙하다면 그리고 노예가 되기를 원하지 않는다면 민주정치는 독재를 원천적으로 뿌리 뽑을 수 있다.

자기 삶의 주인이기를 원한다면 우리는 주인답게 살아야 한다. 민주 시민들은 동등한 권리의 소유자이기에 자신의 권리를 공공성에 부합하는 방식으로 사용해야 한다. 정치적 삶은 그 존재이유가 공적 삶을 창조하는 것과 연결되어 있다. 또라이 같은 무능한 독선적 대통령보다 때로 세종대왕과 같은 계몽전제군주가 더 나아 보일 때가 있다. 하지만 민주정치 이외에서는 독재자를 공적으로 심판할 수 있는 기회가 주어지지 않는다. 피를 동반하지 않는 명예혁명에 비유되는 선거는 피치자들이 대표자를 공적으로 심판할 수 있는 기회이기도 하다. 여론 조작과 온갖 네거티브한 흑색선전이 판침에도 불구하고 현명하고 덕이 있는 유권자들이 많을 때, 그리고 권리사용에 있어서 공공성을 유지할 때 민주정치는 오늘도 최상의 삶(the best life)과 공적 삶(public life)을 창조할 가능성이 있다.

11장 다원주의의 정당성

1. 다원적 긴장 관계

예나 지금이나 그리고 앞으로도 문제가 되는 것은 정치적 삶을 무엇으로 규정하는가의 싸움일 것이다. 가치를 둘러싼 논쟁은 여전히 정치적 삶을 결정하는 데 있어서 결정적이다. 정치적 싸움은 언제나 최고의 삶(the best life)을 중심으로 벌어진다. 우리는 오늘 통일되고 단일한 가치를 소유하고 있지 못하고 있다. 언제 그런 시절이 있었는지는 모르겠지만 우리가 최상의 삶을 살기 위해서는 여전히 최상의 삶이 무엇이고 그것을 어떻게 누릴 수 있는 지를 입증하지 않으면 안 된다. 정치적 자유주의, 민주적 공화주의, 사회 민주주의, 파시스트, 자본주의와 공산주의는 바로 이런 궁극성을 놓고 벌이는 각축장을 의미하는 한에서 하나의 열린 실험으로 보아야 할 것이다.

신과 싸워서 이길 수 있는 자는 신 자신뿐이다. 신은 오직 신 자신에 의해서만 능가될 뿐이다. 하지만 우리 인간들은 신이 아니다. 우연에 의해 지배되고, 자기 삶의 행복을 보장할 수 없고, 자족할 수 없고, 죽음에 종속되어 있고 그런 한에서 철두철미 유한성과 오류에 노출된 인간이라는 것을 우리는 한 시도 망각해서는 안 된다. 초감성적 가치들이 급격하게 인간의 행위를 구속하는 토대를 잃어버린 오늘의 우리에게는 어떤 가치들도 무제약적 절대성을 강제할 수가 없다. 가치를 둘러싼 논쟁들은 불가피하며 우리는 여전히 최상의 삶과 행복한 삶의 규정을 놓고 경합하는 가치들의 열린 싸움을 인정하지 않으면 안 된다.

하나의 가치가 있는 것이 아니라 가치들이 있다. 가치들이 서로 충돌하고 갈등 관계에 있다. 하나의 삶이 있는 것이 아니라 삶들이 있다. 삶들 사이에는 이해와 단절이 있다. 세계를 바라보는 눈은 하나가 아니라 다수다. 하나의 세계사가 있는 것이 아니라 세계사들이 있어 왔다. 자연의 의미도 일의적이지 않다. 환경에 대한 규정도 일의적이지 않다. 어느 하나로 환원할 수 없는 삶들, 가치들, 세계관들, 의미들이 다원적 긴장 관계를 맺으면서 우리는 오늘 현대라는 복잡성의 세계를 살고 있다.

통치자가 최고의 결단을 하지만 이 결단이 항상 책임으로 이어지지 않는다는 것도 우리는 역사의 경험을 통해 알고 있다. 무오류는 여하튼 인간의 특권은 절대 아니다. 정치에 있어서 최상의 삶을 둘러싼 싸움이 불가피한 것은 우리가 그런 절대적 가치를 지니고 있지 못하는 데서 분명해진다. 절대에 대한 그릇된 독점과 독단을 포기할 수 있다면 우리는 그나마 행복한 사회에 살 수 있다. 관용, 타자를 그 자체로서 이해하려는 열린 개방성의 태도가 더더욱 필요하다.

절대적 가치를 소유하고 있다고 허세를 부리는 그런 독선적 이데올로기를 거부하는 것은 삶의 다양성을 구원하기 위해서 반드시 필요하다. 우리는 상대적인 가치를 지니고 있을 뿐 어느 누구도 타인에게 자신의 절대적 가치를 강요해서는 안 된다. 우리의 삶과 다른 삶에 대해 열린 태도로 이해하려는 그런 개방성과 관용만이 삶을 더 풍부하게 한다. 사회적이거나 역사적으로 형성된 부당한 차별은 반드시 폐지되어야 한다. 그러나 자연적 차이는 인정되어야 한다. 차별과 차이가 범주적으로 혼동되어서는 안 된다. 같은 것은 같게, 다른 것은 다르게 대우하는 것은 정의의 기본이다.

개인들이 누리는 자유는 타인의 자유와 공존 가능한 한에서 연대를 지니고 있다. 하나의 가치 체계에 대한 맹목적 동화보다는 문화적 다양성을 음미하는 것이 필요하다. 삶의 목적이 부를 위한 부의 무한 축적에 있다기보다는 질적으로 좋은 삶을 추구할 필요가 있다. 환경을 파괴하면서 이루어지는 무제한적 개발을 위한 개발이 아니라 인간과 자연이 공진화를 같이 이룰 수 있는 그런 삶이 필요하다. 경쟁을 위한 경쟁에서 살아남기 위한 무한투쟁보다는 삶의 행복에 기여하는 그런 자기 계발과 교육이 필요하다. 효율성과 생산성의 단일 가치 아래 지구 자원과 미래의 자원을 고갈시키는 그런 맹목적 성장보다는 자연 안에서 공존 가능한 개발을 추구하는 것이 필요하다. 재생

가능한 친환경 에너지를 개발해야만 하는 이유가 여기에 있다. 연대와 공동체의 유대를 강화하기 위해 경제적으로 소외된 자들에게 인간적으로 살 수 있는 복지혜택을 제공할 수 있어야 한다.

삶은 하나의 열린 실험이다. 정치적 삶이 최고라고 규정하는 것 역시 시대에 따라 변할 수 있다. 정치 공동체의 구성원들은 이런 최고의 삶에 대한 규정에 있어서 서로 다른 견해를 지니고 있기에 열린 싸움을 하는 것이다. 이 열린 싸움이 어떻게 전개될지에 대해서 누구도 그 결과를 예측하거나 독점할 수는 없다. 삶이 더 잘 살려는 규정을 놓고 벌이는 각축장이라면 이 싸움에서 우리는 개방과 관용을 갖고서 삶을 창조하지 않으면 안 된다. 무시무시한 단순성과 폭력이 단일성의 가치 아래 타인들의 가치를 억압하는 그런 전체주의적 야만은 어떤 형태로든지 간에 폐지되지 않으면 안 된다. 자유가 때로 무정부적 혼란으로 이어질지라도 이것은 단순성과 폭력이 지배하는 전체주의적 야만보다는 낫다.

2. 자유와 연대

사람이 혼자 살 때는 정의가 필요 없다. 하지만 인간이 혼자 산다고 해서 그 인간이 자족하는 것은 아니다. 자족은 신에 해당하는 삶이고 우리 인간은 그럴 수 없다. 우리는 사적인 차원이든 공적인 차원이든 사회생활을 통해서 우리에게 자연적으로 주어지지 않은 것을 보충하면서 살지 않으면 안 된다. 자연을 통해 인간은 물질적 재생산에 필요한 것을 얻는다. 하지만 우리는 타인들과의 상호 작용을 통해서 나와 타인을 함께 묶어 줄 수 있는 공통 규범을 창조하면서 살지 않을 수 없다.

정의는 너와 나를 묶어 줄 수 있는 구속력 있는 질서다. 자유인은 어떤 경우에도 타인들에게 예속 당하는 것을 싫어한다. 내가 타인에게 종속하기를 거부하듯이 나 역시 타인을 지배하거나 종속하려 들면 안 된다. 자유는 항상 상호적이다. 소극적인 의미에서 자유는 모든 예속과 억압의 거부로 나타난다. 하지만 적극적으로는 너와 나를 묶어 주는 공적 질서를 통해서만 우리가 법으로 보장된 안전한 자유를 누릴 수 있게 된다. 그렇기 때문에 루소와 칸트는 법에 대한 자발적 복종을 자유와 같은 것으로 여길 수 있었다. 자유는 법에 대한 자발적 복종을 통해서 공적 자유를 누리게 된다.

법의 적용 대상은 그것이 누구이든지 간에 관계없이 인간 모두의 행위에 보편적으로 적용된다. 법의 적용이 권력과 재력에 미치지 못한다면 그런 사회는 법이 지배하는 사회가 아니다. 법이 지배한다는 것은 법을 통한 지배하고 확연히 구별된다. 법을 통한 지배는 법이 통치자나 군주 그리고 대표자들에 의해 자의적으로 왜곡될 수 있다는 것을 뜻한다. 하지만 법이 지배한다는 것은 법이 누구의 특정한 자의적 지배가 아니라 모두가 모두에게 강제하는 그런 지배를 말한다. 동양에도 법은 있지만 법의 실질적 운영은 여전히 모두가 모두에 대한 공적 집행이 아니라 특정한 자의 모두에 대한 지배로 이어지는 경향이 있기에 아직도 후진성을 면하지 못하고 있는 실정이다. 이것은 분명 피할 수 없는 사실이다. 고무줄 형량이라는 말이 왜 생겨났겠는가?

3. 정의를 회복하기 위한 것으로서의 처벌의 불가피성

법은 공적 자유다. 법은 어떤 경우에도 파괴될 수 없다. 법은 정의에 기초하고 정의는 너와 나를 묶어 줄 수 있는 공적 질서이기 때문에 어떤 경우에도 파괴될 수 없다. 법이 지배하는 것은 정의가 지배한다는 것을 의미한다. 그렇기에 법은 어떤 경우에도 파괴되어서는 안 된다. 법에 종사하는 자들(판사, 검사, 변호사 등)은 법을 집행하는 자들이지 이런 자들이 법의 근원은 아니다. 아우구스티누스가 잘 지적한 것과 같이 정의에 기초하지 않은 국가는 도적과 하등 다를 바가 없다. 정의에 기초하는 법만이 정의를 집행할 수 있을 뿐이다. 정의의 실현만이 진정한 의미에서 테러를 근절할 수 있다. 법이 재력이나 권력의 시녀가 되어서는 안 될 이유가 여기에 있다.

홉스는 칼이 없다면 계약은 휴지조각에 불과하다고 주장한다. 옳은 지적이다. 정의는 집행되지 않으면 그야말로 종이호랑이에 불과하다. 하지만 칼은 그것이 정의를 집행하고 따르는 한에서만 타당성을 지닌다. 그 반대는 절대 아니다. 법은 공적 질서이고 자유이기 때문에 그것이 무기력하지 않기 위해서라도 반드시 집행되지 않으면 안 된다. 법의 집행은 법의 정의에 따르는 한에서만 유지된다. 국가가 힘을 가졌기 때문에 힘을 집행하는 것을 독점하는 것이 아니라 국가가 정의에 기초하고 정의를 따르기 때문에 힘을 독점적으로 집행하는 것이다.

법이 정의롭다면 법은 어떤 경우에도 파괴될 수는 없다. 법은 법을 파괴하는 자들을 파괴시킬 권리와 힘이 있다. 법은 법을 부정하고 파괴하는 자들을 필연적으로 파괴할 권리가 있다. 반대로 부당한 법은 어떤 경우에도 법으로 인정되어서는 안 된다. 이럴 경우 우리 자유인들은 법의 강제에 노예가 된다. 자유인은 노예를 제일 경멸하고 싫어한다. 따라서 부당한 질서를 통해 개인을 노예화하는 그런 부당한 법을 반드시 철폐하지 않으면 안 된다. 저항권, 시민불복종, 혁명이 정당한 것은 부당한 질서를 거부하는 한에서 만이다. 어떤 경우이든 정의가 지배하고 집행되어야만 한다는 것은 공통이다.

법을 파괴하는 자들은 알고 보면 그 법을 통해 묶여 있는 자신을 파괴하는 것이다. 법의 파괴는 궁극적으로 보면 자기 파괴다. 법은 법을 파괴하는 자들을 파괴함으로써 법은 어떤 경우에도 파괴될 수 없다는 것을 증명하지 않으면 안 된다. 법은 정의가 파괴될 수 없다는 것을 증명하기 위해 처벌을 집행하지 않을 수 없다. 처벌이 불가피한 것은 그것이 법을 파괴하는 자를 파괴함으로써 법이 자신의 정당한 질서를 회복할 때만이다. 이 점에서 처벌의 공적 집행은 복수라는 사적 응징과는 구별된다.

법이 부재(anomie)하는 곳에서는 자유도 부재한다. 무질서나 반질서는 자유의 부정이다. 밀이 잘 지적한 것과 같이 내가 타인에게 어떤 해를 가하지 않는 한 나는 자유롭게 무엇이든지 할 수 있다. 자유가 자의가 아니라 상호성을 반영하고 있다는 것은 이런 데서도 분명하게 나타난다. 하지만 법이 공적 자유가 되는 것은 그것이 모두를 묶어 주기 때문에 그렇다. 우리는 법이라는 질서에 자발적으로 묶인 것이지 강제로 묶인 것이 아니다. 법은 너와 나를 묶어 주는 공통 질서이지 특정한 누구의 질서가 결코 아니다. 법의 지배가 왜 군주의 자의적 지배를 추방하려고 하는 지는 여기에서도 분명하다.

누구든지 자신의 자유가 침해되었을 때 각자는 법을 통해 자신의 권리를 변호할 수 있다. 모두가 모두에게 자신의 정당한 자유와 권리를 지킬 권리를 보장한 것이기 때문에 우리 모두는 자신의 파괴된 권리를 회복할 권리가 있는 것이다. 범법자들은 반드시 처벌을 받아야만 한다. 법의 적용은 범법자들에게 어떤 경우에도 예외를 적용할 수가 없다. 정의는 어떤 경우에도 흥정이나 타협의 대상이 되어서는 안 된다. 그렇지 않다면 정의는 모두가 모두를 구속하는 타당성을 상실하게 된다. 법을 통해 공적 자유를 누리기 때문에 우리는 범법자가 바로 우리의 소중한 자유를 파괴한 것으로 여기지 않으면 안 된다. 정의를 집행하는 경찰이 절대로 매를 맞아서는 안 된다. 하지만 정의를 집행하는 경찰이 범법자이어서는 더더욱 안 된다. 검찰이 떡검이 되어서는 안 되는 이유가 여기에 있다. 정의는 모두가 모두에게 적용되는 공적 질서이지 어떤 특정한 집단들의 헤게모니가 아니다. 또 그렇게 되어서도 안 된다. 대통령이 감옥에 가야 하는 이유는 그가 법을 어겼을 때뿐이다.

4. 계몽의 지속

'정의란 무엇인가?' 플라톤이 제기한 이 물음은 오늘에 이르기까지 매우 다양한 스펙트럼을 유지한 채 현대적 담론을 지배하고 있다.

인간은 악이 무엇인지에 대해서는 알고 있다. 하지만 그렇다고 해서 인간이 악을 저지르지 않는 것은 아니다. 소크라테스는 의지의 맹목성을 과소평가해서 이것을 지식으로 제어할 수 있다고 보았다. 하지만 경험적 현실은 소크라테스를 반박하고 있다. 칸트는 문화 비판적인 의미에서 의지의 이런 자기 파괴적 성격을 근본 악(das radikale Böse)이라고 규정한 바 있다. 지성을 경멸하고 지성에 대한 의지의 절대 승리를 외친 히틀러의 제3제국은 칸트가 틀리지 않았음을 입증한다. 마니교를 비판한 크리스도교는 어떤 경우에도 악은 실재가 아니라고 비판한다. 악은 실재가 아니라 결핍이라는 것이다. 하지만 신이 창조하지 않은 악과 고통이 있다는 것을 우리가 경험적으로 목격하면 우리는 무척 당황하지 않을 수 없다. 악이 무엇인지의 문제와 악이 왜 작용하고 있는지의 문제는 어떤 경우에도 구별되지 않으면 안 된다. 범주의 오류 적용을 피하는 것은 필수다. 하지만 우리가 물어보지 않으면 안 되는 것은 있지도 않은 악이 왜 현실에서는 버젓이 작용하는가에 있다.

한 가지는 분명하다. 인간의 악에의 성향(이것이 본성인지 아니면 경향성인지 아니면 의지의 타락으로 나타나든지 간에)이 계몽이나 앎을 통해 극복되지 않고 남아 있다는 것이다. 악이 의지나 지성에 의해 제어되지 않고 있기에 이것이 인간의 뿌리 깊은 파괴성으로 인간을 괴롭히고 있는 것이다. 덕과 계몽과 수양이 필요한 것은 이런 것들에 의해 지배되지 않으려는 한에서 필요하다. 나쁜 줄 알면서도 인간은 나쁜 짓을 한다. 범법인 줄 알면서도 인간은 법을 파괴한다. 이승만 시절부터 이명박에 이르기까지 한국의 대통령들이 친인척 비리나 범법으로부터 면제된 적이 한 번도 없었다. 법은 정의를 지키기 위해 처벌을 불가피하게 집행한다. 하지만 이 처벌 이후에도 범법이 계속 이어진다면 그 때는 어떻게 할 것인가? 원론은 처벌이지만 현실은 또 악습을 반복한다.

처벌 만능주의가 일반화되면 본말이 전도될 수 있다. 법이 공적 자유라는 것은 희석화되고 법을 처벌하고 집행하는 자들이 크게 보이는 착시현상이 발생하게 된다. 정의를 따르고 집행하는 법보다는 법을 집행하는 자가 더 크게 보이는 것이다. 중국에도 포청천은 있었지만 권력형 비리는 여전히 오늘날에도 계속되고 있다. 범법자는 처벌을 집행하는 자들과 관계하려 드는 현상이 발생한다. 공자가 이것을 이미 우려했지만 중국 현실을 크게 개선된 것이 없다. 중국에서 이 경향이 심할 뿐 한국도 결코 이에 뒤지지 않는다. 여기서 우리는 정의의 이론이 사회를 정의롭게 하는 필요조건은 되지만 충분조건은 아니라는 것을 알게 된다. 현실과 당위의 이 감출 수 없는 괴리를 인정한다는 것은 우리가 그 괴리를 당연한 것으로 여겨야 한다는 것을 뜻하지는 않는다. 또 그래서도 안 된다.

법은 질서의 공적 집행을 통해 범법자를 처벌한다. 하지만 우리는 범법자 자신이 파괴시킨 질서를 다시 회복할 수 있는 기회를 주어야 한다. 그에게 그가 파괴시킨 질서를 다시 복구하라는 기회를 주어야만 한다. 법은 이럴 경우 강제보다는 그 타당성을 설득해야만 한다. 하지만 법이 기회를 주고 질서를 회복할 수 있는 선처를 베푼다고 해도 여전히 법을 파괴하는 자들이 있다. 분명한 것은 이런 예외자들이 질서를 만들게 해서는 안 된다는 것이다. 하지만 질서를 부정한 자가 질서를 회복하지 않는데도 이런 자들에게 질서를 회복할 수 있는 기회를 여전히 주어야만 하는가? 전자 팔찌를 차고서도 여전히 성폭행을 하는 흉악범들에게 법은 계속해서 기회를 주어야만 하는가?

5. 자유를 통한 공적 질서의 창조

합헌적 바이마르 공화국의 붕괴와 몰락은 독일의 엘리트들과 지성인들이 훌륭한 자유주의적 의회정부 체제에 대해서 더 이상 지지를 할 수 없고 그것에 대한 신념을 유지할 수 없는 데 있다. 이런 몰락을 강하게 주장한 대표적인 사람이 헌법학자 칼 슈미트였다.

민주주의는 치지와 피치자가 서로 같다는 동질성에 기초한다. 그렇기 때문에 민주주의에서는 모든 사람이 정치적으로 동등한 권리를 갖게 된다. 사람 위에 사람 없고 사람 밑에 사람 없다. 모두는 서로에 대해 정치적인 권리에 있어서 동등하다. 그렇다면 이런 같음의 근거는 어디에서 확보될 수 있을까? 사실상 슈미트는 이런 동등성의 근거에 대해서는 더 이상 명확한 답을 주고 있지 않다. 내가 보기에 이것은 그리스의 민주정치(그리스 공동체에서도 여자나 노예는 그리고 외국인들은 더 이상 정치에 참여할 수 없이 배제되었다)에서가 아니라 모든 인간이 인격의 절대성을 가지고 있다는 기독교 전통에서 유래한다고 본다. 여하튼 민주정치는 모든 인간이 정치적으로 동등한 권리를 갖는다는 것에 기초한다. 인간이 같다는 것은 권리가 같다는 의미다. 누구나 신에 대해 절대적인 인격의 고유성을 지니고 있기에 크리스도교는 인간을 절대적인 존엄한 주체로 본다. 사실 이것이 고대 그리스가 아니라 오늘날 우리가 살고 있는 민주주의의 철학적 뿌리다. 슈미트는 '인간이 같다'라는 것의 철학적 근거를 밝히지는 않고 있다. 다만 그는 민주주의가 정치적 동질성에 기초하고 있다고 주장할 뿐이다.

자유주의는 처음의 출발에서부터 국가라는 괴물로부터 개인이나 집단 그리고 이익단체들이 자기의 권리를 방어하거나 지키려는 목적에서 출발했다. 여자가 선거권을 얻고 노동자가 선거권을 얻기까지는 민주사회가 출범한 후에도 상당히 늦은 시간에 정치적 선거권이 확보되었다는 것을 우리는 기억해야만 한다. 귀족과 왕으로부터 신흥 중산층이 자신들의 권리를 지키거나 방어하기 위해 탄생한 것이 자유주의의 시초를 이룬다. 고대 그리스는 민주정치는 있어도 자유인들의 자유로운 연합에 기초한 공화정치는 없었다. 그것은 고대 그리스의 사회구조와 자유주의가 발생하는 시대의 사회구조와 조건들이 서로 상이한 데서 기인한다.

부의 원천이 노동으로부터 유래했고 자신이 산출한 부를 지키기 위해서라도 자유주의는 재산권의 정당성을 인정받을 필요가 있었다. 어떤 의미에서 자유주의는 아무 방해받지 않고 자신의 자유를 자유롭게 발휘하는 것에 기초하는 한 능력의 차이로 인해 발생하는 불평등과 차이를 인정하지 않으면 안 되는 딜레마에 처해있다. 자유주의 철학자 롤즈가 차이를 정당화하려고 시도한 것은 당연하다. 권리는 같고 능력이 다르다면 자유의 결과는 항상 불평등으로 귀결되는 경향이 있다.

자유주의자들에게 있어서 국가는 기껏해야 계약의 산물이거나 결과다. 계약당사자들은 합의 아래 계약을 한다. 이상적인 조건 아래서 계약은 상호 지킬 것을 전제로 할 때만 가능하다. 그렇기 때문에 자유주의자들에게 있어서 국가는 실체가 아니라 그때그때 형성되는 계약의 연장이다. 국가의 개인에 대한 우위는 유지될 수 없고 개인들의 자유로운 결사와 연합에 의해 국가라는 권력이 계약의 결과로서 성립하게 된다. 계약의 내용이나 구속력은 중요하지 않다. 중요한 것은 지배를 확보하기 위해 대표자를 보내고 그 대표자를 통해서 권력을 유지하는 것이 중요하다. 자유주의는 출발에 있어서 국가의 부당한 권력으로부터 자유를 지키는 방어적인 의미의 자유를 지녔지만 그들이 정당을 통해서 권력을 쥐고 난 다음부터는 국가를 이익단체의 시녀로 만들어 버렸다. 여기에 자유주의의 무정부성과 우연성, 계약의 자의성과 취약성, 쪽수로 대표되는 정당 제도의 분열 가능성이 존재한다. 자유주의 아래서는 모두가 대표자가 아니라 대표할 수 있는 집단만이 권력을 향유하게 된다. 그러니까 여기서는 향유하는 대표자들과 그렇지 못한 자들이 필연적으로 대립하게 된다. 마르크스는 그렇기에 국가를 부르주아 집행위원회라고 경멸적으로 비판하고 있다.

민주주의에서는 모두가 자기 권리의 주인이다. 모두가 모두에 대해 동등한 권리를 지니고 있다. 하지만 자유주의 아래서는 대표할 수 있는 사람들만이 권리를 행사한다. 그러니까 여기서는 배제가 불가피하다. 민주주의에서는 배제는 불가능하다. 적어도 원리적으로는 그렇다. 하지만 자유주의 아래서는 배제가 필연적이다. 모두를 대표하는 것은 불가능한 것은 아니지만 자유주의 아래서는 실제로 불가능하다. 그러니 정치적 권력의 형성 과정에서 배제는 불가피하다. 국가는 실체가 아니라 우연한 계약의 산물이기 때문에 이익집단의 계산에 의해 지배된다. 이것이 자유주의자들이 국가를 대하는 근본 태도다.

자유주의와 민주주의는 이 점에서 확연히 구별된다. 권리의 동등한 주체들이면서 실제적인 권리 행사에서는 제외되는 것이 발생하고 있다. 따라서 자유주의와 민주주의는 서로가 적대적인 관계에 있을 필요는 없지만 서로 배척하는 대립의 양상을 지닐 수는 있다. 신자유주의는 기업의 국가에 대한 지배를 통해 국가를 아주 불필요하고 성

가신 것으로 추방하는 추세에 있다. 기업의 국가에 대한 우위와 이익
단체들의 국가에 대한 지배를 통해 이제 자유주의는 국가로부터의
해방이 아니라 국가 자체를 지배하려고 드는 추세에 있다.

동등성에 대한 요구와 실제적인 차이의 불가피성을 주장하는 것이
서로 상충관계에 있기 때문에 국가의 실체적 기초는 이제 더 이상 보
편적인 합의나 대표의 전체성을 유지할 수가 없게 되었다. 주권자들
은 이제 선거에서나마 아주 제한된 형식으로 자신들의 권리를 행사
할 뿐이다. 모두를 대표해야만 하는 국가와 실제로는 이익단체들의
대변자에 불과하다는 국가 사이에는 건너뛸 수 없는 간격이 존재한
다. 국가를 시민사회나 이익단체로 환원하려는 자유주의 이론가들과
국가는 비록 형식적이나마 모두를 대표하지 않을 수 없다는 것 사이
에는 깊은 골이 있다. 이 골이 벌어지면 질수록 자유주의와 민주주의
는 대립하게 된다.

인간들은 자신들의 권리를 행사함에 있어서 이제 더 이상 보편적
합의를 찾아보기가 힘들어지고 있다. 공동성에 대한 생각에 있어서
각자가 생각하는 것이 서로 다를 경우가 많다. 따라서 합의는 형성되
기가 힘들다. 대표자들이 더 이상 보편적 합의에 기초한 것이 아니라
특수한 이익에 의존해서 진행되고 있기 때문에 자유주의의 대의제
원리는 이제 그 실효성이 의문시된다. 주권자들의 의견이 분리되어
있고 대표자가 더 이상 보편의지에 기초하고 있지 않기에 민주주의
와 자유주의는 위기에 처해있다. 민주는 수적 횡포나 싸움으로 타락
할 위험이 있고 자유는 능력의 차이로 인한 불평등으로 귀착될 위험
이 있다.

원리의 보편성과 실제적인 권리 사용 사이에 나타나는 대립은 일

시적인 것이 아니라 상당히 항구적이다. 실제로 모든 국가들에서 이런 차이가 존재하는 것은 불가피한 사실이다. 다만 그 차이를 인식하고 해결하는 방식에 따라 국가들마다 차이가 있을 뿐이다.

배제된 자들(그들이 소수이든지 다수이든지 간에)과 밀려난 자들에 대해서 국가는 통합의 원칙에서 포용해야만 하는 과제를 지니고 있다. 시장을 대표하는 이익단체들은 배제가 불가피하기 때문에 개인들이 각자 알아서 대처해야 한다고 주장한다. 민주주의는 정치적 동등성 때문에 싫든 좋든 국가라는 보편성을 따르고자 한다. 하지만 자유주의는 능력의 불평등한 강조 때문에 보편성이 아니라 특수성을 고집하지 않을 수 없다. 특수성은 한정된 것을 말하기 때문에 배제와 억압이 불가피하다. 그렇기 때문에 자유민주주의는 엄격한 의미에서 그 안에 서로 양립하기 힘든 갈등을 지니게 된다. 이 차이는 의회민주주의의 대표성에 심각한 위기를 초래하고 있다. 의회민주주의는 대표하지만 모두가 아니라 일부분을 대변하기 때문에 민주주의의 정치적 동등성을 배제하게 된다. 밀려난 자들과 실제로 누리는 자들의 차이 때문에 의회민주주의는 필연적으로 슈미트가 말하는 적과 동지로 양분화되지는 않더라도 갈등관계에 빠지게 된다. 다원주의의 등장은 불가피해졌다.

6. 시민들의 덕

슈미트에게 정치적인 것은 처음부터 적과 동지의 관계에 있다. 의회민주주이에서는 이 관계가 경쟁하는 자들의 복수성에 기초하게 되

었다. 다원주의는 자유가 지니는 것의 근본 의미를 확정한다. 자유는
방해받거나 침해되지 않는다는 점에서는 보편성을 유지하지만 그 능
력을 행사하고 지배하는 데 있어서는 지배하는 자와 지배당하는 자
들로 양분화 된다. 의회주의는 이런 지배에 기초하고 이런 지배가 배
제를 불가피하게 만드는 한에서 서로의 갈등관계에 빠지게 된다. 슈
미트는 민주주의와 자유주의를 구별한다. 이 구별은 불가피하게 자유
주의가 민주주의의 동등성을 침식시키고 이 침식은 지배와 피지배를
산출하는 한에서 불평등 관계로 귀착시킨다는 것이다. 따라서 의회민
주주의는 보편성이 아니라 특수성들의 대립을 피하지 못하는 한에
국민 모두를 대표할 수 없는 한계를 드러낸다는 것이다.

국가는 공적인 보편성을 대표한다. 껍데기일지언정 국가는 이것을
의무로 하고 있다. 이익단체의 대변자인 정당은 배제를 특징으로 한
다. 배제된 자들은 의도적으로 그리고 제도적으로 산출된 것이다. 모
두를 충족하는 합의가 어떻게 가능한가? 어떤 것들이 도대체 배제를
허용하거나 인정하지 않은 채 공적인 구속력을 행사할 수 있을까? 국
가가 도덕성에 기초해야 함에도 불구하고 반도덕적이거나 비도적적
으로 흐르는 것을 어떻게 저지할 수 있을까? 국가가 이성과 힙리성의
요구를 따르지 않고 힘의 논리만을 고집할 때 우리는 그런 국가를 어
떻게 제어할 수 있을까?

6.1. 개인들

그들이 보편적인 토대에 기초해 있는 데 그 보편성을 망각하고 자
유를 자의적으로 사용한다면 어떻게 되겠는가? 자유가 공적인 합리

성과 공공선에 위배되지 않도록 그렇게 합리적으로 사용할 수는 없을까? 제도가 주관의 반영이라면 인간은 자유를 제도화함으로써 권력 사용의 왜곡을 막고 공적인 행복을 누릴 수 있는 것은 아닐까? 야만성에로의 퇴보를 막으려면 개인은 자신들의 자유 사용이 이익단체의 논리가 아니라 공적인 합리성을 충족하도록 그렇게 덕을 쌓아야 하지 않을까?

6.2. 이익단체들

돈과 권력이 자기 유지와 행복을 위해 불가피하다. 하지만 그것만이 인간의 전체성을 형성하는 것은 아니다. 따라서 그 불가피성을 절대화할 필요는 없다. 자발적인 자기 한계를 인식하는 한에서 우리는 이익단체들의 현실적 필요를 인정함에도 불구하고 그것을 상대화할 필요가 있다. 이익과 권력의 논리만이 국가를 지탱하는 것은 아니다.

6.3. 국가

보편성이 껍데기만의 것이 아니라 실질적인 것이 되도록 그렇게 구속력이 있어야만 한다. 모두를 대표할 수 있도록 그렇게 보편적인 구속력을 충족해야만 하는 과제를 지니고 있다. 국가는 정의에 기초한다. 국가는 정의를 집행해야 한다. 국가는 모두의 실질적인 자유를 완성하도록 책임을 져야만 한다. 국가는 공적인 행복을 완성하거나 극대화하도록 해야만 한다.

국가는 보편성에 기초하지만 보편성의 내용규정에 있어서 사람들은 서로 불일치한다. 차이는 분명히 존재한다. 정당은 특수성에 기초하기 때문에 이제는 더 이상 전체의 보편의지를 대표하지 못한다. 정당들은 항상 복수로 존재하고 이들 간의 투쟁은 불가피하다. 개인들역시 서로 차이를 이루고 있기에 보편적 합의를 찾기가 힘들다. 형식적 권리는 같지만 실질적 권리사용은 다르다. 여기에 갈등이 있다. 민주시민들은 모두가 주인이지만 이제 그 주인은 보편성에 기초한 주인들이 아니라 자기 이익들에 의존해서만 행동한다. 니체가 경고한위험을 배제할 수가 없다. 각 개인들은 포기할 수 없는 주권의 보편성에 기초한 것이 아니라 자기 이익들에 따라 이합집산한다. 주권 사용이 공적인 요구에 따른다는 보장이 없기에 개인이익과 공공이익의조화를 기대하기가 매우 힘들어지고 있다.

민주주의는 자신의 권리와 타인들의 권리가 같이 공존 가능한 지평에서 움직일 때만 아주 효과적일 수가 있다. 그런데 이것이 가능하려면 개인들이 시민적 덕이 필요하다. 즉 그것은 인간이 사적 이기심의 존재만이 아니라 공적 삶에 대한 배려를 유지할 때만 가능하다. 공공성에 대한 시민들의 덕이 사라질 때 민주정치는 표를 얻기 위한 파렴치한 싸움이 된다. 소위 포퓰리즘의 위험이 여기에 있다. 민주 홍위병들이 얼마든지 가능하다. 대중독재와 횡포도 얼마든지 가능하다.

자유주의는 공적 삶에 대한 관심에서가 아니라 사적 욕망과 이익을 극대화하려는 데서 움직인다. 그것은 출발부터가 경제적이다. 자유주의가 능력의 차등성을 집요하게 붙들고 늘어지는 것은 이 때문이다.

민주주의의 타락은 주인이 주인의 덕을 잃어버리고 스스로 노예화하는 데 있다. 자유주의의 위험은 자유가 항상 불평등으로 귀착되는 데 있다. 차이가 불가피하다는 것은 민주정치 역시 관용과 차이의 인정이 불가피하다는 것을 말한다. 차이의 정당성이 적과 동지로 이분화될 필요는 없다. 적과 동지는 차이의 극단적 형태일 뿐이다. 민주주의는 같음 안에서 차이를 인정하는 지혜와 덕이 필요하다. 자유주의는 공정한 조건들 아래서 경쟁해야만 한다. 공정한 조건은 정의에 입각한다. 공정한 조건들 아래서의 경쟁이 차이로 귀결된다고 하더라도 이 차이를 합리적이고 납득 가능한 범위 안에서 조정하려는 지혜가 필요하다. 자유주의가 새로운 노예를 만들거나 정당화할 수는 없다.

슈미트는 개인들의 덕에 호소하지 않는다. 그에게는 통치자의 결단이 중요하다. 그런데 슈미트가 간과하는 것은 통치자의 결단이 항상 책임으로 이어진다는 어떤 보장도 없다는 데 있다. 그는 민주주의가 니체와 같이 천박한 무리들의 패싸움으로 변질될 위험을 비판한 점에서 옳았다. 하지만 그 대안들로 제시한 통치자의 결단은 그 결단이 반드시 책임으로 이어지지 않고 독재로 흐를 가능성을 간과하고 있기에 매우 위험하다. 시민들이 덕도 없고 통치자의 결단이 자의에 기초한다면(에를 들어, 1930년 당시 히틀러의 독일) 그 위험을 누가 어떻게 감당할 것인가? 정치를 경제로부터 구해 내는 데 있어서 슈미트는 옳았다. 하지만 정치가 삶의 다양한 창조에 있다면 그 창조를 굳이 결단하는 자에게 위임할 필요가 어디에 있는가? 물론 시민들이 공공성의 덕이 있어서 자유와 평등의 긴장을 조절하는 지혜나 덕을 기대할 수 없었던 슈미트에게는 통치자의 책임 있는 결단이 더 믿음직하게 보였을 것이다. 민주정치가 공화정으로 자동 이행되지 않는다는 점에서 슈미트의 민주주의 비판은 일면 정당하다. 반대로 민주주

의는 항상 슈미트의 공격과 비판을 염두에 두고서 공적 삶의 가능성
을 실현하도록 모든 가능성을 총동원하지 않으면 안 된다. 경합하는
다원적 가치들의 싸움에서 과연 공적 삶에 대한 합의나 가능성이 현
실화될 수 있을까? 이 문제는 슈미트뿐만 아니라 민주주의를 옹호하
는 자 모두에게 남겨진 숙제다.

12장 누가 결단하고 누가 책임을 지는가?

1. 새로움에 직면해서 요구되는 결단의 불가피성

    법칙은 해당된 모든 개별 사례들에 대해 적용될 수가 있다. 개별 사례들이 주어지면 우리는 이것을 법칙 밑에 포섭시켜서 규정한다. 법칙은 개별 사례들에 적용될 수 있고 개별 사례들은 법칙 밑에 포섭되어 규정된다. 개념의 보편 규정은 개별적인 현상들이나 사례들에게 보편적으로 적용이 가능하다. 개별적인 사례들이나 현상들은 일반 법칙 밑에 포섭되어서 규정된다. 법칙의 적용은 위로부터 아래로 향하고 개별적 현상들이 법칙 밑에 포섭되는 것은 밑으로부터 위로 향한다.

    과학에서 일반법칙은 개별 사례들에게 미리 적용하는 것이 가능하다. 개별 사례들이 주어지면 이것은 일반법칙 밑에 포섭되어서 설명된다. 예측과 설명은 한 사태의 상이한 측면에 속한다. 법칙들을 미리 알고 있으면 우리는 법칙을 통해 개별 현상들을 미리 예측하는 것이 가능하다. 개별 사례들이 주어지면 우리는 이것을 일반법칙 밑에 포섭해서 설명할 수 있다. 법칙은 설명항(explanans)으로서 예측을 가능하게 하는 것으로써 작용한다. 개별사례들은 피설명항(explanandum)으로서 일반 법칙 밑에 포섭되어서 설명된다.

반성하는 판단력에서는 개별 사례들은 주어지고 있지만 이것을 규정할 법칙은 아직 주어지지 않거나 없다. 선례도 없고, 규정도 없고, 지시도 없기 때문에 우리는 주어진 개별 현상을 규정할 법칙을 찾아내서 완성하지 않으면 안 된다. 반성하는 판단력에서는 보편 규정은 창조적 상상력을 통해 완성해 내지 않으면 안 되는 과제에 속한다. 여기서는 보편규정으로 작동하는 개념이 없기에 바로 그 개념을 찾아내지 않으면 안 된다. 우리는 주어지지 않은 이 개념을 비로소 개념화하지 않으면 안 된다(bring-to conceptualization).

1500년부터 1910년대 까지는 매독은 거의 치유 불가능한 병(신이 내린 형벌)이었다. 하지만 1910년 이후로 매독은 치료가 가능해졌다. 이것은 오늘날 더 이상 신이 내린 불치병은 아니다. 왜냐하면 우리는 그 병의 원인들에 대해 명확한 규정을 지니고 있기 때문이다. 하지만 현재 의학은 에이즈를 완전 정복하고 있지 못하다. 그런 한에서 의학은 에이즈를 완전히 규정하고 있지 못하다. 매독 환자가 병원에 찾아오면 전문의는 이 환자를 치료할 수 있다. 하지만 에이즈 환자가 찾아오면 의사는 이 환자를 치유할 수 없다. 물론 현대 의학 수준으로는 일부 완화시킬 수 있지만 완전 치유는 할 수 없다. 에이즈는 그 규정을 정확히 모르는 한 현재 의학의 한계로 작용한다. 우리는 이 병의 원인을 정확히 개념적으로 규정할 의무와 과제를 떠안고 있다.

우주는 보통물질(4%), 암흑물질(23%), 암흑에너지(73%) 정도로 구성되어 있다고 추정된다. 물론 이 추정의 과학적 근거에 대해서는 더 많은 검증이 필요하다. 보통물질이든 암흑물질이든 물질은 항상 팽창을 저지하는 데 사용된다. 그렇기에 물질이 있다면 팽창은 불가능하다. 그런데 현재의 우리 은하계는 팽창하는 것으로 관측되고 있다. 그렇다면 이 팽창을 가속시키는 무엇인가가 있어야만 한다. 물질은 수축시키는 것이기 때문에 불가능하다. 그렇다면 우리는 이 팽창시키는 것을 암흑에너지(과학자들은 웃기는 에너지라고 부르기도 한다)를 가정하지 않을 수 없다. 여하튼 물리학과 천문학은 이 팽창시키는 힘으로 작용하는 암흑에너지를 가정만 하고 있을 뿐 경험을 통해 확증한 것은 아니다.

반성하는 판단력에서는 개별 현상들은 주어지고 있는데 그 규정은 주어지고 있지 않다. 그렇기에 선례도 없고, 규정도 없고, 지시도 없는 상태에서 우리는 이 규정을 찾아내서 완성하지 않으면 안 된다. 반성하는 판단력은 개별 사례들을 규정할 일반 원칙을 찾아내어 완성해야 할 과제를 지니고 있다. 이것은 창조적 발견의 문제에 속한다.

2. 위기사회

위기(risk, crisis)와 위험(danger)은 구별되어야 한다. 위험은 막을 수 있는 것을 막지 못한 것이다. 이런 사회는 무능한 사회다. 하지만 위기는 막을 수 있는 것을 막지 못한 무능에 있는 것이 아니다. 그것은 인간의 통제력을 뛰어넘는 문제로부터 발생한다.

인간은 경제성장을 주도하기 위해 자연에 대해 효과적이고 합리적인 통제를 한다. 하지만 자연이 지니고 있는 예측 불가능한 모든 가능성을 지배할 수는 없다. 자연이 지니고 있는 예측 불가능한 위험은 늘 내재되어 있다. 늘어나는 인구를 먹여 살리기 위해 유전자 재배를 통한 식량 증산은 불가피하다. 하지만 유전자 식품이 우리 인간의 DNA 구조를 어떻게 변형시키고 영향을 줄 것인지에 대해 우리는 사전에 미리 다 통제할 수가 없다. 이런 예측 불가능한 위험 가능성을 간직한 채 우리는 유전자 변형식품을 먹으면서 살고 있다.

지구 온난화는 어느 한 국가나 개인들의 문제가 아니다. 사용 가능한 화석 연료의 고갈은 전 지구적인 생태학적 문제에 속한다. 아마존의 개발로 인한 생태 공간의 축소는 산소 문제하고 너무 직결되어 있지만 우리는 가능한 모든 변수를 통제할 만큼 그렇게 전지전능하지 못하다. 체세포 복제는 사라지는 자연 종을 보호하기 위해서는 불가피하게 요구되지만 인간 복제에 악용될 우려는 얼마든지 남아 있다. 체세포 복제가 질병치료에만 사용된다는 어떤 낙관도 없다. 히틀러와 같이 우생학의 신봉자들에게는 치명적인 위험을 초래할 위험이 내재되어 있다.

인간은 자연을 통제하지만 전체를 통제하지는 못한다. 쓰나미 앞에서 인간들이 얼마나 무기력했던가를 기억하는 것만으로도 충분하다. 인간이 통제할 수 없는 자연의 예측 불가능한 위험 가능성은 우리에게 위기로서 다가오고 있다. 인간은 위기를 원천적으로 제어할 수가 없다. 위기를 최소한의 것으로 하기 위해 대비할 필요는 있지만 다 통제할 수 있다는 허황된 낙관은 버려야 한다. 계몽주의가 가정한 낙관성은 이미 역사적 경험을 통해 쓰디쓴 경험을 맛보았다. 근거 없는 낙관은 아무 도움도 되지 못한다.

유전자 변형 식품, 체세포 복제 가능성, 예측 불가능한 자연의 위험 가능성, 생태학적 불균형과 자연 파괴는 계속해서 인간의 안정을 위협하고 있다. 위기를 원천적으로 제어하는 것이 불가능하다면 위기를 최소한의 것으로 하기 위해 철저하게 준비하고 대비해야 한다. 이것은 인간으로 하여금 종의 재생산을 위해 건전한 유대를 불가피하게 만들고 있다. 하지만 세계 환경 대응은 항상 원론 찬성과 각론 반대라는 현실적 벽 앞에서 난파하고 있다. 세계 인권 선언이 독재적 탄압을 종식시키지 못했듯이 세계 환경선언도 자연파괴를 막지는 못하고 있다.

원자들은 언젠가는 핵 붕괴한다. 하지만 붕괴하는 것은 사실이지만 그것이 정확하게 언제 붕괴할 지에 대해서는 아무도 모른다. 원자핵 붕괴는 기정사실이지만 정확한 시간을 우리가 아는 것은 아니다. 하지만 이런 불확실성에 대비할 필요는 있다. 그것은 우리 모두가 죽지만 정확하게 언제 죽는지를 모르는 것과 같다. 불행이나 재앙은 예고하고 찾아오는 것이 아니다. 언제 죽을지 정확한 시간은 모르지만 우리는 여하튼 피할 수 없는 죽음에 대비하고 살아야 하는 것이다. 예측할 수 없는 위기도 사정은 마찬가지다. 통제 불가능한 예측 불가능성의 증가는 우리를 잠재적으로 위협하는 것으로 작용한다. 우리는 이 예측 불가능한 자연의 내재된 위험 앞에서 우리 삶의 위기를 경험하고 있다. 이 경험이 불가피한 것은 우리가 예측 불가능한 자연의 잠재적 위협을 다 통제할 수 없기 때문이다. 통제 가능한 범위 안에서 자연은 관리되지만 통제를 벗어난 위험을 제공할 수도 있다는 위험 때문에 우리는 그 위험을 대비하고 있어야 한다. 예측 불가능성의 증가는 그것에 대한 대비를 불가피하게 요구한다는 점에서 전 인류의 각성을 요구한다.

3. 결단과 책임

선례도 없고, 규정도 없고, 지시도 없을 때 누구인가는 결단을 해야만 한다. 헌법의 규정을 넘어선 문제에 직면할 때 최고 책임자는 결단을 해야만 한다. 이런 상황에서 결단은 불가피하다. 하지만 결단이 불가피하다고 해서 이 불가피한 결단이 항상 책임과 올바름으로 이어진다는 보장은 없다.

정상상태와 구별되는 예외 상태가 있다. 미증유의 문제에 직면할 때 최고 책임자가 결단을 내리는 것은 불가피하다. 문제는 이 결단이 책임으로 이어진다는 가능성이 있는가에 있다. 결단은 불가피하지만 그렇다고 결단이 책임으로 이어진다는 보장이 없다면 우리는 그래도 결단을 해야만 하는 것인가? 결단이 불가피하다고 해서 자의성이 배제될 수는 없다. 결단은 자의성을 배제할 수 없다는 점에서 그만큼 신중해야만 한다. 결단에서는 자의성의 배제는 필수이지만 책임은 피할 수가 없게 된다.

최고 책임자는 정보를 더 많이 접하고 있는 것은 사실이다. 하지만 판단할 수 있는 정보가 많다고 해서 최고 책임자가 더 잘 판단한다는 보장은 없다. 결단을 책임으로 이어지게 할 필연성은 보장되어 있지 않다. 가능한 한 최악을 피하고 최상의 결과를 이끌어 내야만 하는 원론적 기대감이 결단을 하는 자에게 방향을 줄 뿐이다. 하지만 이런 원론적인 안내도 구체적인 결단 앞에서는 아무 도움이 되지 못할 때가 있다. 결단에서는 자의성이 배제된다는 보장도 없고 그 결단이 책임으로 이어진다는 낙관도 할 수가 없다.

트루먼은 맨해튼 계획을 실행에 옮겼다. 하지만 그가 이런 최종 결단을 내리기 전에 내린 과정에는 아무 문제가 없는 것일까? 무조건 항복을 거부하고 옥쇄로 맞서는 일본에 대해 트루먼은 미국 병사들의 희생을 최소한 것으로 해야만 했다. 그가 할 수 있는 최상의 해결은 무조건 항복을 받아 내고 미국 병사들의 희생을 최소한의 것으로 하는 데 있었다. 이 결정이 불가피했는지에 대해서는 여전히 비판적으로 재구성하는 것이 불가피하다. 이 결단이 최상이었다는 것에 대해서는 대안적 실험이 얼마든지 가능하다. 하지만 한 가지 확실한 것은 이 모든 가능한 대안을 비교하기 위해서 결단을 무한정 연기할 수 없다는 것이다. 결단은 늘 절박한 상황에서 내려진다. 회의를 위한 회의에 마냥 시간을 허비할 수는 없다. 결단이 불가피하다면 가능한 한에서 빨리 그러나 최대한의 결과를 얻는 방향에서 이루어져야만 한다. 루비콘 강을 건너야 하는 문제에서부터 원자폭탄 투하결정에 이르기까지 이것은 불가피하다. 하지만 역사가 항상 올바른 선택과 결단에 의해 이루어진 것만은 아니다. 결단에도 얼마든지 위험 가능성이 있기는 마찬가지다. 역사는 결코 보험회사가 아니다. 그렇기에 결단은 아무리 신중해도 결코 지나치지 않다.

복잡성이 점점 증대되어 가는 시대에 누가 일의적이고 명확하게 이 상항을 책임지고 정리할 수 있을까? 정치적 결단은 때로 무시무시한 단순성과 폭력을 동반한 채 진행되고 있다. 최고의 삶과 가능성을 걸머진 정치적 결단이 돌이킬 수 없는 인류의 재앙으로 이어졌다는 것은 서글픈 일이다. 결단의 자의성과 위험을 막기 위해 책임을 의무화하고 인류 전체가 깨어 있어야 하는 것은 필연적이다. 지식인들은 잘못된 독단 때문에 역사를 유토피아의 실험장으로 만드는 오류를 자주 저질렀다. 정치적 기회원인론에 입각한 결단은 책임과 의무를 등지고 파괴를 일상화했다. 과학적 발견은 삶의 지속적 발전에 기여하는 것이 아니라 그 자체가 독단적 사용의 위험에 노출될 가능성을 일상화하고 있다.

4. 창조와 발견의 차이

우리는 선행하는 사건들 때문에 뒤따라오는 사건이 발생하게 될 때 선행 사건을 후행 사건의 원인으로 규정한다. 인과는 원인과 결과 사이에 영향력이 작용한다는 것을 뜻하고 이 영향력은 정확하게 계량화해서 측정할 수 있다고 믿는다. 아인슈타인이 신은 주사위 놀이를 하지 않는다고 주장했을 때 그는 인과를 결정론으로 이해했던 것이다. 물리학을 지배해 온 결정론이 양자의 영역에서 더 이상 통하지 않게 되었을 때 아인슈타인이 느낀 당혹감은 매우 컷을 것이다. 운동과 위치를 동시에 결정할 수 없기 때문에 양자 현상에서는 인과는 통계적 확률성으로서만 이해될 뿐이다. 물리도 현상을 지배하는 법칙을 발견하는 것이지 법칙을 창조하는 것은 아니다. 창조는 신의 고유 권한이다. 우리 인간은 그저 발견하는 것에 만족해야 한다. 자연을 하나의 통일된 것으로 파악하려는 인간의 기획은 현재로서는 실패다. 진리는 사태의 그러그러함에 굴복하는 것이다. 양자론이 미시영역을 통계적 확률로 파악한다고 해서 우리는 그들을 사이비 과학자라고 비판해서는 안 된다. 그들은 사태의 본성에 객관적으로 아주 충실한 것이다. 이론의 힘은 예측하는 데 있지만 예측은 때로 빗나가기도 한다. 모든 물리량은 측정된 값이다. 우리는 모래에다가 시멘트를 굳히려는 그런 무리한 시도를 해서는 안 된다.

우리는 자연의 복잡성을 그 자체로서 이해하지 않으면 안 된다. 부분들을 다 합친다고 해서 전체가 나오는 것은 아니다. 하지만 전체를 알 수 없는 인간은 전체에 대해 말할 때 매우 조심스럽게 말하지 않으면 안 된다. 전체는 지식의 대상이 아니다. 그것은 지식이 궁극적으로 추구하는 것으로서만 남아 있다. 자연과학은 부분을 영역화함으로써 부분에 대한 지배를 할 수 있었다. 하지만 자연과학이 부분을 넘어 전체를 말하고자 할 때 자연과학은 자신이 감당할 수 없는 것을 감당하고 있는 것이다. 전체는 검증된 것도 아니고 경험을 통해 확증되거나 반박된 것도 아니다. 그렇기에 전체에 대한 주장은 그만큼 신중할 수밖에 없다. 어느 누구도 전체에 대한 지식을 소유하지 못하고 있는데 누가 감히 전체에 대해 일의적으로 명확하게 말할 수 있을까? 학문의 전문화는 인간이 전체에 대한 지식이 더욱 불가능하다는 것을 알려 주고 있다. 그렇기에 학문들 간의 상호 대화가 필요해진 것은 불가피하다. 신에게는 타자가 없다. 하지만 인간에게는 전체는 곧 타자다. 델피의 신탁에 쓰여 있는 너 자신을 알라는 요구는 네가 곧 신이 아님을 알라는 것이다. 인간은 죽을 수밖에 없고 그런 한에서 한계를 자각하며 사는 것이 불가피하다. 인간의 무지는 예나 지금이나 마찬가지다. 우리는 전체를 모르고 있다. 우리는 부분을 잘 알고 있음에도 불구하고 전체를 모르고 있다.

유전자의 판독은 현대 생물학이 이룬 쾌거다. 하지만 유전자 역시 생명의 복잡성을 이해하는 중요한 안내자에 불과하다. 유전자의 판독이 생명의 신비가 파악되었다는 것과 같은 것은 아니다. 자연의 복잡성을 이해하기 위해 분석과 환원이 필요할 뿐이다. 생명의 복잡성을 검증 안 된 주관적 가설에 불과한 이기적 유전자로 환원하는 것은 전체를 부분으로 환원하는 오류에 불과하다.

수정, 착상, 세포, 조직, 기관의 형성을 거치면서 인간은 태어난다. 하지만 직접 수정만이 아니라 인공 수정이라는 체외 수정을 통해서도 생명은 태어난다. 오늘날에는 수정이 아니라 체세포 복제에 의해서도 생명이 탄생하고 있다. 우리가 상점에 직접 방문하지 않고 인터넷을 통해 물건을 구입한다고 해서 인터넷이 물건을 필요로 하는 우리 인간 조건을 대체한 것은 아니다. 다만 물건 구입 방식에 있어서 시간을 절약해 준다는 편리함을 제공해 준 것은 사실이다. 체세포 복제 역시 생명 탄생의 다른 방식이지(체내 수정과 체외 수정과는 구별되는 의미) 생명 자체를 새롭게 창조하는 것은 아니다.

일부 자연 종의 멸종을 막기 위해 인간은 진화의 과정에 개입했다. 굴뚝새는 어떤 이유에서 나는 것을 포기해 버렸다. 그 정확한 이유는 아직 밝혀지지 않고 있다. 하지만 인간이 고양이를 데려온 이후 굴뚝새는 멸종되고 말았다. 사라진 종은 다시 복구되지 않는다. 왜냐하면 어떤 종도 엔트로피를 거역할 수 없기 때문이다. 인간은 때로 사라져 가는 자연종의 멸종을 막기 위해 체세포복제를 할 수밖에 없었다. 이런 성공으로 인해 인간은 자연종을 보존할 수가 있었다. 하지만 이 성공이 이제는 인간 복제라는 위험을 야기하고 있다.

인간 종은 아직 멸종 위기에 처해 있지 않다. 따라서 체세포 복제가 불가피하거나 절박하지 않다. 호모 하빌리쿠스로부터 호모 사피엔스를 거친 인간은 이제 대량 복제의 위험에까지 진화해 왔다. 줄기세포(성체 줄기세포도 포함해서)를 의료 치료에 한정한다는 어떤 낙관적 기대도 할 수가 없다. 하지만 이 새로운 생명 탄생의 가능성이 어떤 낙관도 보장할 수 없다고 해서 우리가 그것을 무조건 막을 수만은 없다. 선택의 비용은 여하튼 기회비용에 의해 정확하게 측정되지 않으면 안 된다. 하지만 이 결과가 더 긍정적이고 생산적인 방향으로 전개된다는 그런 낙관을 누가 도대체 보장할 것인가? 가능성의 기대와 염려 섞인 회의는 같이 진행되고 있다.

유전자 재조합 과정에서 우연이 개입된다. 이 우연이 새로운 질서를 어느 정도 형성하는 것은 사실이다. 하지만 어느 누구도 이 우연을 인위적으로 완전히 통제하거나 제어할 수는 없다. 맞춤형 인간은 하지만 여기에 대해 도전을 하고 있다. 부모의 죽음은 자식들의 탄생 조건이다. 식물도 고통을 느낀다고 한다. 식물도 감수성의 능력을 지니고 있다고 한다. 동물 역시 유대와 감정이 있다. 하지만 그들은 자신의 유전자를 조직하고 맞춤형으로 스스로를 재생산하지는 못한다. 진화의 역동적인 방향이 우연을 통해 이루어진다는 것은 이제는 자명한 상식이 되었다. 문제는 이 방향이 늘 생산적으로 진행되지 않는 데 있다. 누가 이 방향에 대해 목적성과 책임을 줄 수 있을까?

5. 불확실성의 지배

초기 조건들이 증가하면 작용의 교란이 발생하고 이것은 결국 결과를 통제 불가능하게 한다. 카오스는 인과를 부정하는 것이 아니라 인과가 교란되었다는 것을 알려 준다. 초기 조건들의 민감성은 결국 작용의 교란으로 이어지고 이것은 결과를 예측할 수 없게 한다. 초기 조건들에 민감하다는 것은 예측이 어렵다는 것을 뜻한다.

인과율이 결정론적 의미를 지니는 것은 초기 조건들이 후기 조건들을 오차 없이 정확하게 예측할 수 있다는 데 있다. 라플라스는 초기 조건들이 주어지면 이것을 토대로 후기 조건들을 남김없이 정확하게 측정하고 예측하는 것이 가능하다고 주장했었다. 이것은 보이지 않는 손(invisible hand)이나 시계 태엽공으로서의 신의 이미지를 연상시킨다.

양자론은 미시 영역의 모습이 처음부터 비결정적이라는 것을 보여 준다. 이것은 실재의 모습이 그렇다는 것이다. 양자론은 세계가 어떻다고 말하는 것이 아니라 단지 관찰자에게 그렇게 관찰되었을 뿐이라고 현상을 기술할 뿐이다. 양자 세계에서는 물질이 어떻다고 말할 수 없고 그것들이 관찰자에게 어떠어떠하게 관찰되었을 뿐이라고 기술해야만 한다. 아인슈타인이 닐스 보어에 대해 "신은 주사위 놀이를 하지 않는다."고 대응한 것은 잘 알려져 있다. 하지만 우리는 자연 현상을 이해하는 자로서 자연을 관찰하면 되지 자연이 어떠해야만 한다고 당위를 강제해서는 안 된다. 인간은 신과 같이 자연을 창조한 것이 아니라 있는 자연을 단지 어떤 관점에서 이해할 뿐이다. 비결정적인 확률적 분포로만 파악되는 양자 영역들의 근본 불확실성은 우리 세계의 모습이기도 하다. 우리는 이 영역을 인과 결정론으로 규정해서는 안 된다.

우리가 볼 수 없는 어떤 것을 보기 위해서는 파장이 매우 짧은 파를 사용해야만 한다. 현미경에 사용되는 빛의 파장이 짧으면 짧을수록 현미경의 해상도는 그만큼 높아진다. 사실 원자를 현미경으로 관찰하는 것은 거의 불가능하다. 만약 이것이 가능하려면 우리는 감마선과 같이 파장이 매우 짧고 강한 광자를 사용하지 않으면 안 된다.

하지만 그렇게 할 경우 광자의 운동량이 너무 크게 되어서 전자의 운동량을 정확하게 측정할 수가 없게 된다. 반대로 긴 파장의 빛을 사용하면 운동량에는 별 영향을 주지 않지만 전자에 의해 산란된 전자의 위치를 정확하게 측정할 수 없게 된다. 전자의 위치와 운동량은 동시에 정확하게 측정하는 것이 사실상 불가능하다. 이런 비결정성은 미시 영역에서의 일반적인 모습이다.

카오스는 인과의 작용 관계에서 초기조건들의 복잡성의 증가(초기 조건의 민감성)가 결과를 예측 불가능하게 한다는 것을 설명할 뿐이다. 여기서 초기 조건들의 복잡성이 감소하면 카오스는 이전처럼 질서를 되찾는다. 이것은 특히 기상현상들에서 자주 나타난다. 소립자의 영역에서 나타나는 근본적인 불확실성과 초기 조건들이 작용을 교란해서 후기 조건들을 교란시키는 카오스는 이 점에서 구별되어야 한다.

평상시에는 전 세계에 흩어져 있는 갈매기들을 다 모아도 태풍은 커녕 미풍도 발생하지 않는다. 하지만 태풍이 발생하게 될 복잡한 상황이 형성되었을 때는 아주 적은 운동량도 예측할 수 없는 결과에 기여하는 것이다. 하지만 복잡성의 증가 요인이 사라졌을 때는 이런 갈매기의 날갯짓은 아무 영향도 미치지 못한다. 중요한 것은 복잡성의 증가가 어떻게 형성되었는가를 이해하는 것이다. 예측 불가능한 교란 요인들이 작용하는 것은 피할 수가 없다. 우리가 이런 현상들에 직면했을 때는 우리의 일상적 안정성은 위협을 맞이한다. 그렇기 때문에 예측 불가능한 위협에 대해 늘 준비하고 있어야만 한다.

예측과 예언은 다르다. 예측은 항상 어떤 특정한 조건들을 통해서 이루어진다. 이런 예측이 빗나갔다고 해서 이론 자체가 쓸모없는 것은 아니다. 다만 이론이 그 현상에 직면해서는 타당성을 유지할 수 없었을 뿐이다. 예언은 가끔 들어맞을 수도 있다. 하지만 그것은 우연의 일치이지 안정된 객관성은 아니다. 이론의 힘은 예측하는 데 있는 것이지 예측을 결정하는 것은 아니다. 이론이 예측을 빗나갔다고 해서 이론 자체가 아예 무용지물이 되는 것은 아니다. 수십만의 경제학자들이 있다고 해서 세계 자본주의의 무질서가 극복된 것은 아니다.

우연은 그 자체가 질서를 형성하지 못한다고 한다. 하지만 무질서가 증가하는 현실을 목격할 때 우리는 무질서를 제어하기 위해 많은 에너지를 투입하지 않을 수 없다. 무질서의 증가는 무질서를 감소하기 위해 많은 에너지를 요구하는 방식과 필요 때문에 결국 질서를 불가피하게 요구하고 있는 것이다. 인간과 자연의 공진화(coevolution)는 결국 무질서를 완전 제거하는 데 있지 않고(실제로는 불가능하기에) 그것을 통제 가능한 공존의 범위 안에서 제어하는 데 있다. 자연을 낭만화하거나 신격화하는 것은 아무 도움도 되지 않는다. 자연을 인간이 완전히 통제한다는 것은 비현실적인 허구에 불과하다.

6. 공진화

자연과 인간이 공진화를 계속 하려면 먼저 자연 안에서 살아가는 인간의 빈곤이 극복되지 않으면 안 된다. 인간과 자연은 함께 공속하고 있다. 그렇기에 이 둘이 같이 살기 위해 자연을 인간중심적인 지배가 아니라 자연이 지니고 있는 내적 가능성에 따라 이해하는 것이 필요하다. 자연을 인간 중심적으로 지배하고 착취하려는 태도에 대해

가이아 이론은 우리에게 많은 것을 시사해 준다.

인간이 농작물 생산성을 극대화하기 위해 비료를 투입하면 자연은 그 투입량에 비례해서 무한한 산출량을 되돌려 주지 않고 있다. 다시 말해서 자연이 인간의 요구나 뜻에 따라 그렇게 움직여지지 않는다는 것이다. 참치를 대량으로 먹기 위해 우리 인간이 양식에는 성공했지만 참치들이 그렇다고 해서 우리가 원하는 만큼 그렇게 수확되는 것이 아님은 이미 오랜 시행착오를 통해 다 밝혀졌다. 자연은 우리가 산출을 극대화하기 위해 투입을 하면 할수록 그 투입에 비례하지 않는다. 자연은 우리가 통제하는 방향으로 일방적으로 움직여지지 않는다는 것을 우리는 배워야 한다.

소에다 동물성 사료를 먹였을 때 소의 유전자가 변형되는 비참함을 우리는 이미 광우병 파동을 통해 알고 있다. 뇌가 스펀지화되는 현상 때문에 소는 판단능력과 운동능력 모두를 잃어버리게 된다. 그리고 이 소를 먹는 것은 동종 간뿐만 아니라 이종 간에도 전염되어 치명적인 죽음에 이르게 된다. 성장을 위한 성장으로 자연을 고정화고 자연을 이윤지배의 무한한 연장으로 파악할 때 자연은 그렇지 않다는 것을 우리 인간에게 알려 주고 있다. 인간과 자연이 공진화를 하기 위해 지속 가능한 계발이 필요한 것은 두말할 필요도 없다. 문제는 이것을 어떻게 하는가에 있다.

성비 불균형에 의해 자연에서는 사라질 운명에 처한 종들이 있다. 인간은 이 멸종에 처한 동물들을 살리기 위해 체세포 복제를 통해 종을 보존했다. 이 실험이 성공했기에 이제 인간 복제가 시급한 위기 상황으로 나타나게 되었다. 유전자 복제가 질병 치료로 그렇게 생산적으로 사용된다는 보장은 없다. 기술적으로는 가능하게 되었지만 적용에 있어서는 위험이 있는 것을 예방하기 위해서는 우리 모두는 이것을 적절하게 규제하지 않을 수 없다. 과학과 기술이 가능한 것으로 알려 주는 것과 그것을 공존 가능한 범위 안에서 공진화에 이바지하도록 하는 것 사이에는 끊임없는 긴장이 지배한다. 말할 필요도 없이 우리 는 이 긴장을 공진화에 이바지하는 범위 안에서 적절하게 규제하고 통제할 수 있어야 한다. 공진화에 이바지 하는 범위 안에서 자연과학 적 연구들은 허용되어야 한다. 인간과 자연의 공존을 가능하게 하는 것을 위험하게 하는 것들에 대해서는 어떤 경우에도 허용해서는 안 된다. 우리는 자연이 지니고 있는 예측 불가능한 잠재적 가능성들을 정확하게 알고 있지 못하다. 우리 인간의 이해 가능한 범위 안에서 자 연은 그 알려지지 않은 가능성을 우리에게 드러내 보일 뿐이다.

에이즈를 풀지 못했거나 정복하고 있지 못하다고 해서 의학이 불 필요한 것은 아니다. 세계 경제의 무질서를 극복하지 못했다고 해서 경제학을 배우지 말아야 하는 것은 아니다. 유전자 지도를 완전 해독 하는 것이 힘들다고 해서 분자생물학을 연구하지 말아야 하는 것은 아니다. 지구 온난화를 인간이 인위적으로 제어하지 못한다고 해서 지구 온난화에 대한 인간의 대비가 없어도 좋은 것은 아니다. 예측 불가능한 자연의 위기와 도전 앞에서 인간은 같이 공존하기 위해서 라도 이런 것들에 도전하지 않으면 안 된다. 자연의 낭만화가 해결책 은 아니다. 자연의 무제약적 정복도 해결은 될 수가 없다. 자연을 지 배와 정복으로만 고정시킨 근대의 업적이 다 폐지되도록 방치해서는 안 된다. 우리는 그런 실패를 통해 자연을 대하는 우리의 접근 방식 을 변화시키는 교훈을 얻었다. 인간과 자연이 지속 가능한 공존을 위 해 공진화의 방향에서 연구와 개발이 이루어져야만 한다.

짧은 단상들

천재와 완벽주의자의 차이

천재는 놀면서도 완전한 것을 성취하지만 완벽주의자는 완전에 대한 강박증 때문에 아무것도 하지 못한다. 과도한 압박감으로 인해 완벽주의자들은 아무것도 할 수 없는 자포자기 상태에 빠진다. 하지만 천재들은 압박에 대한 강박증이 없기에 일 자체를 즐긴다. 완전성에 대한 의식이 과도해서 완전을 위한 완전에 압도당하다 보면 완벽주의자들은 아무것도 할 수가 없게 된다. 이에 반해 천재들은 즐기다 보니까 어떤 결과물을 산출하는 것이다. 이들에게는 결과가 중요한 것이 아니라 일 자체에 대한 사랑이 중요하다. 천재들은 결과물을 만들어 내겠다는 압박감이 아니라 일 자체를 즐기다 보니까 어떤 결과물을 산출하는 것이다.

천재들은 급조되지 않는다. 그들은 단순성의 소유자들이다. 복잡한 것을 단순하게 이해함으로써 그들은 복잡성의 비밀을 쉽게 풀어낸다. 천재들은 자연이 준 최고의 선물이다. 그들에게는 호기심과 일에 대한 사랑이 있다. 즐기는 것은 그 자체가 행복이다. 일이 노동이고 노동이 일이 되는 것은 천재들의 경우에 해당한다. 이들은 그렇기에 누구도 감당할 수가 없다. 천재들은 때로 휴식이 필요하지만 이것은 포기나 좌절이 절대 아니다. 그들은 기다릴 줄 안다. 그들이 느끼는 결핍의 감정은 그들을 분발하도록 자극한다. 하지만 이 자극은 추진력이지 압박감이 아니다.

어린애들이 행복한 것은 그들이 진정으로 놀 줄 안다는 데 있다. 천재들이 어린애들과 유사한 것은 그들이 진정으로 호기심을 가지고 놀 줄 아는 데 있다. 천재들에게는 놀이가 일이고 일이 놀이기 때문에 그들은 의식하지 않으면서도 어떤 것을 이루어 내는 것이다. 고독, 동경, 그리고 때로 느끼는 무력감은 그들을 좌절하게 만드는 것이 아니라 인간적으로 만든다. 완벽주의자들에게는 실수나 오류는 그 자체가 실패의 요인이다. 하지만 천재들에게는 실수나 오류도 발견으로 가는 과정에서 치러야만 하는 불가피한 과정들이다. 오류나 실패도 삶의 불가결한 모습이다. 천재들은 때로 이런 오류나 실수를 감추는 것이 아니라 드러낸다.

바보들이 항상 바보로 남아 있는 것은 그들이 천재들의 실수로부터 배우려 들지 않고 그 실수로부터 위안을 얻으려는 데 있다. 천재들은 발전하기 위해 때로 실수도 하고 오류에 빠지기도 하며 또한 고통을 경험한다. 하지만 이 모든 것들 역시 창조를 위해 지불하지 않으면 안 되는 대가인 것이다. 바보들은 발전하지 않기 위해 그 실수나 오류에 안주한다. 천재들은 상승하기 위해 실수나 오류를 발전의 계기로 삼는다. 반면에 바보들은 안주하기 위해 실수나 오류조차 저지르지 않으려 한다.

천재들은 복잡성을 단순하게 변형하는 재능의 소유자들이다. 그 단순성은 복잡성을 극복한 단순성이다. 그것은 질서이고 우리가 알지 못했던 것을 알게끔 하는 창조인 것이다. 뉴턴 이전에도 사과나 배는 무수히 많이 떨어졌지만 그것을 중력으로 규정하고 법칙화한 것은 뉴턴이다. 허무맹랑한 아리스토텔레스의 자연 이해를 대체한 것은 뉴턴의 탁월한 업적이다. 우리는 그를 통해 자연을 보다 잘 이해하게 되었다. 철학이 제도적 관성에 사로잡혀서 아무 검증 없이 아리스토텔레스의 자연이해를 맹목적으로 재생산할 때 뉴턴은 우리에게 자연에 대한 올바른 이해를 제공했다. 물론 중력에 대한 아주 올바른 이해는 아인슈타인을 통해 완성되지만 말이다.

뉴턴은 자신이 이룩한 성과에 대해 만족하지 않았기에 자주 열등감에 사로잡혔다고 한다. 그는 맛있는 음식과 좋은 포도주를 즐겼지만 탐욕에는 물들지 않았다. 그는 또한 라이프니츠와 함께 미적분을 누가 먼저 발견했는가를 두고 치졸한 경쟁을 치렀다. 천재도 때로 열등감에 괴로워할 때가 있다. 하지만 이런 것은 완전성을 성취하려는 데서 오는 것이다. 그리고 그들이 이런 완전성에 도달하지 못할 때 그들은 때로 인간적 고통을 드러낸다. 그들이 정작 괴로워하는 것은 그들이 이루어 놓은 업적들이 다른 천재들에 의해 능가될 때다. 빛을 입자로 설명했던 뉴턴은 빛을 파동으로 설명하는 물리학의 도전을 받았을 때 적지 않은 당혹감을 내보였다. 하지만 그의 이론에 대한 도전은 이미 전자기파에서부터 시작되었던 것이다.

아인슈타인이 말한 것처럼 신이 세계를 창조하기 이전에 지니고 있었던 그 단순성을 이해하는 것은 필요하다. 하지만 이런 문제 제기는 있었지만 어느 누구도 그 단순성을 아직 완성하지는 못하고 있다. 그러기에 그런 문제에 대한 도전이 의미를 지니게 되는 것이다. 전인미답의 길을 가는 데는 용기가 필요하다. 누구도 가지 않은 길을 처음 가는 자에게는 고통과 좌절이 따를 수밖에 없을 것이다. 그것은 분명 창조다. 비록 그 창조가 발견의 창조라고 하더라도 말이다.

진리를 추구하는 자들보다는 진리를 소유한 자가 더 행복하다. 신은 진리 그 자체다. 하지만 인간은 여전히 진리를 추구하는 자에 불과하다. 진리가 우리를 자유롭게 하리라는 것은 매우 의미심장하다. 무지의 지배로부터 벗어나는 것은 필요하다. 진리만이 우리를 그릇된 길로 빠지지 않게 할 수 있다. 진리는 그 자체가 구속력이 있기에 우리가 따르는 것이다. 우리가 따르기에 진리가 되는 것이 아니라 구속력이 있기에 우리가 따르는 것이다. 진리는 우리를 무지로부터 해방시킨다. 우리가 무지에 의해 지배당하지 않으려면 우리는 진리를 추구하고 따르지 않으면 안 된다. 진리는 주관화의 위험에 늘 저항한다.

내 안에 진리를 살게 하고 나의 무지와 독선을 없애는 것이 중요하다. 천재들은 오직 진리에만 따른다. 그들은 이런 단순성을 소유하고 있으며 이 단순성을 즐기고 완성하고자 한다. 일을 즐기려는 것이 업적을 낳고 이 업적이 그들에게 명예라는 부산물을 선물하고 있는 것이다. 완벽주의자들이 불쌍한 것은 그들이 즐기지도 못하면서 업적도 내놓지 못하는 데 있다. 그들은 완벽을 위한 완벽에 너무 집착하다 보니까 일을 시작하고 완성하기도 전에 자신들이 쳐 놓은 덫에 희생되고 있는 것이다.

진실과 의사소통의 조건

대화란 항상 누구하고 하는 것이다. 대화 당사자들은 어떤 특정한 주제들에 대해 의견을 주고받는다. 그런데 이런 주고받음에는 서로를 이해시키기 위해 충족해야만 하는 것들이 있다. 그것은 대화당사자들이 자신이 말하려는 테마들에 대해 알고 있어야 한다는 것과 그것을 이해 가능하도록 설득해야만 한다는 데 있다. 우리들은 대화할 때 항상 어떤 주제들에 대해 이미 어떤 선이해를 하고 있다. 선이해는 누구나 다 지니고 있는 것이지만 이것이 항상 이해 가능한 것은 아니다. 바로 선이해가 이해 가능하도록 그렇게 개방되어야 한다는 것이다.

대화 당사자들이 전제하고 있는 선이해는 불가피하지만 궁극적인 것은 아니다. 그것은 비판으로부터 면책된 것이 아니다. 그것은 바로 비판적으로 검증의 대상이 되어야만 한다. 무오류라는 그릇된 절대화는 대화를 불가능하게 한다. 모든 비판이나 오류로부터 면책된 토론은 토론이 아니라 토론에 대한 테러다. 독단화와 무오류성에 대한 집착은 대화 자체를 불가능하게 한다.

대화 당사자들은 납득할 수 있기에 받아들일 수 있는 것이다. 하지만 받아 주었다고 해서 그것이 곧 납득되었다고 볼 수는 없다. 대화란 선이해에 대한 이의신청이 있을 경우 어떤 근거에서 선이해가 정당한지를 해명하는 데 있다. 비판을 거부함으로써 독단의 늪에 빠지는 것 대신에 대화를 통해 선입관을 검증하는 것이 필요하다. 우리의 주장이 오류와 비판으로부터 자유롭지 않은 이상 우리는 우리의 선입관이 수정될 수 있는 여지를 남겨 두어야 한다. 아인슈타인도 우주상수를 가정한 자기 이론의 오류를 인정할 수 있었다. 바로 이런 인정이 진리로 가는 길을 열어 놓는 것이다.

진리는 사태의 그러그러함을 따라가는 것이다. 그것은 사태의 구속력을 인정하고 받아들일 줄 아는 데서 출발한다. 판단은 항상 참이거나 거짓으로 판가름 난다. 판단은 사태의 객관성을 밝혀내는 것을 따름으로써만 진리를 충족한다. 진리 충족은 결국 사태의 그러함을 따르는 데 있다.

대화는 설득을 목적으로 진행된다. 이 점에서 대화는 판단의 진위검증과는 구별된다. 대화는 판단의 진위검증이라기보다는 의견들의 설득가능성을 따져 보는 데 있다. 대화는 대화당사자들이 자신들이 전제로 하고 있는 테마들에 대해 의식적인 검증을 필요로 한다는 점에서 일차적으로 정직성을 요구한다. 법정에서의 공방은 이기고 지는 전략적 승부가 관건이다. 하지만 대화는 대화당사자들의 설득 가능성을 문제 삼기에 진실성이 우선되어야만 한다. 이권이 개입하면 대화는 정당성 검토보다는 이기고 지는 생존 게임을 따르게 된다. 전략적 대화에서는 진실이나 진리가 문제가 되지 않고 오직 이기고 지는 승패만이 중요하게 된다. 그렇기에 대화는 이기고 지는 승부게임으로 전락될 수 없다.

우리는 경험적으로 보았을 때 대화하면 할수록 차이를 많이 경험하는 것을 목격하게 된다. 대화는 헤게모니를 장악하려는 독단이 아니라 이해를 도모하는 열린 과정에 충실해야 한다. 타인들에 의해 철저하게 의문시되고 있는 전제들을 이해 가능하도록 하는 대화는 전제들이 충족해야만 하는 설득의 정도에 따라 합의를 이끌어 낼 수 있다. 대화가 합의를 보장하는 것은 아니지만 대화가 아니라면 합의는 될 수가 없다. 대화를 통한 합의 가능성은 대화가 추구하는 것이다. 대화의 생산성은 대화를 통해 서로를 보다 잘 이해하는 데 있다. 합의라는 강박증이 대화의 전제조건은 아니다. 대화를 통해 이루어진 설득의 열린 과정이 합의를 자연스럽게 이끌어 낼 수가 있다.

대화당사자들의 진정성(authenticity)은 상호 이해를 도와주는 조건들로 작용한다. 우리 각자가 지닌 이해의 불가피성과 이해의 한계를 밝히는 것은 진정성의 진정한 몫이다. 비록 대화들이 이루어지는 모든 개별적이고 특수한 맥락에서 대화당사자들 모두가 진정성의 소유자는 아니라고 하더라도 대화의 생산성은 진정성을 통해서만 달성될 수 있을 것이다. 더 이상 의심할 수 없을 때까지 의심하는 용기는 대화의 기본이다. 우리가 전제로 하고 있는 것들이 잘못된 것에 기초할 수 있기에 우리는 우리가 전제로 하고 있는 것들을 항상 검증과 비판의 대상으로 삼아야만 한다. 전제들이 더 이상 의심할 수 없을 때까지 의심하는 것은 대화가 효과적으로 이루어지기 위한 조건이다. 그럼으로써 우리는 편견이나 독단이 아니라 진실과 진정성에 따르는 과정에 스스로를 위탁할 수 있을 뿐이다.

다름과 틀림의 차이

의견, 취미, 생각, 세계관, 가치관, 정치적 견해들, 역사의식, 인간에 대한 이해, 사랑, 아름다움의 대상과 기준, 도덕적 태도 등에 대해 우리는 그 차이를 인정하지 않으면 안 된다.

수학은 문제풀기다. 수학은 타당하기에 우리가 그것을 받아들이는 것이다. 수학적 진리는 우리가 그것을 받아 주었기에 타당한 것이 결코 아니다. 수학적 진리가 타당하기에 우리가 무조건 그것을 따르지 않으면 안 된다. 수학은 마음에 기초하지 않으면서도 마음을 강제한다. 수학은 정답과 오답이 분명하게 구별된다. 틀렸다는 것은 문제를 적중하지 못했다는 것이다.

공리로부터 정리를 이끌어 내는 것은 필연적으로 성립해야 한다. 증명이란 정리로부터 공리로의 도출이 필연적으로 그럴 수밖에 없음을 보여 주는 것이다. 이 증명은 모두에게 강제를 행사한다. 틀렸다는 것은 사태의 핵심을 적중하지 못했다는 것을 뜻한다.

누구에게는 황산이나 금강산이 아름다울 수 있을 것이다. 하지만 그렇다고 다른 누구에게 아름다운 것은 아니다. 우리 모두가 금강산을 보고 나서 아름답다고 말할 수는 있다. 그런데 아름답다고 강제할 수는 없다. 어떤 대상을 보고 나서 우리는 강제를 동반하지 않으면서도 자발적으로 합의에 도달할 가능성은 있다.

미의 기준과 객관성은 수학적 증명과 같이 그런 필연적 강제를 따르는 것이 아니다. 그렇다고 기준이 처음부터 불가능하거나 없는 것은 아니다. 우리는 미의 기준들에 대해 어느 정도는 일치하기도 하고 어느 정도는 일치하지 않기도 한다. 그렇기에 미적 평가의 대상을 떠나서 이것을 사전에 객관적으로 구속하는 것은 당연히 비판되지 않으면 안 된다. 미의 원형을 가정하는 것은 미에 대한 몰이해를 반영한다. 미의 경우 판단 기준은 판단 대상과 분리될 수 없다. 우리는 대상에 대해 평가하지만 동시에 평가에 대한 자신들의 기준과 이해를 동시에 드러내고 있는 것이다. 그런데 미적 대상들에 대한 우리의 기준과 이해방식은 어느 정도 일치하면서 동시에 일치하지 않는 것이다. 강제를 동반하지 않으면서도 합의를 산출할 가능성이 있다는 점에서 미적 기준이나 판단은 sensus communis(＝common sense)를 형성하기도 한다.

올림푸스의 정상에 있는 조각들이 누구에게는 더할 나위 없는 평온함과 위안을 선물하지만 또 다른 누구에게는 그저 평범한 돌덩어리에 불과할 때가 있다. 신전들이 차가운 대리석으로 평가된다고 해서 그것을 강제할 권리는 없다. 어떤 경우에도 우리는 미적 취미를 강제할 수가 없다. 정치적 판단과 미적 판단은 강제할 수가 없다. 취미들은 서로 경합한다. 가치들 역시 서로 경합한다. 의견들이나 세계관들 역시 서로 경합한다. 미의 기준들 역시 서로 경합하는 열린 싸움을 전개한다. 고갱이 정작 사랑했던 타히티 사람들은 고갱의 그림에 대해 아주 인색한 평가를 내렸다.

다름은 틀림과 같은 것이 결코 아니다. 이 둘은 의미론적으로 구별되어야만 한다. 다름은 복수적인 것이다. 틀림은 정답을 적중하지 못한 무능에 불과하다. 다름을 고집할 수는 있어도 틀림을 고집할 수는 없다. $\int_{1}^{3} x^2 dx = \frac{26}{3}$ 이다. 이렇게 풀지 못한 자들은 모두 0점을 받게 된다. 전 인류가 이런 문제를 잘못 풀어도 전 인류는 0점을 받지 않으면 안 된다. 정답과 오답은 절대로 쪽수나 합의의 대상이 아니다. 이미 말한 바와 같이 수학은 마음에 의존하지 않으면서도 마음을 강제한다. 우리는 정답은 무조건 따르고 오답은 무모건 피해야만 한다.

자녀교육을 놓고서도 부모들과 자녀들은 서로 의견이 다를 수 있다. 환경과 개발을 놓고서도 서로 의견차이가 빈번히 발생한다. 메리 설산을 보고서도 어떤 이들은 숭배하지만 다른 어떤 이들에게는 그저 평범한 산에 불과할 때가 있다. 백두산이 한국인들에게는 의미 있는 산이 되지만 다른 외국인들에게는 그저 쉬고 있는 화산 호수에 불과할 수 있다. 다름은 인정되어야지 강제할 수가 없다. 스코틀랜드의 군악대가 내 아들에게는 매우 아름답게 보이지만 다른 이들에게는 아니다. 미적 대상들에 대한 주관적 반응의 상이함을 예를 들자면 끝이 없다. 이럴 경우 우리는 다름을 인정해야지 강제해서는 안 된다.

일부 흑인남자들이 일부 백인 여성들에게는 성적 흥분의 대상이 되지만 일부 동양 여성들에게는 혐오감의 대상이 되는 것은 어쩔 수 없는 것이다. 서양 여성들이 동양 남자들에 대해 아무런 매력을 느끼지 못하고 오히려 흑인 남성들에게 매력을 느끼는 것은 어느 정도 사실이다. 미적 기준들이 하나라는 것만큼 우리들의 경험과 일치하지 않는 것도 없다. 취미판단은 어떤 경우에도 강제할 수가 없다. 취미판단은 진리판단이 아니다. 그것은 대상들에 대한 우리들의 주관적 태도를 동반하기에 태도 주체의 관심을 반영하지 않으면 안 된다. 미적 판단 대상들에 대해 어느 정도 강제를 동반하지 않는 합의 가능성이 있는 것은 사실이다. 그렇다고 해서 이 일치가 보편적 합의를 뜻하는 것은 아니다.

미의 기준과 진리의 기준은 서로 다르다. 진리는 판단의 진위를 객관적으로 검증할 수 있다. 하지만 미의 기준은 이런 엄격성을 공유하지 못하고 있다. 미의 기준으로 작용하는 것은 누구에게만 타당할 뿐 다른 누구에게는 아닐 수도 있다. 아름다움에 대한 기준이 진리의 기준과 다르다면 아름다움은 진리에 종속하는 것이 아니다. 아름답다는 것 자체가 일의적인 엄격성을 지니는 것은 아니다. 이것은 우리의 경험적 현실과 일치한다. sexual하다는 것과 erotic하다는 것의 정확한 기준은 무엇인가? 시장의 폭군이 가변적이듯이 미의 기준 역시 가변적이다. 미의 기준들이 역사적으로 변해 왔다는 것은 부인할 수 없는 사실이다. 미의 기준들의 대상 연관은 그 기준들을 공유하는 자들에게만 구속력이 있을 뿐이다. 그리고 이것을 강제할 근거는 어디에도 없다.

나의 생각과 너의 생각이 반드시 일치해야만 한다는 강제는 없다. 하지만 대화는 강제하지 않으면서도 주고받음을 통해 서로의 의견을 교차검증하는 것이다. 이 과정에서 서로가 서로를 잘 이해하게 된다면 의사소통이 이루어지는 것이다. 의사소통이 합의나 일치를 목적으로 움직일 필요는 없다. 교차검증의 과정에서 일치가 될 수도 있고 안 될 수도 있다는 것이 확인될 뿐이다. 대화는 이런 확인으로도 나름대로 만족할만한 효과를 얻는다. 대화는 설득을 목적으로 하고 설득은 될 수도 있고 안 될 수도 있다. 다름의 정당성을 소독하거나 거세하려는 것은 대화 자체의 파괴다. 분서갱유나 히틀러의 유대인 말살은 대화의 불가능을 보여 주는 가장 추악하고 비참한 사례들이다.

각자가 생각한 것들이 잘못된 것으로 드러날 수 있다. 대화는 이런 잘못된 오류를 확인하는 과정이기도 하다. 타인들의 입장에서 나를 이해하고 나의 입장에서 타인을 이해하는 이런 교차검증은 서로가 오류에 빠질 수 있다는 가능성을 인정할 때 개방적인 생산성을 약속할 수 있을 뿐이다. 타인도 나와 같이 참된 의견을 지닐 수 있다는 인정, 나의 의견도 잘못된 것에 기초할 수 있기에 오류에 빠질 수 있다는 가능성을 열어두는 것이 대화가 그나마 설득으로 가는 조건을 형성한다.

제노사이드

인간은 모든 피조물들 중에서 대량살상을 가장 잔인하고 파괴적으로 하는 동물이다. 인간은 자신이 동물들보다 항상 우월하다는 입장을 표시해왔다. 하지만 동물들 중 어떤 종도 인간 종보다 잔인하게 다른 종 자체를 말살하지는 않는다. 아니 못한다. 히틀러, 스탈린, 마오쩌둥이 죽인 인간들이 무려 1억 6천만 명이나 된다고 한다.

모든 피조물들 중에서 인간 종만이 자기와 생각이 다르다는 이유 때문에 종 전체를 살해하는 유일한 종이다. 영장류에 속하는 어떤 원

숭이들은 서로를 폭행해서 죽이는 비율이 인간 종보다 높은 것도 있
다. 예외가 있다고 해서 이것이 일반적인 경향을 대체한다고 하지 말
자. 하지만 제노사이드(genocide)는 인간 종에게만 특이하다. 만물의
척도이고 만물의 영장인 인간이 때로 잔인성에 있어서도 타종들의
추종을 불허하고 있다. 악마 중에는 타락한 천사가 있듯이 인간의 인
격성은 때로 그것과 가장 적대적인 그런 반대에 빠지기도 한다.

미국의 아메리카 인디언들에 대한 말살정책, 오스트레일리아의 테
즈메니아 원주민들에 대한 종족 말살, 유대인 말살, 스페인의 인디오
학살과 말살, 유고 내전에서의 인종 청소, 르완다 대학살 등 인간이
인간 종을 말살하기 저질렀던 사례들은 이것 이외에도 무수히 많다.
유대인을 통해 유대인을 다 죽이면 히틀러의 독일은 과연 인종말살
을 하지 않았다는 것인가? 완전범죄는 행위자를 은폐할 수는 있어도
있었던 행위 자체를 없었다고 부정할 수 있는 것이 절대 아니다. 인
간성을 거부하고 명령에 따른 행위도 역시 행위는 행위다. 설령 이
행위가 완전 범죄를 계획했다 하더라도 행위를 벗어날 수는 없다. 역
사는 인간의 행위가 개입하면서부터 시작한다. 하지만 인간의 행위
하나만이 역사를 만드는 것은 아니다. 제노사이드가 더욱 잔인하게
이루어지는 것은 그들이 대상을 말살시킴으로서 범죄 사실 자체를
은폐할 수 있다고 믿는 데 있다.

역사에서 야만과 광기가 사라진다는 어떤 보장도 없다. 하지만 야
만과 광기가 재현되면 인간의 생존은 불가능하다. 같은 지구에 있지
만 우리 모두가 같이 사는 것은 아니다. 같은 공간에 있다는 것과 같
이 산다는 것은 전혀 다르다. 인간 유대와 공존은 제노사이드 현실
앞에서 아주 무기력한 도덕적 당위에 불과하다. 도덕이 비판하는 것

이외에 무엇을 더 할 수 있단 말인가? 원초적 입장, 이상적인 무제약적 대화상황, 자연 상태가 평화로운 것이었다는 루소의 근본 가설은 이런 점에서 재검토되지 않으면 안 된다.

이상화된 당위를 현실의 형성조건이라고 해서는 안 된다. 경험적으로 부인할 수 없는 사실을 토대로 인간성을 고정불변의 것으로 확정해서도 안 된다. 제노사이드라는 사실은 당위에 의해 제어되는 것이 아니다. 그렇다고 제노사이드가 정당하다는 것은 절대 아니다. 악한 행위를 하는 자들이 경험적으로 있다고 해서 악 자체가 정당화되는 것은 아니다. 사실은 당위의 근거가 아니다. 사실은 증거자료는 될 수 있어도 당위의 근거는 아니다. 당위의 무기력성을 비판해야 하듯이 사실을 고정 불변의 절대 진리로 고정하는 것 역시 경계하지 않으면 안 된다.

사람들은 말로 표현할 수 없는 극단적인 야만을 경험하고 나면 아무 말도 할 수가 없게 된다. 침묵은 효과적으로 저항하는 수단은 되지만 저항 자체를 극복하는 것은 아니다. 이럴 경우 우리는 너도 그 현장에 있어 보아라는 말 이외에 아무 것도 할 말이 없다. 도덕은 정당화 논쟁을 따질 수는 있어도 행위를 보상해 주지는 못한다. 역사의 심판관이 없는데 역사가 기억해 준다는 것 역시 아무 위로가 되지 못한다. 우연이라는 풍차 앞에서 무기력한 개인들이 겪는 고통에는 아무 위안이 없다. 죽은 자들은 말이 없다. 죽은 자들만이 고통을 끝낸 것도 아니다. 왜 악인가? 여기에는 답이 없다. 하지만 이 악을 막지 못한다면 우리는 계속해서 되풀이되는 역사적 재앙을 피할 수가 없다.

유토피아는 아직 경험하지도 못하고 있는데 제노사이드는 우리 곁에서 자행되고 있다. 우리가 천국을 그리지 못하는 것은 지상에서 그런 삶을 한 번도 살아 본 경험이 없기 때문이다. 하지만 우리가 지옥을 잘 그릴 수 있는 것은 우리가 그것을 늘 일상적으로 경험하고 있기 때문이다. 제노사이드 자체가 지옥이기 때문에 우리는 그것을 거부하지 않으면 안 된다. 우리가 역사에서 단 한 번도 그리고 단 한순간도 낙원에서 살아 본 적이 없었었는데 도대체 낙원에서 추방되었다고 말할 수 있단 것인가?

동물들은 과거를 기억하지 못하기에 늘 행복하다. 그들은 지금 여기에서의 순간에만 충실하면 된다. 하지만 인간은 과거의 불행한 기억의 포로가 되어서 거기로부터 헤어 나오지 못하는 비참함을 경험하고 있다. 망각할 수 있어서 행복한 동물들이 있는가 하면 망각할 수 없어서 괴로운 인간들도 있다. 제노사이드가 이런 경우에 해당한다. 우리가 역사를 반성하는 것은 과거의 일이 미래에도 재현될 수 있기 때문이다. 이럴 경우 우리는 예방과 경계의 차원에서 과거를 잊어서는 안 된다. 왜냐하면 망각은 같은 비참함을 되풀이하기 때문이다.

필연, 법칙, 경향성의 의미론적 차이

어떤 것이 필연적이라는 것은 그것이 항상 그렇고 다르게 있을 수 없다는 것을 뜻한다. 부정적으로 말해서 필연은 어떤 경우에도 대안들이나 예외가 없는 것을 뜻한다. 모든 생명체는 죽는다. 이것은 필연이다. 우리는 죽지 않는 생명체를 제시할 수 없기 때문에 필연의 지배를 받는다. 수학에서 증명은 필연적이다. 연역추론에 있어서 전제는 필연적으로 결론을 100% 확실하게 보장한다. 우리는 그렇기에 전제로부터 결론의 도출이 필연적이라고 한다. 신은 존재하기 위해 다른 어떤 것도 필요로 하지 않는다. 피조물은 존재하기 위해 신에게 의존하지만 신은 존재하기 위해 피조물들에 의존할 필요가 없다. 신의 존재이유는 자족하는 필연이다. 이에 반해 피조물은 자족하는 필연이 아니라 의존하는 우연에 지나지 않는다. 채양이 있고 현재 활동하고 있다는 것을 부정할 필요는 없지만 태양이 반드시 있어야만 했던 필연성은 없다. 필연의 반대는 우연이다. 우연은 이럴 수도 있고 저럴 수도 있는 것을 뜻한다.

법칙(law)이란 해당된 현상들을 지배하는 것을 뜻한다. 모든 물질들은 중력의 지배를 받는다. 우리는 중력의 지배를 받지 않는 물질들을 알지 못하기에 이 법칙의 타당성을 인정하지 않을 수 없는 것이다. 법칙이란 해당 현상들에 대한 구속력 있는 강제를 뜻한다. 그런데 법칙은 예외를 허용하지 않는 엄격성과 예외를 허용하는 법칙으로 구별된다. 예외라는 것은 법칙이 그 해당현상에 대해 지배력을 상실한 것을 뜻한다.

뱀들은 모두 알을 통해서 새끼를 낳는다. 하지만 아나콘다와 살무사는 이런 것의 적용을 받지 않는 예외들이다. 아나콘다와 살무사들은 포유류와 같이 직접 새끼를 낳는다. 법칙이 있다고 해서 반드시 예외가 있을 필요는 없다. 하지만 예외가 있다는 것은 법칙으로부터의 일탈을 전제하지 않을 수 없다.

필연과 법칙이 구별된다. 필연은 어떤 경우에도 예외를 인정하지 않음에 비해 어떤 법칙은 때로 예외가 있기도 하다. 예외가 있는 법칙은 절대로 필연적일 수가 없다. 2,600여 종이나 되는 뱀은 모두 알을 통해 새끼를 낳지만 살무사와 아나콘다는 이런 적용을 받지 않는다. 모든 물질들이 예외 없이 중력의 지배를 받는 것은 사실이다. 이것은 어떤 경우에도 예외가 없다. 하지만 아나콘다와 살무사는 뱀에게 적용되는 법칙을 받지 않는 예외를 형성한다.

경향성은 항상 전체 중에서 해당하는 부분들과 해당하지 않는 부분들로 구별된다. 따라서 해당하는 것들에게는 구속력이 있지만 해당하지 않는 것들에게는 전혀 구속력이 없다. 엄밀한 의미에서 우리는 경제학에서 말하는 수요-공급-법칙이라는 표현을 사용하면 안 된다. 수요와 공급의 관계는 경향적이지 법칙이 아니다. 사람들은 물건 값이 비싸면 안 사려는 경향이 있고 물건이 싸면 사려는 경향이 있다. 하지만 물건이 비쌀수록 사려는 자들도 있다. 그런데 이들은 예외로 있는 것이 아니다. 수요와 공급은 일반적인 경향을 뜻하고 정확하게 이 경향성이 어떻게 계량화될지는 사안별로 하나하나 측정해 보아야만 한다. 벤츠나 BMW를 사는 자들 중에는 그 물건의 사용가치 보다는 지위에 대한 과시 때문에 그렇게 하는 자들이 있다. 자신의 지위를 과시하기 위해 그것을 소비하는 자들은 우리가 경험적으로 조사해 보면 그 통계치를 알 수 있다. 그런데 이런 자들이 얼마만큼 있는지는 실제로 하나하나 검증하는 수밖에 없다.

여론조사, 시장의 소비 유형 조사, 정당 지지도, 시청률, 천문학, 생물학, 미적 취미 등은 경향성에 해당한다. 존재론적 속박(ontological commitment)이란 해당된 대상들에 대해서만 타당성을 지니는 것이다. 이론의 대상에 대한 구속성 여부는 해당된 현상들에 대해서만 타당하다. 이 범위를 결정하는 것은 전체 중에서 해당되는 범위를 측정함으로써 얻어진다. 인과율과 결정론이 같은 것이 아닌 것은 인과율이 미시영역에서는 확률적 통계로서만 작용하기 때문에 그렇다.

경향성은 해당하는 것에는 구속력이 있지만 해당하지 않는 것에는 구속력이 없다. 따라서 이론을 적용할 경우 그 이론이 적용되는 대상들의 범위를 확정하는 것은 필수다. 그렇지 않을 경우 이론은 적용의 오류를 경험하게 된다. 모든 남자들이 화성인의 경향성을 지니고 있을지 몰라도 모든 남성들이 화성인은 아니다. 모든 여성들이 금성여인의 성격을 경향적으로 보이는 것은 사실이지만 그렇다고 모든 여성들이 금성 여자는 아니다. 우리는 그렇기 때문에 경향성을 법칙과 같은 것으로 그렇게 엄격하게 일반화하는 것을 자제해야 한다.

자신이 된다는 소중함

자기 삶에 주인이 된다는 것만큼 소중하고 절박한 것도 없다. 누가 무엇이라고 해도 내 삶의 진정한 주인은 나 자신이다. 그러니 나는 내 삶의 진정한 주인이 되도록 노력해야 한다. 타인들의 도움 없이 자기 스스로를 자립적으로 완성하는 것이 중요하다. 적어도 그렇게 살 수 있을 때 나는 진정 내 삶의 주인이었다고 말할 수 있을 것이다.

우리 인간은 자족하는 절대자가 절대 아니다. 인간은 관계를 통해 자기에게 필요한 것을 보충하고 자기의 내적 가능성을 표현하고 실현하고자 한다. 하지만 관계는 그것을 외부지향적이거나 타인지향적이 아니라 자기 지향적으로 완성할 수 있을 때만 진정으로 유지될 수 있다.

진정한 관계가 결핍되어 고립될 때 인간은 천재나 망상가가 되는 위험에 빠진다. 삶의 진정한 주인이 되는 것은 고립을 사랑하는 것과는 아무 관계가 없다. 그것은 중심을 형성하고 유지하려고 끊임없이 노력하라는 것을 뜻한다.

스토아들은 타인들의 지배를 받으면서도 자기 삶의 주인다움을 결코 잃지 않았다. 로마인들은 외적으로 그들을 지배했지만 진정으로 지배한 것은 내면의 삶의 주인이었던 스토아들이었다. 외적 지배자들은 지배하면서도 내적으로는 지배를 받았다. 스토아들은 외적인 지배를 받았지만 내면의 지배자로 살았기에 지배자를 지배할 수 있었다. 말 위에서 세계를 일시적으로 정복할 수는 있어도 말 위에서 영원히 통치할 수 없는 것과 같다. 정복자 칭기즈 칸이 언어의 중요성을 알고서 통치의 방식을 바꾼 것은 이런 이유 때문이다.

유교는 성인이 되는 것을 목적으로 삼는다. 불교는 해탈과 성불하는 것을 목적으로 삼는다. 니체는 초인이 되라고 호소한다. 실존주의자들은 본래적인 존재가 되라고 요구한다. 하지만 내가 보기에 더 중요한 것은 인간 각자는 자기 자신이 되는 것이 중요하다. 모두가 성인이 되고 해탈하고 초인이 된다면 그런 사회는 매우 단조롭고 삭막할 것이다. 각자가 자기 삶에서 자기 삶의 주인이 되는 것은 다양성을 잃지 않으면서도 개성을 실현하는 길이 된다.

나는 개별적인 나로서 인간다움을 실현해 간다. 나라는 존재는 인간일반으로부터 파생된 것이 절대 아니다. 나는 인간인 이상 인간성의 규정을 받는다. 동시에 나는 인간성을 내 것으로 실현함으로써 나의 개별성으로서 인간성을 실현해 간다.

자기 자신이 되어가는 성실함에는 그 내용이 지닌 구체성으로 인해 타인들과 공감하고 교제할 수 있는 길이 열린다. 전체주의는 개성을 말살하고 획일화시키는 위험이 있다. 익명성이 지배하는 대중사회는 개성의 상품화로 인해 외부지향적 획일화로 치닫는 경향이 있다. 자유가 방종이 아닌 것과 같이 자기 삶의 주인이 된다는 것은 자기를 배타적으로 형성하는 것과 아무 관련이 없다.

내 삶에 있어서 내가 되는 것은 나에게는 하나의 이루어야만 하는 과제다. 각자는 자기 자신이 되는 과정에서 자기 자신을 이루어야만 하는 숙제를 떠맡는다. 결국 나는 나에게 내가 되어야 할 것을 선물하는 것이다. 각자 자기 삶의 주인이기 때문에 자기가 되어야 할 바 그 완성에 책임을 자발적으로 지게 되는 것이다. 이런 점에서 스스로 지는 짐은 무겁지 않다. 내가 누구냐라는 질문에 대해서 말할 수 있는 것은 각자는 자신이 살아온 길 전체라고 말하지 않으면 안 된다는 것이다. 나는 내 삶의 자서전을 스스로 쓰고 있는 것이다.

세월이 성숙함을 자동으로 보장하지 않듯이 우리의 죽음도 완성을 결코 보장하는 것이 아니다. 그래도 죽을 때 우리 각자가 진정 내 삶을 살았고 가치가 있었고 의미가 충만했다고 말할 수 있다면 행복한 죽음을 맞이할 수 있을 것이다. 우리 각자는 죽음에 직면해서 궁색한 변명을 하지 않도록 대비해야 한다. 삶의 기회가 다시 주어진다고 해도 우리가 이것 이상 더 잘 살 수는 없었다고 말하면서 죽을 수 있는 인간들이 과연 몇이나 되겠는가? 의미 있게 죽는다는 것만큼 삶의 품위를 확인시켜 주는 것도 없다.

실험하는 삶

선구자는 외롭다. 그는 남이 가지 않은 길을 개척함으로써 스스로 길을 만든 자다. 하지만 남들이 만들어 놓은 길을 가는 것은 약간의 수고만 하면 된다. 우리는 때로 길을 가다보니까 길이 생기는 것을 경험하게 된다. 처음부터 길을 만들려고 의도한 것이 아니라 자주 걷다 보니까 길이 생긴 것을 경험하기도 한다.

방법이란 길에 도달하는 가장 효율적이고 빠른 지름길이다. 하지만 방법 자체가 길을 만들어 낸 것은 아니다. 길은 방법을 자체 안에

간직하고 있지만 방법은 길을 산출하는 것이 아니다. 방법은 길에 여전히 종속한다. 이 관계가 전도되어서는 안 된다.

우리는 길이 없기에 길을 걷지 않으면 안 되는 상황에 직면할 때가 있다. 내비게이션이 있다면 우리는 목적지를 찾아갈 수 있다. 하지만 내비게이션에 표시된 길이 없다면 우리는 어떻게든 길을 찾아 완성하지 않으면 안 된다. 그럴 경우 그 새로운 길은 내비게이션에 새롭게 등록될 것이다.

우리는 때로 지도에 나와 있는 길을 가다가 길이 없거나 사라진 경우를 경험하기도 한다. 그렇다고 우리가 길 가는 것을 포기할 수는 없다. 그렇다면 우리는 길을 새롭게 개척하도록 요구받고 있다는 것을 알게 된다. 이처럼 당황스러운 순간에 우리는 새로운 길을 개척하도록 요구받고 있는 것을 알게 된다. 그것은 새로운 도전을 의미한다.

어떤 여행객들은 남들이 다 가 본 길을 다시 한번 가 봄으로써 나도 여기에 와 보았다고 확인만 한다. 하지만 어떤 여행객들은 남들이 가지 않은 길을 가거나 색다른 길을 체험함으로써 자신이 직접 겪은 것을 길로 만들어 낸다. 그것이 타인들의 주목을 받지 못했다고 하더라도 이들은 크게 개의치 않는다. 중요한 것은 내가 직접 그 경험을 했고 의미 있는 삶으로 변형했다는 것이다.

길을 간다는 것은 때로 무수한 시행착오를 겪기도 한다. 하지만 이 좌절과 고통이 길을 개척하는 데 필수적이기 때문에 이것들은 결코 장애가 될 수 없다. 이런 자들은 시간과 싸우는 것이 아니라 열정 내지는 완성과 싸우는 것이다. 남들이 개척한 길을 가장 빠르게 정복하는 것과 처음부터 전인미답의 길을 개척하는 것은 전혀 다른 것이다. 길 자체를 사랑하고 그것을 자꾸 걷다 봄으로써 새로운 도전과 자극이 생기는 것이다. 이런 결핍과 미완성의 욕구가 우리를 완성으로 분발하게 하는 것이다.

요즈음 불고 있는 한류도 어떻게 보면 놀다 보니까 타인들의 주목과 관심을 끌었던 것이다. 무당들이 신명 나게 놀듯이 한류도 놀다보니까 인기를 얻고 관심을 끌었던 것이다. 하지만 한류가 장사가 된다고 해서 그것을 모방하려 들면 사람들은 흥미를 잃거나 관심을 외면한다. 잘 노는 것 자체가 경쟁력 있는 상품이 되었다. 하지만 상품을 의식하고 놀면 신명이 나지 않는다. 하지만 신명나게 놀다 보면 상품성 있는 가치가 형성되기도 한다. 한류는 잘 놀다 보니까 문화 상품이 된 것이지 문화상품이 되었기 때문에 잘 논 것이 아니다. 대중 문회이론의 전문가가 대중문화를 이끄는 것은 아니다. 논다는 것과 분석한다는 것은 별개의 것이다. 잘 노는 것은 분석의 대상이나 가치가 있지만 노는 것에 대한 분석이 노는 유행을 보급하는 것은 아니다. 한류 분석가들에 의해 한류가 흥행을 타는 것은 아니다.

우리는 때로 방법에 대한 과잉 의식 때문에 아무것도 하지 못하는 무기력증에 빠진다. 길을 가기도 전에 방법에 대해 과잉으로 대응하다가 결국 길을 가지 못하는 그런 우를 범해서는 안 된다. 각자 자신들이 가는 길이 남들에게는 비록 아무 의미가 없고 중요하지 않더라도 우리는 자기 길을 가 보도록 해야 한다. 왜냐하면 그 길은 나에게는 너무 소중하고 중요한 것이기 때문이다. 길을 걷는 실험은 그 자체가 소중한 재산이다. 역사에서 우리는 행정과 관리하는 인간을 기억하고 있지 않다. 우리가 기억하는 자들은 모험가이고 개척자들이고 실패자들이다.

불편한 진보

전쟁이 과학과 의술의 발달에 기여한 것은 사실이다. 물론 그렇다고 해서 전쟁이 미화되거나 정당화되어서는 안 된다. 전쟁이 나은 부산물 중에서 의학과 과학이 크게 발전한 것은 사실이다. 이 점에서 진보가 전쟁을 통해 이루어졌다는 것은 부인할 수 없는 사실이다. 문제는 기술적 진보와 도덕적 진보가 같이 병행해서 발전하는 것이 아니라는 데 있다. 기원전 5세기경에는 석가, 공자, 소크라테스 등 인류의 정신적 스승들이 많이 나왔다. 하지만 오늘날에도 히틀러, 사담 후세인, 스탈린 등과 같은 인류의 패륜아들이 산출되고 있다. 도덕의 진보는 없다. 그것은 개인들이 애써 이룩해야 할 기나긴 수련 과정이지 진화되거나 진보되는 것이 아니다.

선이 이기고 악이 응징된다는 어떤 역사적 보장도 없다. 정의가 무엇인지는 이미 다 밝혀졌지만 여전히 역사적 삶은 정의가 지배하는 것이 아니다. 정의론은 정의 사회 실현의 불가결한 조건이다. 정의는 정의롭게 행동하는 자들이 실천에 의해서만 유지된다. 신에 대한 지식이 많다고 해서 그런 자들이 믿음이나 행실이 더 좋거나 탁월한 것은 아니다. 윤리학에 대한 많은 지식이 인간의 행동을 더 선하게 만들어주지는 않는다. 같은 이유에서 정의에 대한 지식이 정의 사회 실현의 보장은 아니다.

정의에 대한 지식이 인간이 사는 공동체를 정의롭게 하는 것이 아니라 정의롭게 행동하는 자들에 의해 정의 사회가 실현된다. 그것은 인간들이 정의로운 행동을 함으로써 정의로운 사회를 만들어 나가는 행동을 통해서만 가능하다. 정의로운 행동을 생활화하는 것은 정의로운 행동이 사회가 제도적으로 형성되는 조건을 결정하기 때문에 가능하다. 정의에 대한 이론은 정의사회 실현의 필요조건일 뿐이다. 문제는 정의로운 사회를 실현하고 그 안에서 사는 것이다. 정의가 실현될 때까지 정의를 불구로 만드는 억압적 사회 조건들에 대해 비판하는 것은 당연하다.

역사에서 진보와 도덕이 일치하는 것은 아니다. 도덕적 성숙이 없는 진보는 맹목이다. 진보 없는 도덕은 인류의 실질적인 삶을 개선해 주지 못하고 있다. 착취와 고통 그리고 누군가의 희생이 없었다면 인류는 오늘날 과거의 유물들을 접하지 못했을지도 모른다. 파라오와 람세스들의 야심과 폭정이 없었다면 우리가 이집트의 황량한 사막 땅에서 무엇을 더 볼 수 있었겠는가? 진시황의 폭정이 아니었다면 중국의 급속한 발전은 이루어지지 않았을 것이다. 역사에 있어서 발전은 그것이 때로 진보나 계몽의 결과로서가 아니라 폭정이나 억압에 의해서 이루어질 때가 있었다.

좌파는 꿈을 꾸지만 꿈을 충족할 현실적 조건들은 주지 못하고 있다. 우파는 진보를 위해서 희생과 고통이 불가피하다고 본다. 먼 외지인들이 보기에 타히티는 매우 아름다울지 몰라도 정작 그곳의 주민들은 삶을 살기 위해 주기적으로 영아를 살해했던 것이다. 자연 안에서 살고 있는 인간들의 해방이 없다면 아무리 좋은 자연을 가진들 무엇하겠는가? 삶의 조건들을 개선하지 못하는 도덕은 훈계 이상의 의미를 지니지 못한다. 도덕이 결여된 욕망의 무한 충족은 결국 공허를 만날 수밖에 없다. 자연이 아무리 아름다운들 그 안에서 사는 인간들이 비참하면 그 자연은 아름답게 유지될 수 없는 것이다. 인간들의 물적 조건들에 대한 개선이나 실현 없이 도덕적 진보를 논하는 것은 매우 비현실적인 요구를 하는 것에 지나지 않는다.

사람들에게 먹을 것과 입힐 것을 충족시키면 사람들은 예절을 알게 된다. 하지만 먹을 것과 입힐 것을 제공하지 않으면서도 예절을 지키라고 한다면 그 예절은 지켜질 수가 없다. 인간의 욕구 충족이 결여된 도덕적 삶의 강요는 수사적 허구에 지나지 않는다. 예절은 기본적인 의식주 충족이 있고 난 다음에 형성되는 것이다. 도덕 하나만이 삶을 지탱할 수 없는데 도덕을 지키라고 강요하면 이런 도덕은 삶을 고문하고 있는 것이다. 춘향이가 이도령을 기다릴 수 있었던 것은 그를 사랑해서라기보다는 그가 출세했기 때문에 그런 것일 수도 있지 않는가? 진화의 오랜 과정을 통해 여자들이 삶의 안정을 선택하는 방식으로 삶을 이어 온 것은 부인할 수 없는 사실이다. 쇼펜하우어는 이 점에서 사랑의 감추어진 이면에는 종족 보존이라는 욕구가 자리 잡고 있다고 말한다. 순수한 사랑이 없는 것은 아니지만 생존의 조건에 대한 배려 없이 그것을 이어 갈 수는 없지 않은가?

삶의 물질적 조건들에 대한 충족이 없는 도덕은 공허하거나 쓸모가 없다. 도덕의 기준이 유용성은 아니다. 하지만 그렇다고 해서 삶에 기여하지 못하는 도덕의 무능이 정당화될 수 있는 것은 아니다. 후손을 잘 보존하기 위해 수컷들이 목숨을 건 싸움을 하듯이 인간 역시 살기 위해 투쟁하지 않을 수 없다. 오직 삶에 기여하는 한에서만 도덕과 진보가 의미를 지닐 수 있을 뿐이다. 도덕적 삶을 추구한 소크라테스가 덕은 있을지 몰라도 행복하다고 말할 수는 없다.

긴장된 삶

중국의 춘추전국시대를 법가와 유가의 대결로 재구성하는 것은 무척 재미가 있다. 전국의 7웅이 싸움을 계속해서 늘 주인이 바뀐다고 가정할 때 다음과 같은 피할 수 없는 딜레마가 생긴다. 주인이 하나일 때 주인을 위해 세금을 한 번만 내면 된다. 그런데 주인이 매번 바뀌면 바뀐 주인들에 따라 백성들은 매번 세금을 내야 한다. 그렇다면 백성들의 입장에서는 어느 한 군주가 빨리 통일을 해서 사회 안정을 유지하는 것이 제일 좋을 것이다. 자고 나면 매일 주인들이 바뀌어서 그 주인들을 새롭게 모시는 것보다 한 군주가 사회 안정을 준다면 그 군주에게 충성을 바치는 것이 더 좋을 것이다. 이 점에서 진시황은 백성들의 고통을 줄이기 위해서라도 법에 입각한 강력한 통일 국가를 요구할 수 있었다. 그리고 백성들도 크게 이것에 저항하지 않았다.

하지만 韓나라(한 고조에 의해 통일되기 이전의 전국 7웅 중의 하나인 나라)와 같이 유가를 표방하는 나라는 백성들의 고통도 덜어 주지 못하면서 천하통일을 통한 사회적 안정도 마련하지 못했다. 백성들이 평화롭고 착하게 살 수 없는데 덕치를 강조한다면 이런 덕치는 공염불에 그치기 십상이다. 마치 이상적인 바이마르 공화국의 헌법이 정작 그것을 믿고 따를 자들이 없어서 무기력하게 패배한 것과 같이 말이다. 덕치가 백성들의 실질적인 고통을 전혀 덜어 주지 못한다면 이런 덕치는 그야말로 공염불에 지나지 않을 것이다. 조건들을 충족시켜 주지도 못하면서 수사학적으로만 백성들을 교화시키고자 한다면 이런 교화가 열매를 맺을 수나 있겠는가? 난세에는 천하안정이 우선이다. 무질서한 불안정보다는 질서 있는 고통을 겪을 준비가 되었기에 백성들은 진시황의 천하통일에 대해 크게 거부하지 않았을 것이다.

정치의 도덕화는 그것을 충족시킬 현실적 조건들의 성숙에 따라 결정된다. 삶 속에 뿌리내리지 못하는 도덕의 정치적 요구는 공허하다. 하지만 삶을 단지 생존투쟁의 장으로만 제한시키는 권력의 반도 덕화 역시 오래 유지될 수 없다. 세종대왕이 백성을 궁휼히 여기는 갸륵한 마음만 있고 실제로 한글창제나 농업기술의 발전을 이루지 못했다면 그의 치세가 어떻게 성군의 영관을 얻을 수 있었겠는가? 공 허한 유토피아보다는 배불리 먹을 수 있는 현실정치가 더 낫다. 삶의 유물론적 충족이 없는 자유가 공허하듯이 아무 것도 잉태하지 못하 는 덕치 역시 비현실적이기는 마찬가지다.

칸트는 정치가들이 물어올 때 정치적 조언자로서의 철학자의 순수 한 역할을 강조했다. 하지만 정치가들이 물어 오지 않을 때 칸트는 무엇을 할 수 있었던가? 공자는 자기 뜻을 알아줄 군주를 찾다가 평 생 찾지도 못한 채 주유하다가 삶을 마감하지 않았던가? 또한 우리는 하이데거와 같이 히틀러를 철학화해서도 안 된다. 도덕의 기회주의적 적응은 추하다. 삶에 뿌리 내리지 못하는 도덕의 공허함은 너무 무기 력하다. 사실 이 둘의 매개된 통일은 현실은 아니지만 그래도 이런 긴장을 의식하며 사는 것은 피할 수가 없다. 유토피아에 대한 정치적 혁명이 때로 인공 지옥으로 이어졌다는 것을 잊어서는 안 된다.

배가 너무 오른편으로 쏠리면 사람들은 난파를 막기 위해서라도 왼쪽으로 서야 한다. 마찬가지로 배가 왼쪽으로 기울면 균형을 잡기 위해서라도 오른쪽으로 서야 한다. 중요한 것은 좌나 우가 아니라 배 가 안전하게 항해해야 한다는 것이다. 경제적 불평등은 인간의 자유 를 극단적으로 침해한다. 정치적 불평등은 인간의 공적 자유를 극단 적으로 훼손시킨다. 노예가 사라져야만 자유인들이 자유롭게 자신의 행복한 정치 공동체를 만들어 갈 수 있다. 자유를 통한 연대는 행복 한 공동체의 조건이다. 행복하게 덕스럽고 품위 있는 삶을 위해 긴장을 잃지 않고 배를 항해하는 것이 요구된다. 21세기의 정치적 야만은 정치를 행복 창조와 실현으로서가 아니라 권력을 위한 무한투쟁으로 고정시킨 야만인들(전체주의적인 파시즘과 공산주의)에 의해 저질러졌다. 정치적 삶에서 자유와 행복이 사라진 것만큼 우리를 경악하게 하는 것도 없다.

다양한 능력들의 욕구 충족

행복한 삶이란 인간 각자가 지니고 있는 내적 가능성들을 완성하고 사는 데 있다. 행복이란 결국 갖출 것을 다 갖추고 사는 데 있는 것이다. 우리는 무를 추구할 수는 없다. 그것은 결핍이고 그야말로 아무 것도 아니기 때문이다. 무는 항상 상대적인 의미에서 무엇의 결핍을 뜻한다. 그래서 우리는 결핍을 추구할 수는 없다. 어떤 자들이 악을 행한다고 해서 악이 정당화될 수는 없는 것이다. 결핍을 추구하는 자들이 있다고 해서 행복 추구의 정당성이 손상되는 것은 절대 아니다. 예외자들이 있다고 해서 일반적인 경향이 손상되는 것은 절대 아니다.

이성과 감성 모두 인간을 구성하는 것들이다. 우리는 이성을 통해 있는 것 전부를 우리의 이해 대상으로 삼는다. 우리의 앎은 결국 존재의 참 있음을 참으로써 알아듣는 데 있다. 이런 의미에서 이성은 항상 가능적으로 남아 있는 능력을 현실적으로 완성하지 않을 수 없다. 이성은 존재 현실성의 참에 대한 참여를 통해 스스로를 충족해간다. 인간은 이성을 지닌 존재이기에 이성에 해당하는 욕구를 충족하지 않을 수 없다. 호모 사피엔스는 생각하기 이전에 도구를 만들어 살아야만 했다. 이런 점에서 인간은 호모 하빌리쿠스의 단계를 거치지 않으면 안 되었다. 전두엽이 발달하기 이전에 인간은 도구를 제작해서 자연이 주는 거친 압박과 도전으로부터 스스로를 지켜내지 않으면 안 되었다. 진화의 필름이 다시 한번 재현되어도 인간은 호모 하빌리쿠스를 거쳐서 호모 사피엔스로 진화할 수밖에 없을 것이다.

1.5kg 정도에 지나지 않는 뇌가 발달함으로써 인간은 비로소 사고하기 시작했던 것이다. 인간은 전두엽이 발달하기 시작하면서부터 판단하기 시작했다. 이 점에서 인간의 사고는 인간을 인간이 아닌 것들과 구별하는 결정적인 계기를 주었다. 우리의 사고활동이 뇌에 의존되어 있거나 제약되어 진행된다는 것은 사실이다. 인간의 뇌는 하지만 판단을 함으로써 그 기능을 충족해 간다. 판단은 존재에 대한 올바른 앎에 기초한다. 존재를 있는 그대로 알아듣고 수용하는 것이 판단의 기능이고 역할이다. 인간은 자신에게 고유한 기능인 판단을 충족함으로써 자신들의 지적 욕구를 충족해 간다. 지적 욕구의 충족 역시 행복한 삶을 형성하는 중요한 요인이다.

아는 것이 힘이다. 힘이 지배한다. 그렇다면 결국 아는 것이 지배하는 것이다. 아는 것은 항상 무엇에 대한 참 근거를 아는 것을 뜻한다. 우리의 판단과 지성은 존재를 그것의 참 있음에서 알아들음으로써 진리를 획득해 가는 것이다. 인간에게는 이런 진리 추구 기능이 본래적이다. 왜냐하면 지성은 오직 진리를 추구하고 완성하는 욕구를 통해서만 충족되기 때문이다. 인간들은 여타의 동물들과 비교할 때 약하고 불완전하지만 지성을 통해 그 불완전성을 보상받고 있다. 자연을 파악함으로써 자연에 대한 지배력을 확보한 존재는 인간만이다. 인간은 그런 인간에게 고유한 활동을 할 때 행복한 것이다. 우리의 지성은 본성상 존재의 참 있음을 참으로 알아들으려는 개방성 때문에 열려 있는 삶을 산다. 지성은 존재하는 것 모두를 이해 대상으로 삼으면서 그것을 참으로 알아듣고 수용하고자 한다. 지적 추구는 인간에게 고유한 행복의 한 요인들이다.

감성은 우리가 밖으로부터 무엇을 받아들이는 삶을 말한다. 황산의 아름다움, 금강산이 주는 변화무상한 모습들, 보라보라 해변이 주는 즐거움, 히말라야가 주는 압도적인 위압감, 북극이 주는 황량함 등 우리는 우리 밖으로부터 무엇을 받아들인다. 그리고 이런 주어지는 자료들에 대해 일정한 태도를 취한다. 감성은 수용하는 능력이지만 이런 수용은 단순 수용이 아니라 특정한 관계나 태도를 통해서 이루어진다.

감수성이 개인들이 지닌 구체적인 수용능력을 말한다. 이것들은 개인들에 대해 각기 다른 편차를 보인다. 반면 감성은 인간 일반이 지니고 있는 수용 능력을 말한다. 나는 인간이 변연계가 파괴되지 않은 한 인간에게 공감의 능력이 있다고 본다. 물론 사람들에 따라 공감의 구체적인 정도는 다를 수 있다. 하지만 공감의 능력 때문에 인간에게는 감정적 교류가 가능하게 된다. 감성적 삶 역시 이런 점에서 우리가 존재하고 교제하는 방식을 조건 짓는다. 예술이 감성을 대상으로 삼는 것은 그것이 인간 삶을 구성하는 정당한 구성요소이기 때문이다.

이성과 감성은 그 자체로서 인간 삶을 풍부하게 하는 요인들이다. 이 둘은 구별될 필요는 있지만 배척관계는 절대 아니다. 구별될 필요가 있다는 것은 인정되어야지만 이 둘이 아무 관련이 없는 것으로 분리되어서는 안 된다. 인간의 삶은 이성과 감성을 충족함으로써 비로소 완전하고 충전적이게 된다. 균형 잡힌 인간들은 이 둘의 매개된 통합에 의해 자기 삶을 상승시킨다.

목적론의 판단 정지

왜 무엇이 없지 않고 도대체 있는 것인가? 사실 어떤 것이 있어야만 하는 것의 필연적 이유 따위는 없다. 세계는 자연발생적으로 있었거나 아니면 신에 의해 창조되었던 것이다. 존재가 있기에 없다고 말할 수는 없다. 하지만 존재가 있어야만 하는 필연은 없다. 있어야 할 필연은 없는데 있다면 그것은 존재방식에 있어서 의존되어 있다는 것이 된다. 이 세계는 이런 점에서 완전히 우연하다. 어떤 것이 반드시 있어야만 하는 필연적 이유가 없을 때 우리는 이런 것을 우연히 존재하게 된 것이라고 말하지 않으면 안 된다. 왜 양자지? 왜 빅뱅인가? 왜 우주 인플레이션인가? 우리는 이것이 무엇인지에 대해 탐구하고 규정할 수는 있어도 필연적으로 있어야만 한다고 말할 수는 없다.

세계가 있어야만 하는 필연적 이유는 없다. 하지만 세계 안에서 발생하는 사건들은 원인과 결과라는 것을 통해 이해될 수는 있다. 세계의 존재 이유는 정확한 규정이 불가능하다. 세계는 있기에 없다고 말해서는 안 된다. 세계는 있지만 있어야만 하는 필연적 이유는 없다. 자연과학은 세계의 인과성을 설명하는 것이 아니다. 자연과학은 세계 안에서 발생하는 경험적 사건들을 인과적으로 설명할 뿐이다. 물론 자연의 영역의 다양성과 복잡성에 의해 우리가 자연을 인과율로 결정할 수 없다는 한계를 경험했지만 말이다.

존재가 있다는 것은 우연한 선물이다. 존재의 근거를 밝히는 문제는 순환논증에 빠지지 않으면서 만족스럽게 해결될 수는 없다. 무한퇴행을 피하려면 자기 원인으로서의 근거가 설정되어야만 한다. 그렇게 되면 무한퇴행을 정지시킨 근거가 무엇인가라는 물음이 제기된다. 하지만 우리는 "존재가 신에 의해 우연히 주어진 선물이라고 한다면 신의 자기 근거는 무엇인가?"라고 묻지 않을 수 없다. 이 점에서 철학적 최후근거에 대한 싸움은 언제나 뮌히하우젠 트릴레마를 벗어날 수 없다는 근본 한계에 부딪히게 된다.

다윈은 생명의 진화 과정이 우연하게 이루어진다는 주장을 한다. 물론 이런 주장은 생명이 창조되었다는 크리스도교의 입장과 상충한다. 그에 따르면 진화는 목적도 없고 우연하게 이루어진다. 우연이 진화의 동력이다. 진화에 목적이 있다는 크리스도교의 입장이 다윈을 비판하는 것은 우연이 아니다. 진화의 목적론적 방향을 부정했다는 점에서 다윈은 새로운 세계상을 소개했던 것이다. 칸트가 오래 살아서 다윈의 주장을 접하게 되었다면 과연 그가 『판단력 비판』을 집필했을지가 의문이다. 살려고 하는 의지의 맹목성이 지배하는 자연적 삶에서 초자연적 목적을 설정하는 것 자체가 경험적 현실과 일치하지 않는다. 다윈의 비판으로부터 칸트의 『판단력 비판』이 적지 않은 증명의 짐(burden of justification)을 진 것은 피할 수가 없다.

역사의 진보나 완성이 있다는 주장은 역사적으로 진행된 경험적 사건을 보면 정당화되기가 힘들다. 신이 지상에서 실현되는 목적의 왕국을 위해 스페인의 야만스러운 인디오 학살을 정당화한다는 주장 자체가 웃기는 것이다. 아메리카 인디언들을 거의 말살해 버리고 유대인을 말살하려는 히틀러의 광기를 보면서 칸트가 지상에서 실현되는 보이지 않는 교회를 정당화할 수 있을까? 목적론적 역사파악과 자연파악은 역사나 자연이 완성을 향한다는 어떤 보장도 없는 한에서 적지 않은 증명의 부담을 떠앉지 않으면 안 된다. 히틀러의 대량학살

이 의지의 파괴와 부정으로부터 비롯되는 것임에도 불구하고 하이데거는 이것을 파악하지 못한 채 과학 기술의 대량살상 때문이라고 현상을 왜곡한다. 하기야 하이데거의 존재의 역운은 역사의 목적론적 파악하고 아무 연관이 없으니 말이다. 존재의 역운이 히틀러의 광기에서 드러날 수 있다는 그런 기회원인론적 해석이 도대체 가당키나 한 것인가?

불안과 공포

공포는 항상 무엇 때문에 두려운 것이다. 핵전쟁이 일어나지 않을까, 원자력 발전소가 폭발하지 않을까, 지진이 일어나지 않을까, 지구 온난화로 인해 예측할 수 없는 기상이변이 발생하지 않을까, 사십오 세가 되면 정년을 해야 하지 않을까, 자녀들은 잘 살까 등 우리는 항상 무엇 때문에 공포를 느낀다. 공포는 공포를 야기한 것이 있다. 때문에 우리는 공포를 야기한 대상을 제어함으로써 공포로부터 벗어날 수 있다. 로또에 당첨되면 지긋지긋한 실직의 공포로부터 해방될 수 있듯이 말이다.

하지만 불안은 무엇 때문에 불안한 것이 아니다. 불안은 대상이 없다. 그런데 왜 불안한가? 그것은 우리 삶이 아무 데도 의지할 데가 없다는 그런 바탕상실 때문에 그렇다. 삶에 우수가 스며들어 있다. 불안은 그것을 야기한 대상들이 없기에 정복할 수도 없다. 우리는 불안을 느끼면서 자기 삶이 어디에도 의존할 수 없다는 그런 지반상실을 경험한다. 불안은 견디어 내는 수밖에 다른 도리가 없다. 원하는 것 모두를 다 얻어도 내 삶이 불안하기는 마찬가지다. 불안은 불안을 야기한 원인이 없기에 치료도 없다. 항우울증 약을 먹는다고 해서 불안이 사라지는 것은 아니다. 다만 고통이 일시적으로 완화되는 것은 가능하지만 말이다.

공포는 대상이 있고 불안은 대상이 없다. 삶은 하나의 건너가는 과정이다. 우리는 살아가면서 삶이 의존할 수 없는 허무를 느낀다. 이런 느낌은 우리가 전체로서 자기 삶의 기반이 되는 바탕이 부재하다는 것을 환기시킨다. 불안은 우리를 침묵하게 하고 비워 두게 한다. 우리는 불안을 통해 무장해제를 경험한다. 삶이 근본적으로 불안에 의해 지배되고 있기 때문에 우리는 불안을 경험함으로써 삶을 소중하게 살도록 분위기를 반전시키지 않으면 안 된다. 불안에 의해 지배되는 삶을 인정하면서도 불안에 굴복하지 않으려는 방향전환이 필요하다. 그것은 우리가 가능한 한 의미 있거나 창조적인 일에 몰두하면서 사는 것일 때 가능할 것이다.

의지는 삶에 스며들어 있는 불안을 정복하거나 극복할 수 없다. 의지는 과잉 지배를 단념함으로써 삶에 대해 긍정하게 된다. 의지는 때로 맹목적이고 제어되지 않는 충동 때문에 자기 파멸의 씨앗을 지니게 된다. 이것을 극복할 수 있는 것은 의지가 단념하는 것을 깨우칠 때뿐이다. 의지는 과잉 지배를 포기함으로써 삶에서 어쩔 수 없이 진행되는 것을 인정하지 않으면 안 된다. 그런 한에서 의지는 의지를 능가하면서 진행되는 삶을 진정으로 수용하게 된다. 의지의 단념이 의지의 해방이다. 제어되지 않은 의지 만능을 극복하는 것은 의지의 진정한 해방이 된다. 삶에 스며들어 있는 불안은 의지가 인정할 수밖에 없다. 예술은 때로 의지의 단념으로 인해 생기는 축복을 표현한다.

불안은 의지로 하여금 보다 더 큰 삶에 복종할 것을 알려 준다. 의지의 과잉은 사람을 지치게 하고 무와의 만남을 가능하게 한다. 반대

로 과소 의지는 삶의 염세로 이어진다. 어쩔 수 없는 것들이 삶에 스
며들어 있다. 인정할 것은 인정하자. 예술은 의지의 맹목성을 순화함
으로써 의지로 하여금 더 위대한 것이 있다는 것을 알려 준다. 고독
과 무에 직면해서 이것에 굴복하지 않으면서도 끝까지 견뎌 낼 수 있
는 용기만이 불안에 노출된 삶을 버티어 내게 한다.

진리에 이르려는 용기

프로타고라스는 인간이 모든 것의 척도라고 가르쳤다. 사실 이것
은 프로타고라스의 가르침이기도 하지만 소피스트들에 공통인 생각
이다. 물론 플라톤은 참으로 있는 것(ontos on)을 통해 이런 주장을 비
판한다. 플라톤에게서는 이데아가 기준이지 인간이 기준이 아니다.

소크라테스는 인간의 보이지 않는 양심이 모든 행위의 궁극적인
척도이며 우리의 삶이나 운명을 결정하는 것은 신이 아니라 우리 자
신이라고 주장한다. 소크라테스는 행위할 때 다이몬(무엇을 해야 하
며 무엇을 말해야 하는지를 알려 주고 깨우쳐 주는 영혼의 내적 목소
리)을 늘 들었다고 고백한다.

소피스트들이 자신들의 탁월한 재능들을 시장에서 사고팔 때 소크
라테스는 이들과는 구별되는 행위를 아테네에 보급시켰다. 시장의 교
환논리에 익숙한 소피스트들에게 소크라테스의 행동은 유별나게 보
였을 뿐이다. 따라서 그가 왕따를 당하는 것은 불을 보듯 뻔하다. 그
는 자신의 내면에서 우러나오는 것에 따라서만 행위했다. 땅 위의 어
느 누구도, 다른 이에게 그가 무엇을 믿어야만 하는지를 명령할 권리
가 없으며, 자신들이 원하는 대로 생각할 권리를 빼앗길 수도 없다.
소크라테스는 자기 신념에 충실했고 자기가 믿는 바를 공적으로 검

증하며 살고자 했다. 그는 재능이 있었지만 재능을 상품화하는 데는
관심이 없었다. 소피스트들의 눈에 소크라테스는 그저 소피스트에 지
나지 않아 보였다. 하지만 소크라테스는 무지를 자각하며 살고 있었
기에 소피스트들과 자신을 구별할 수 있었다. 이 차이는 엄청나다.

그는 양심이 명령(다이몬의 요구)하는 것에 따라 행위했다. 그는
검증되지 않는 삶을 싫어했다. 그는 검증을 생활화함으로써 독단과
편견들의 지배로부터 자유롭고자 했다. 그는 더 이상 의심할 수 없을
때까지 자기 전제에 대해 의심하고 검증하는 것을 게을리 하지 않았
다. 비판과 의문에 직면해서 자기가 전제하고 있는 생각을 철저하게
검증할 수 있었기 때문에 그는 자기 계몽을 철학의 본래 과제로 전개
할 수 있었다. 그에게 검증되지 않은 삶은 더 이상 삶이 아니다. 누가
무슨 말을 하고 누가 어떤 주장을 하는가가 그에게 문제되는 것은 절
대 아니다. 그에게는 누가 어떤 주장을 하는가가 중요한 것이 아니라
주장한 것이 과연 정당한 설득을 얻을 수 있는가가 문제다.

그는 검증되지 않은 주장을 맹목적으로 받아들이지 않는다는 점에
서는 회의주의자였다. 그러나 그는 자기 전제조차도 공적인 검증을
견뎌 내야만 살아남을 수 있다는 것을 인정한 점에서는 계몽주의자
였다. 전제와 함께 그러나 전제를 공적으로 검증하는 과정을 통해 그
는 전제를 진리에 접근시키려고 했다. 이 점에서 소크라테스는 진리
의 순교자다. 니체는 소크라테스를 정당하게 평가하지 못하면서 부당
하게도 그를 데카당스와 연결시키는 우를 범했다. 니체는 위압적인
자세로 그리고 대중 경멸적으로 훈계하고 명령하고 선포하려고만 했
지 자기의 삶이나 생각을 공적으로 검증하는 데는 인색했다.

소크라테스에게 대화는 진리발견으로 가는 과정에서 인간이 반드

시 거치지 않으면 길을 의미했다. 하지만 니체는 영감으로 번뜩이기는 해도 자기 생각을 공적으로 검증하는 과정을 생략하고 있다. 이 둘 사이에 있는 기질들의 차이는 인정되어야만 한다. 오늘날로 말하면 소크라테스는 육성 칼럼니스트로 살았고 아마도 싸움닭의 삶을 살았다고 볼 수 있다. 그는 아무 제약도 받지 않은 상태에서 무제약적 맞장 토론을 즐기는 자였다. 하지만 토론을 위한 토론이 소크라테스가 추구한 것이 아니었다. 그에게는 주장은 설득을 따르고 설득은 진리를 따르는 것이 중요했었다. 따라서 그가 토론에서 확보하고자 한 것은 이기고 지는 전략적 승부가 아니라(오늘날의 범정 싸움에서는 이런 전략적 싸움이 중요하지만) 진리에 다가가려는 개방성이 중요했다. 편견과 독단, 비진리와 불충분함, 가상과 폭력을 거부하고 이런 것들 대신에 진리가 들어와 살 수 있도록 하는 것이 소크라테스가 진정 추구한 삶이다. 무장해제를 경험하는 소피스트들이 인간적으로 그를 좋아할 리는 없었지만 그렇다고 소크라테스의 삶이 성격적으로 결함이 있는 것도 아니다. 그는 다만 진리에 충실하게 살고 싶었던 것이다.

아테네의 민주주의는 그를 죽임으로써 그 한계를 명백히 노출시켰다. 쪽수가 진리를 대체할 수 없는 것은 누가 보아도 자명하다. 하지만 소크라테스의 사형 언도에는 민주주의가 지닌 위험성을 그대로 노출시키고 있다. 사형 판결과 집행에 대한 정당한 근거제시가 아니라 다수결에 의한 판결을 따를 때 우리는 다수결의 결정이 잘못된 바탕에서 이루어질 수 있다는 것을 너무 분명히 알고 있다. 도대체 소크라테스가 믿은 신은 누구이며 그는 도대체 어떤 신들에 대해 불경죄를 저질렀단 말인가? 왜 대다수가 믿는 신을 믿어야만 하고 소크라테스처럼 일신교를 믿으면 안 되는가? 소크라테스가 과연 그리스의 청년들을 타락시켰다면 그는 도대체 어떻게 그들을 타락시킨 것인가? 도대체 타락의 납득할 만한 기준은 무엇인가? 재판의 공정함이 찬성과 반대의 대차대조표에 의해 진행되어야 한다면 소크라테스의 사형 판결과 집행에는 무엇인가 석연치 않은 불충분함과 폭력이 있다. 정의에 입각하지 않거나 정의를 따르지 않는 법은 힘은 있을지 몰라도 정당한 구속력은 없다. 그럴 경우 법은 정의에 기초하는 것이 아니라 이데올로기에 기초하고 있는 것에 불과하다.

소크라테스는 진리의 입장에서 이데올로기의 폐쇄성을 비판했다. 하지만 진리를 하나의 이데올로기로 격하시키는 삶에서는 양심과 진리에 대한 그의 호소는 별반 영향력을 발휘할 수 없었을 것이다. 간디가 차이를 인정할 줄 아는 영국에 저항했기에 그나마 역사에서 이름을 남길 수 있었던 것이다. 그의 대항 상대자가 독일이나 일본이었다면 그의 무저항주의는 흔적도 없이 독가스실에서 처형당했거나 아마 생체 실험 대상이 되었을 것이다. 진리와 계몽을 위해 이데올로기를 검증한 소크라테스의 삶 역시 이익과 편견에 의해 지배되는 자들의 희생물이 되었던 것이다.

갈릴레이는 살기 위해서 때로 자기의 과학적 신념을 포기하거나 타협하기도 했다. 악법은 공적 구속력이 없기에 지킬 필요가 없다고 주장하면서 아리스토텔레스는 소크라테스와는 다르게 행동했다. 공적 구속력이 없는 악법은 힘은 집행할지 모르지만 정의를 대표하거나 집행하는 것은 아니다. 악법을 법으로 인정했다면 소크라테스는 자기 모순적 주장을 하는 것이다. 왜 그는 판결의 부당성에 대해 자기의 주장을 끝까지 싸우지 않았던 것인가? 아테네의 법정 공방은 히틀러나 일본 군국주의 시절의 그런 폭력적 재판과 판이하게 달랐음에도 말이다. 하지만 아테네와 같이 비교적 개방적이고 재판절차가 합법적으로 이루어짐에도 불구하고 민주적 판결이 부당하게 내려질 수 있다는 것을 간과해서는 안 된다. 다수의 판결이 문제가 아니라 판결 자체가 옳지 않을 수 있다는 가능성을 배제해서는 안 된다. 판결을 내리는 자의 공정성과 정당함에 대해서는 그러면 누가 판결하는가라는 문제는 계속해서 남아 있다.

왜곡된 정체성 비판

그리스인들은 독자적으로 문자를 만들어 내지 못했다. 그들은 페니키아인들로부터 알파벳을 차용했다. 페니키아인들에게는 모음이 없었기에 그리스인들은 모음을 첨가해서 사용하기 시작했다. 그런데 어떻게 해서 그리스인들은 자기 문화 밖의 문명에 대해 야만이라는 비판을 할 수 있었던 것인가? 야만인(barbarian)이라는 것은 소리만 낼 뿐 로고스가 결여된 그런 경멸적인 표현이 아니던가? 문자도 만들지 못한 그리스인들이 문자를 발견한 민족이나 문명에 대해 과연 야만인이라고 비판할 권리가 있는 것인가? 아니면 이들의 이런 비판은 타 문화나 문명들에 대한 몰이해에서 비롯된 것은 아닌가?

그리스 정신은 모든 것을 자유롭게 검증하고 토론하는 데 있다고 보아야 한다. 그들이 역사의 문명을 연 것은 아니지만 오늘날까지 영향력을 끼칠 수 있었던 것은 이런 자유로운 비판 정신에 기인한다. 그렇다고 그리스 문명 밖에서 자유로운 정신이나 토론이 없었다고 주장할 수는 없다. 그리스가 자유로운 정신을 누린 것은 사실이지만 그렇다고 해서 그리스 문명 밖에서 이런 삶이 없었다고 단정하는 것은 논점 무지로부터 비롯되는 오류에 불과하다.

자유롭게 토론했고 정당한 근거를 제시해야만 했으며 그런 한에서 검증된 삶을 살 수 있었던 그리스는 후발 주자임에도 불구하고 다른 기존의 문명들이 할 수 없었던 위대한 일을 했다. 이집트가 나일 강을 측량할 때 그리스인들은 기하학을 정립했다. 발명과 측량술 그리고 기술에 있어서 그리스가 다른 문화권을 압도한 것은 아니다.

그리스는 세계 4대 문명의 발상지에 들지 않았다. 중국이 기원전 7세기에 춘추5패로 나뉘어서 천하 패권을 다투고 있었을 때 그리스는 도시국가다운 도시국가 하나 변변히 갖추고 있지 못했다. 중국이 한자를 만들고 문화적 역량과 기술적 역량을 발휘할 때 그리스는 아직도 걸음마도 띠지 못한 그런 유아상태에 머무르고 있었다. 그런 그리스가 무슨 권리로 인류 문명의 요람으로 그렇게 과대평가되고 있는 것일까? 도대체 이런 평가는 어떻게 평가되어야 하는가?

그리스는 언어를 중심으로 문명과 야만을 설정했다. 중국은 중화라는 국경을 중심으로 야만과 오랑캐를 구별했다. 하지만 이런 구별은 편견과 자의의 산물에 지나지 않는다. 유대인들의 그릇된 선민의식이 배타성으로 인해 역사에서 혹독하게 탄압을 받은 것은 계기가 되었다. 자업자득이 아닐 수 없다. 왜곡된 상은 왜곡을 가속화시키기 때문에 부메랑이 되어 복수하게 된다. 편견의 생활화는 진리의 희생으로 유지되기 때문에 결국 진실로부터 보복을 받게 된다. 편견이 편견을 낳는 이런 왜곡된 재생산이 왜 아직도 유행하는 것일까?

과연 그 당시 아테네가 세계의 지적 수도였던 것이 사실인가? 유럽이 그리스의 문화권 안에서 자라난 것은 사실이다. 하지만 유럽은 그리스를 전승하고 있을지 몰라도 세계 계몽을 대표하고 있는 것이 아

니다. 문명과 야만에 대한 그리스의 구별이 자의적이고 편견에 가득
찬 것이듯이 유럽의 세계 계몽 역시 이중적이다. 세계의 지적 수도였
던 아테네는 아프리카, 소아시아, 근동으로부터의 복합적인 영향력의
결과로서 태어난 것이지 그리 자체의 독자적인 자생물이 아니다.

유럽의 세계계몽은 과장되어 있다. 그들의 계몽 이면에는 잔혹한
노예무역과 식민지 지배라는 어두운 그림자가 감추어져 있다. 그리스
와 유럽의 위선이 결코 비판으로부터 제외되어서는 안 된다. 그리스
와 전쟁을 벌인 페르시아는 그리스에 대해 도덕적 우월을 항상 지니
고 있었다. 그런 페르시아를 동방의 야만군주의 일인지배로 규정한
것 자체가 페르시아에 대한 그리스의 몰이해를 반영한다. 타자를 타
자 그 자체로 이해하는 대신 그리스는 타자를 왜곡되게 이해함으로
써 자민족 우월성을 유지하고자 했다. 이 고전적인 수법은 비단 그리
스만의 유산이 아니다. 이것은 거의 모든 문화권과 국가들에서 발견
된다. 진실을 희생시키면서까지 자민족 중심으로 뭉치려는 태도는 역
사가 존재해 온 이래로 아직까지도 유행하고 있는 것이다. 악에 대한
선의 전쟁으로 선포한 부시의 이라크 전쟁은 이런 흔해 빠진 한 사례
에 불과하다.

인간들은 언어를 만들어 낼 수 있는 가능적 능력이 있다. 특정한
언어가 철학을 하기에 적합한 것은 아니다. 하이데거는 철학할 수 있
는 유일한 언어로서 그리스어와 독일어를 제시하고 있다. 하기야 우
리가 하이데거의 편견과 무지까지 책임질 필요는 없다. 특정한 언어
가 철학하기에 적합한 것은 절대 아니다. 우리는 특정한 언어를 이해
하는 것이 아니라 언어 자체를 산출할 능력이 있는 것이다. 그런 한
에서 인간의 이해 능력은 언어의 제약을 받으면서도 언어를 창조해

갈 수 있는 것이다.

오늘날 영어는 세계에서 가장 영향력이 있는 언어가 되었다. 그렇다고 영어가 진리나 사고를 독점하는 것은 아니다. 우리는 언어라는 제약을 받지만 그렇다고 언어를 통해 속박된 것은 아니다. 특정한 언어가 아니라 언어들이 있을 뿐이다. 그리고 언어들 사이에서 이해와 교류가 있는 것이다. 중요한 것은 이해와 교류가 일어난다는 것이다. 나는 중국어를 잘 모르기 때문에 중국인들의 삶을 섬세하게 파악하는 데 어려움을 겪는다. 그렇다고 중국을 이해하는 것이 불가능한 것은 아니다. 제약이 불가능성이 아니듯이 언어가 다른 언어에 비해 존재론적 특권을 유지하는 것은 아니다.

그리스인들이 열심히 살았고 삶을 치열하게 검증한 것은 사실이다. 그들은 그냥 믿은 것이 아니라 정당화된 그런 믿음만을 믿고자 했던 것이다. 이런 그들의 노력이 철학으로 결실을 맺은 것이다. 그만큼은 그리스 문명이 위대한 것이다. 하지만 그런 삶을 그들만이 독점한 것은 절대 아니다. 우리는 석가가 태어나기 이전에도 석가를 이해하고 있었다. 이해 능력에 대한 객관적 검증이 있는 한 우리는 우리가 살고 경험한 것을 언어를 통해 표현한다. 표현된 언어는 이해될 가능성이 있다.

유럽이 과학과 기술을 통해 세계를 먼저 근대화하고 선점한 것은 사실이다. 하지만 과학과 기술은 이제 전 세계적으로 평준화되어가는 추세에 있다. 과학과 기술은 유럽이나 미국의 전유물이 아니다. 과학과 기술이 계몽과 같은 것으로 여겨지던 시대는 서서히 막을 내리고 있다. 문명과 야만의 시대적 기준이 바뀌고 있다.

의지의 자제

지성은 참으로 있는 것을 탐구 대상으로 한다. 진리는 있는 것을 있는 그대로 알아 가는 것이다. 진리는 존재를 그것의 참 있음에서 알아듣는 것이다. 그렇기에 우리의 지성은 항상 존재의 참 있음에 참여하지 않을 수 없다. 하지만 그 반대는 아니다.

아는 것은 본성상 존재하는 것 모두에 열려 있고 이것들을 참 있음에서 알아듣는 과정에 있다. 지식은 전체에 비하면 항상 과정에 참여하는 것으로서만 자기 충족을 얻어 간다. 인간이 존재의 참 있음을 알아듣는 것이지 인간이 그것을 결정하는 것은 아니다. 존재의 참 있음은 판단을 통해 우리에게 규정된 것으로 알려진다.

의식은 항상 무엇을 의식한다. 자기의식이란 대상과 관련된 것을 의식하는 한에서 항상 이중적이다. 의식을 대상으로 향하고 있고 그런 한에서 대상과 관계하는 것을 동시에 의식하고 있다. 그렇다고 하더라도 진리는 의식을 통해 결정되는 것이 아니라 확인되고 있을 뿐이다. 의식이 진리의 기준이 아니다. 참 있음과 관계하고 그것을 참으로 알아듣는 한에서만 자기의식은 진리를 충족하는 것이다. 대상에 대한 의식의 관계맺음은 불가피하지만 그렇다고 의식의 대상관련 자체가 진리가 되는 것은 아니다. 진리는 관계맺음을 충족하는 데서 이루어진다. 그렇다면 의식 내용이 참으로 있음을 충족하고 규정하는 데서 의식의 진리가 이루어진다고 말해야만 한다.

자기의식 안에서 진리 검증이 일어난다. 하지만 그렇다고 해서 자기의식이 진리의 근거는 아니다. 자기의식을 통해 판단과 진리검증이 발생한다는 것과 진리 충족이 자기의식을 통해 결정된다는 것은 전혀 다른 것이다. 우리는 자기의식을 통해 진리를 검증하지만 그렇다고 자기의식이 진리의 근거라고 말할 수는 없다.

아는 것은 존재일반과 관계하고 이것을 참으로 알아들으려는 시도다. 앎은 탐구다. 그것은 관계 맺는 대상을 그것의 참 있음에서 알아들으려는 것이다. 그렇기에 지성은 전체를 알아들으려는 참여를 통해서만 진리를 실현해 간다. 지성은 참여다. 의지는 오직 참을 참으로 알아들으려는 것에 따르면 된다.

우리의 의지는 선을 추구하고 악을 피하라는 이성의 정당한 명령에 때로 거스르는 행동을 한다. 의지의 엽기적 반란은 의지가 맹목적이라는 것을 보여 준다. 우리의 내면에서는 선은 무조건 행하고 악은 피하라는 도덕의 명령을 듣는다. 하지만 의지는 이것이 옳지만 때로 이것에 거스르는 행동을 한다. 의지의 맹목성은 인간이 선을 향해 조건 지워졌음에도 불구하고 선을 거스르는 데서 분명히 드러난다. 그렇다고 해서 선을 거부하고 악을 추구하는 의지가 정당하다는 것은 아니다.

우리는 선을 추구할 때 제재를 받지 않는다. 왜냐하면 선은 장려의 대상이니까 말이다. 하지만 우리가 악을 추구하거나 법을 위반할 때 우리는 즉각적으로 제재를 받는다. 의지는 맹목적인 충동을 제지당한다. 도덕은 의지의 맹목적 파괴로부터 인간을 구제하는 것이다. 의지가 선을 추구해야 함에도 불구하고 악을 추구하는 이런 예외상황을 두고 우리는 의지 만능주의가 승리한다고 일반화해서는 안 된다. 하지만 의지의 맹목성은 인간의 뿌리 깊은 성향이기도 하다. 따라서 도덕은 이런 나쁜 성향을 끊임없이 제어하려는 훈련을 요구한다. 인간 본성의 어두운 측면들은 그것을 제어하는 훈련과 통제를 불가피하게 만들고 있다. 문화나 도덕교육은 그래서 필요하다. 의지의 맹목성이 반사회적 파괴로 이어지지 않기 위해서는 도덕교육이 불가피하다.

아름다움에서는 때로 대상이 우리를 압도하고 사로잡는다. 미의 아름다움은 기준이 평가하는 자의 척도에 많이 의존한다. 미가 완전히 주관적 기준을 벗어나기는 어렵다. 하지만 아무리 미가 주관적 가치평가를 동반한다고 하더라도 미에는 나름대로 공통성이 있다. 감각적 인상이 수용하는 자들에 의해 주관적으로 제약된다고 해서 미적 대상이 다 상대적이라는 것은 아니다. 그렇다고 보편적 강제성을 행사하는 것도 아니다. 중요한 것은 미에서는 대상의 아름다움을 수용함으로써 주관이 풍부해진다는 것이다. 주관의 전횡에 의존하지 않을 때만 대상은 우리에게 풍부함과 기쁨을 준다. 그럴 경우 아름다운 대상을 받아들이기 위해서는 의지가 자제나 단념을 할 필요가 있어야 한다. 의지의 절제는 대상의 아름다움을 수용할 수 있는 조건이다. 대상의 아름다움을 있는 그대로 받아들이는 그런 개방성에 의지가 복종해야만 한다. 의지가 자기를 비울 때 충족된다는 이 역설의 기쁨이 미적 행복이다.

도덕 만능주의를 경계하면서

인간 각자는 자기 행위의 주체다. 하지만 모든 인간들이 자기 행위에 대해 의식적으로 주인임을 입증하며 사는 것은 아니다. 그렇다면 세상은 지금보다 살기가 훨씬 좋아졌을 것이다. 경험적으로 보면 아주 소수의 사람들만이 자기 행위에 대해 주인답게 살고 있을 뿐이다.

대다수의 인간들은 그들이 처한 인간 조건들의 영향을 받으면서 아무 반성 없이 그렇게 살아간다. 큰 충격이 있지 않는 한 대부분의 사람들은 자기 삶에 대해 반성하지 않으려 든다. 습관과 반복이 어쩌면 이들의 행동을 무의식적으로 지배하고 있다고 보아도 과언이 아니다. 자기 삶의 의식적인 주인들과 그렇지 않은 평범한 대다수의 사람들의 긴장관계는 역사가 있어 온 이래 동서고금을 통해 계속해서 진행되어 오고 있다. 군자와 소인의 구별(유교), 본래성과 비본래성의 구별(하이데거), 초인과 마지막 인간의 구별(니체), 거듭난 인간과 죄에 파묻힌 인간(성경)에 이르기까지 이런 구별은 늘 있어 왔다. 그리고 이런 구별은 인간 역사가 계속되는 한 앞으로도 계속 있을 것이다.

인간의 개별 행위는 그 행위가 이루어지는 개별적이고 특수한 인간 조건들의 구체적인 맥락을 떠나서는 의미가 없다. 시간과 장소, 그리고 사람들의 특수성과 제약성에 영향을 받지 않고 무제약적으로 적용되는 그런 도덕을 강제하려 들 때 우리는 "이 도덕이 과연 무엇인가?"라고 묻지 않으면 안 된다. 우연한 인간의 조건들의 인간의 행동을 결정하는 것은 아니라고 하더라도 인간의 행동을 제약하는 것은 사실이다. 이런 문맥적 제약성을 전혀 고려하지 않은 채 무제약적인 도덕성을 집행하려 들 때 우리는 이런 무제약적 집행이 때로 폭력을 야기한다는 것을 경험적으로 알고 있다.

과연 도덕이 인간을 더 나은 상태로 만들어 준 경우가 있었던가? 타인에 대한 사랑과 책임을 외치는 고등종교도 자기와 다르다는 이유 하나만으로 전쟁을 일으키지 않았던가? 부시는 선과 악의 전쟁이라는 낡은 메뉴를 재탕하면서 현대판 십자군 전쟁을 자행하지 않았던가? 도덕적인 세계를 실현한다고 하면서 우리는 더 큰 악마를 만들어 내지 않았던가? 나와 생각이 다르다는 이유로 우리는 타인을 무자비하게 죽이지 않았던가? 유토피아의 실현이라는 이유로 인간은 굴라그를 만들고 아우슈비츠를 고안해 내지 않았던가?

죄를 합리화하고 미화해서는 안 된다. 하지만 인간들은 살아가기 위해 여간해서는 거짓말을 하지 않고 살기가 힘들다. 죄의 불가피성은 우리 대다수가 부딪히는 근본 문제다. 예수는 도덕적인 삶의 피곤함과 불가능성을 때로 고백한다. 그렇기에 그 역시 자신을 의인으로 여기지 않는다. 니체가 자신을 의인이 아니라 늘 경계한 것은 그가 매우 성실하고 정직하다는 증거다. 나 역시 그렇다. 나는 살기 위해 때로 비도덕이거나 반도덕적으로 살 수밖에 없었던 나의 인간적 한계에 대해 늘 의문을 품고 있다. 하지만 내가 그렇게 살았던 것은 피할 수 없는 사실이다.

도덕 하나만이 삶을 지탱하는 것은 아니다. 도덕은 도덕적 행위가 실현되기 위해서도 불행하고 비참한 처지에 있는 인간들의 조건들에 대한 배려가 있어야 한다. 도덕은 도덕이 적용되는 상황과 문맥에 대한 고려가 없을 때 추상적 폭력을 가하기도 한다. 이것이 도덕의 근본 한계다. 원칙이 옳다고 해서 원칙이 항상 무자비하게 집행되어야 하는 것은 아니다. 삶이 순수하지 않거나 순수할 수 없는데 순수성을 강요하는 것은 삶에 대해 고문하는 것과 같다. 싸늘한 위선자들은 자신의 죄에 대해서는 변명으로 일관하고 타인들의 죄에 대해서는 가차 없는 공격을 가한다. 그것도 순수성과 정통성의 이름으로 말이다. 타인들의 흠은 그들을 공격하고 옭아매기 위한 아주 좋은 기회가 된다. 위선자들은 이런 기회를 절대로 놓치지 않는다. 하지만 그들은 괴물과 싸우는 자신을 미화하지만 알고 보면 그들 자신이 괴물이라는 것을 모르고 있다. 이 무지가 타인들에 대한 무자비한 탄압으로 이어지는 것이다. 싸늘한 위선의 지배는 이렇게 사회 전체를 냉각시키고 공포 분위기로 변질시킨다. 숨이 막힐 정도로 답답한 위선의 세계에서 승자는 아무도 없다. 이런 곳에서는 인간의 개선은 찾아보기 힘들고 오직 가면무도회만이 판을 칠뿐이다. 마피아들이 사람을 죽일 때는 아주 점잖게 행동하면서 죽이고 있다.

도덕은 절대로 위선이나 기만을 정당화하지 않는다. 또 해서도 안 된다. 하지만 도덕을 통해 스스로를 의인이라고 여기는 그런 위선자들만이 도덕의 순수성을 타인의 공격 수단으로 삼는다. 이런 위선자들에게는 관용도 없고 배려도 없고 오직 무자비한 피의 향연만이 있을 뿐이다. 사랑의 종교나 도덕이 때로 고문의 도구로 변질되는 것은 이런 위선자들에 의해서다. 예수는 그렇기에 바리새인들에 대한 전쟁을 선포하지 않을 수 없었다. 하지만 위선적인 바리새인들은 예나 지금이나 활개를 친다. 더 슬픈 것은 이들이 천국에 있다고 하면서 사람들에게 면죄부를 판다는 사실이다.

크리스도인이 된다는 것은 예수를 모방하면서 사는 것이다. 하지만 우리 인간들은 예수를 모방하고 살고자 할 때 그렇게 살 수 없다는 절망을 느끼지 않을 수 없다는 것을 알게 된다. 그래서 대다수의 인간들은 스스로를 의인이 아니라고 고백하지 않으면 안 된다. 또한 스스로를 죄인으로 부르면서 신에게 자비와 용서를 구하는 것이다. 하지만 위선자들은 예수를 닮는 것이 아니라 예수를 상품화함으로써 타인들을 죄의 올가미로 가두어 둔다. 니체는 이런 위선자들이 하도 역겨워서 크리스도교 전체를 자신의 적으로 삼았다. 하지만 목욕을 하고 나서 물만 갖다 버리면 될 것을 가지고 니체는 안타깝게도 애까지 다 갖다 버리는 우를 범했다.

도덕에 대한 지식이 많다고 해서 그들의 행동이 더 도덕적으로 되는 것이 아니다. 크리스도교에 대해 많이 안다고 해서 우리가 크리스도인이 되는 것은 아니다. 중요한 것은 지식이 아니라 행동이다. 잘 행동하기 위해 잘 알 필요가 있다. 하지만 안다고 해서 우리가 잘 행동하는 것은 아니다. 내가 예수의 행동을 모방하려 들 때 나는 필연적으로 그렇게 할 수 없는 나의 무능력과 의지의 약함 그리고 인간적 좌절을 느낀다. 닭이 울기 전 베드로가 세 번을 부정했지만 나는 매 순간 부정하면서 살아간다. 모방범죄는 너무 가까이 있지만 예수를 모방하며 사는 것은 나에게는 거의 불가능에 가까운 일이다. 물론 내가 노력을 하지 않고 산 것은 사실이다.

경계해야 할 이유

2차 세계 대전 때 영국 공군은 독일과 싸울 때 기대 이상으로 최선을 다했다. 영국 공군이 독일 공군을 전투력에서 앞설 수 있었던 배경에는 체코나 폴란드 출신의 공군 조종사들이 있었기 때문에 가능했다. 이들은 독일에 대한 복수심과 응징 때문에 목숨을 걸고 싸울 수밖에 없었다. 쾰른과 드레스덴 폭격은 이런 응징으로 인해 철저하게 진행되었던 것이다.

미국은 일본이 항복을 하지 않을 것이라는 것 때문에 그리고 미국 병사들의 희생을 줄이기 위해 맨해튼 계획을 실행하기로 했다. 미국으로서는 이것이 불가피한 결정이었다. 독일은 분단이라는 대가를 혹독하게 치렀지만 일본은 아직 그 대가를 철저하게 치르지 않았다. 일본은 과거사를 반성하고 청산하는 것이 아니라 기회만 온다면 다시 한번 전쟁을 치를 준비를 하고 있는지도 모른다.

카르타고는 로마와 두 번의 전쟁을 치르고도 아직은 역사에서 그 명맥을 유지할 수 있었다. 하지만 카르타고는 로마와 세 번째 전쟁을 치루고 나서는 역사에서 흔적도 없이 사라져 버렸다. 독일은 두 번의 세계 대전으로 인해 카르타고와 같은 운명을 벗어나려고 나름대로 노력하고 있다. 하지만 일본은 아직도 정신을 못 차리고 오류와 광기를 재현하려는 무모함에 스스로를 과잉 노출시키고 있다.

빌리 브란트는 역사적 화해를 했다. 그것은 독일이 역사적으로 과오를 반성하는 한에서만 가능했다. 일본은 사과는커녕 과거를 미화하고 있다. 피해자가 피해의식을 잊고 살아가도록 하기 위해서는 가해자가 가해자로서 먼저 뉘우치고 양심의 가책을 고백해야 한다. 독일은 폴란드나 프랑스하고 역사 교과서를 공동으로 편찬할 만큼 진지하다. 그릇된 과거사를 청산하기 위해 그들은 공동 협력을 하고 있다. 하지만 한국 주변에는 중국의 고구려사 왜곡부터 일본의 역사적 무반성에 이르기까지 온통 긴장 분위기가 지배하고 있다.

일본의 역사적 사과를 기대하는 것이 불가능한 그리고 사과가 진정성이 없는 한 우리는 깊은 잠을 잘 수가 없다. 영국은 드레스덴과 쾰른 폭격을 통해 부정의의 대가가 무엇인지를 확실하게 보여 주었다. 평화는 힘이 없을 때 공염불에 지나지 않는다. 힘이 없는 팍스 로마나나 팍스 아메리카는 불가능하다. 평화가 정착될 때까지 힘을 유지하고 기르는 것은 불가피하다. 삶의 어두운 조건들은 그 삶을 지키기 위해 스스로 무장하지 않으면 안 되는 것을 가르쳐 준다. 그래서 우리가 역사에서 할 수 있는 것은 힘을 길러 다시는 그런 만행을 당하지 않도록 대비해야 한다는 것이다. 힘이 없으면 평화도 순결도 아무 것도 지킬 수가 없다. 광기와 폭력과 싸우기 위해서는 그것들을 제압할 수 있는 힘이 필요하다. 하지만 이 힘은 광기와 야만을 제어하기 위해 필요할 뿐이다.

유럽은 계몽과 제국주의라는 두 얼굴을 통해 세계사에서 자기 유지가 위선을 통해 유지될 수밖에 없다는 것을 똑똑하게 보여 주었다. 미국의 이중성과 위선은 이 점에서 예외가 아니다. 1945년 연합군에 있어서 악의 축은 독일, 일본, 이탈리아였다. 1990년 미국의 악의 축은 이라크, 이란, 북한이 되었다. 1945년의 악의 축은 나름대로 정당성이 있고 설득력이 있다. 하지만 1990년의 악의 축은 미국의 자의성이 엿보인다. 악을 응징하는 세계 경찰이 악 자체가 되어 버리면 안 된다. UN은 미국의 시녀가 아니다. 1945년의 선과 악은 분명했다. 1990년 악의 규정은 너무 일방적이고 자의적으로 되어 버렸다. 역사는 권력의 시녀가 아니다. 하지만 역사가 승자 중심으로 진행되기에 기준도 승자에 따라 바뀌어 왔다는 것은 변함없는 사실이다. 이런 피할 수 없는 사실이 역사의 우울함이다.

세계사가 힘들의 자의적인 기준 설정으로부터 자유로웠던 시대가 있었던가? 도덕의 입장에서 보면 세계사는 사기다. 힘의 입장에서 보면 세계사는 승자의 자기 미화에 불과하다. 승자의 얼굴에는 언제나 가면무도회의 위선과 부도덕성이 보인다. 이 점에서 위선 없이 세계사를 바라보는 것은 거짓이다. 도덕과 권력이 일치했던 세계사적 태평성대는 단 한 번도 존재한 적이 없었다. 운명 앞에 소망이 부질없듯이 세계사를 자유의 실현으로 파악하는 헤겔의 역사철학이 역사와 너무 어긋나고 있다.

사랑과 쾌락

쾌락에는 끝이 있다. 쾌락은 충족하는 순간 공허하고 우울증에 빠진다. 하지만 사랑에는 끝이 없다. 사랑은 충족되는 순간 더 큰 비상을 위해 도약한다. 사랑이 쾌락이 아닌 것은 이것 하나만 보아도 분명하다. 사랑은 사랑하는 자들을 흥분시킨다. 하지만 이런 도취와 흥분은 쾌락극대화하고 아무 연관이 없다. 사랑은 자연스러움과 친밀감을 공유하면서 자연히 이것을 즐길 뿐이다. 자연스러움을 즐기는 결과로서 사랑은 육체에 탐닉하는 것뿐이다. 육체에 탐닉하기 위해 사랑하는 것이 아니다. 이 점에서 쾌락의 즐김이 그 자체로서 사랑이라고는 할 수 없다. 사랑을 쾌락으로 환원하는 것만큼 사랑에 파괴적인 것도 없다. 사랑은 쾌락을 전제하고 높이고 완성한다.

쾌락은 이기적인 목적을 위해 때로 대상을 파괴하고 잘못된 방향으로 이끌기도 한다. 하지만 사랑은 이기적인 목적을 포기함으로써 삶을 고양시키고자 한다. 사랑은 인간이 그나마 지상에서 맛볼 수 있는 감정적 유토피아다. 우리는 사랑할 때 우리의 닫혀 있는 폐쇄성과 자기중심적인 이기성을 벗어날 수 있다. 주어도 또 주어도 모자라는 마음을 통해 사랑은 결핍을 느끼고 또 부족함을 넘어가기 위해 끊임없이 비약한다. 이런 하나 되는 일체감은 더할 나위 없는 기쁨이다. 이 기쁨을 성적 쾌감의 절정인 오르가즘과 비교하는 것 자체가 어불성설이다. 연인들은 성적 쾌감의 절정인 오르가즘 없이도 행복하다. 물론 그것이 있으면 더할 나위 없이 좋을 뿐이다.

서로의 벗은 몸을 즐기되 아무런 부끄러움을 느끼지 않는 것이 바로 사랑의 자연스러운 친밀감이다. 내가 사랑하는 사람은 결코 죽지 않는다는 이런 불멸의 믿음 때문에 사랑은 때로 죽음을 초월한다. 이점에서 사랑의 감정은 가장 숭고하다. 하지만 사랑이 늘 비장함이나 숭고미에 압도되어서 이루어지는 것만은 아니다. 사랑은 사랑하는 자들을 변화시킬 수 있다. 이 변화가 중요하다. 사랑에 빠져 있을 때 연인들은 누구나 다 시인들이고 음악가가 된다.

사랑이 지성으로 환원될 수 없는 것은 사랑의 감정 때문이다. 사랑하는 대상이 있다는 것 자체가 기쁨이다. 그것은 타자가 없으면 절대로 생겨날 수가 없는 그런 행복감이다. 사랑에 대한 지성적 분석이 연인을 흥분하게 하는 것이 아니다. 사랑하는 대상이 사랑에 빠진 자를 흥분시키고 들떠 있게 만드는 것이다. 이 들떠 있음은 말할 수 없는 기쁨이다. 연인들은 같이 있어도 행복하다. 자연스럽게 형성되는 사랑의 자연스러운 감정은 더할 나위 없이 완벽하다.

도파민이 과도하게 분출된다고 해서 사랑의 감정이 생기는 것은 아니다. 하지만 사랑할 때 도파민이 분비되면서 이것이 최고조에 도달한다. 사랑의 생리가 사랑의 자연스러운 감정을 대체할 수는 없다. 사랑은 자연스러움과 대화를 먹고 자란다. 사랑에 빠진 자들은 항상 비슷하다. 사랑은 항상 나의 사랑이기에 나에게는 절대적인 사건이다. 사랑을 통해 우리는 변한다. 물론 이 변화가 반드시 완성을 향한다고 말할 수는 없다. 그럼에도 불구하고 변화를 통해 우리 삶을 더 풍부하게 되고 값어치 있게 즐길 수 있다.

타히티의 보라보라 해변을 걷는 것은 연인들에게는 더할 나위 없는 축복이다. 하지만 이런 것이 없어도 연인들은 즐겁고 행복하다. 감정의 가면무도회가 필요 없기에 연인들은 자연스러운 감정의 교류를 통해 서로의 행복을 나누어 갖는다. 이런 들뜬 감정은 너무 벅차서 표현하지 않고서는 견딜 수가 없다. 연인들은 서로 그리워하면서 아무것도 할 수가 없다. 이 벅찬 감동은 삶에 우호적이지 않게 진행되는 인간의 삶을 견뎌 내게 한다. 이런 것들은 상품화되고 거래되는 사랑에서는 절대로 느낄 수 없는 것이다. 사랑에는 공리주의가 통용되지 않는다.

아담과 이브의 사랑은 너무 밋밋하고 건조하고 재미가 없다. 열정과 도취로 흥분되고 격한 감정을 나누고 서로를 미칠 듯이 그리워하는 그런 클라이맥스가 없었기에 에덴에서의 밋밋한 사랑은 파산선고를 맞이한 것이다. 사랑은 열정을 먹고 자란다. 사랑에 취한 자는 다른 자들을 취하게 한다.

공적 자유

과연 요임금이 순임금에게 제왕 자리를 양위한 것인가? 세습제가 지배적인 것이었음에도 불구하고 과연 선양제가 이루어질 수 있었을까? 설령 있었다고 하더라고 일회적으로 끝난 사건을 가지고 이것을 일상인 양 이상화하거나 미화할 수 있을까? 유가들은 과거를 이상화함으로써 자기의 현재 권력을 유지하려고 했던 것은 아닐까? 단종이 수양대군에게 양위를 순순히 했다는 것 자체가 웃기는 일이다. 피로 얼룩진 역사를 아무리 미화해도 미화할 수 없는 것들은 절대로 미화되지 않는다. 역사적 알레고리를 기회원인론적으로 왜곡시켜서는 안 된다.

법이 지배한다는 것과 법을 통한 지배는 엄연히 다르다. 법이 지배한다는 것은 자의성이나 권력이 지배한다는 것이 아니다. 이런 것들이 들어설 여지를 남겨 두지 않는다는 점에서 법의 지배는 모두에게 구속력 있는 정의의 지배가 된다.

하지만 법을 통한 지배는 권력과 재력의 지배를 의미한다. 법을 통한 지배가 이루어질 때 법 집행자가 덕이 있으면 법은 그나마 정의를 따르고 법 집행자가 폭군이나 야심가이면 법은 지배를 위한 도구로 악용된다. 공자도 오죽했으면 호랑이에게 물려 죽는 것보다 법의 가혹한 폭행이 더 무섭다고 말하지 않았던가?

너와 나를 묶어 주는 법의 공적 지배는 정의를 따르기에 힘을 지니는 것이다. 이것이 법치국가의 안정성을 의미한다. 자의를 제거하고 보편적 구속력이 통치하는 것이 법의 합리적 지배다. 여기에서는 권력자들과 재력가들의 이익에 의해 법이 도구적으로 악용되는 것이 아니라 바로 이런 것을 통제하고 지배하는 것이다. 그렇기에 법치국가는 법의 지배를 통해서 자의성과 권력남용을 방지할 수 있는 제도적 안정이 있다. 법이 통치하는 곳에서는 어느 누구의 왜곡된 권력남용은 절대로 용납될 수가 없다.

이승만으로부터 시작해서 이명박에게 이르기까지 한국의 대통령들은 단 한 번도 권력남용과 친인척들의 비리로부터 자유롭지 못했다. 대통령은 대표하는 자이지 군림하는 자가 절대 아니다. 그들도 법을 어기면 법 규정들에 따라 처벌을 받아야만 한다. 처벌은 어느 누구도 예외를 허용하지 않는다. 이것이 제대로 된 법치국가의 모습이다. 하지만 법의 처벌이 그 처벌 대상에 따라 왜곡되게 집행되다 보니까 법에 대한 처벌의 두려움이 희석화되었다. 법은 공적 질서인 정의를 따르기 때문에 힘을 지니는 것이다. 이것이 법이 범법자를 처벌할 수 있는 근거다.

동양에서 정치는 때로 법치와 덕치 사이에서 왔다 갔다 한다. 덕은 개인들이 자기 가능성을 계발하는 능력의 완성에 있어야 하는데 이것이 때로 타인을 공격하기 위한 도구로 악용될 때가 있다. 타인의 흠이나 결점에 대해 사냥개보다 더 잔인하게 물고 늘어지는 불관용의 생활화는 합리적인 대화의 가능성을 차단하게 만들었다. 남을 이해시킬 수 있는 것이 소통의 예비조건이다. 하지만 남에게 일방적으로 자기 말을 강요하는 것이 소통은 아니다. 대통령의 행동을 검증하고 사는 것은 덕이 있는 시민들의 의무다. 물론 한국에서 덕이 있는 시민들이 얼마나 있는지는 여전히 의문이다. 대화를 할 수 있기 위해서는 먼저 들을 줄 알아야 하는데 이명박은 그런 대화의 기본 원리조차 알지 못하고 있다. 법정 스님은 무소유의 삶을 강조한다. 때로 무소유가 인간을 불필요한 질곡으로부터 벗어나게 하기 때문에 이것은 삶의 해방이 기여한다. 그래서 무소유는 때로 장려된다. 하지만 무사고를 소유하는 것은 위험하다. 이것은 장려되어서는 안 된다. 소통을 불가능하게 한 자가 소통이 안 된다고 푸념하는 것만큼 어리석어 보이는 행동도 없다. 대통령의 행동과 결단이 책임과 검증으로부터 자유로울 수는 없다.

법은 정의에 따르기에 정당한 집행력을 얻는다. 법을 집행하는 자가 정의를 대체하거나 대표해서는 안 된다. 대표하는 자는 그 대표성이 공적 구속력이 있거나 설득이 있을 때만 타인들의 동의를 얻을 수 있다. 제왕적 대통령이 하루 빨리 극복되어야만 하는 이유가 여기에 있다. 덕은 개인들이 자기 능력을 계발하고 완성하기 위해 필수적이다. 하지만 이것이 타인을 공격하기 위한 수단으로 변질되어서는 안 된다. 타인들의 결점이나 흠을 캐내는 것이 나의 결점을 정당화시키는 것은 절대 아니다. 예수님은 너희들 중 죄 없는 자가 이 여인에게 돌을 던질 수 있다고 했는데 아무도 그러지 못했다. 우리의 정치 현실도 마찬가지다. 부정과 부패로부터 자유롭지 못한 정치인들이 거의 대다수인데 어떻게 그들이 준법정신을 외친단 말인가? 영국에서는 데모하는 보수주의자들을 찾아볼 수가 없다. 하지만 한국은 아니다.

법의 공정한 판결에 따라야 할 자들이 헌법 재판소 앞에 모여서 데모나 한다면 누가 그런 자들을 보수주의라고 부르겠는가? 한국에서의 보수주의라고 자처하는 자들은 때로 처녀성을 지킨 창녀처럼 모순된 행위를 너무 많이 하고 있다. 기득권을 지키는 것이 보수와 같은 것은 아니다.

대통령도 법을 어기면 법을 어겼기에 당연히 감옥에 가야 하는 것이다. 이것이 제대로 된 법치국가의 모습이다. 법이 공적 자유가 되는 것은 법이 정의를 따르고 집행하기 때문이다. 하지만 이것이 지켜지지 않을 때 그리고 법의 지배가 아니라 법을 통한 지배가 일상화될 때 한국의 정치현실은 백년하청의 깊은 수렁에서 결코 자유롭지 못할 것이다. 나는 그래서 가끔 아테네의 하늘을 응시하면서 내 조국의 누런 현실을 비판하지 않을 수 없었다.

정의가 법의 근거다. 정의가 지켜지기 위해 법이 처벌이라는 공적 수단을 집행하는 것이다. 법에 종사하는 자들이 법의 근원이 아니다. 그들 역시 정의를 따르고 지킴으로써 법의 공적 자유를 집행하는 자들에 불과하다. 법이 정의를 따르고 실현하기에 법은 힘과 공적 집행을 지니는 것이다. 법은 그렇기에 흥정과 이권 그리고 권력의 자의성에 놀아나서는 안 된다. 법이 냉소주의를 벗어나서 사람들에게 공적인 믿음을 주고자 한다면 법은 정의를 공정하게 준수하면 된다. 법의 공정한 지배만이 우리 모두가 법을 통해 공적 행복을 누릴 수 있는 조건이 된다. 우리는 바로 그런 법을 우리의 삶으로 지킬 뿐이다. 지킬 것이 있기 때문에 우리는 보수주의가 되는 것이다. 법의 준수는 이 점에서 어떤 경우에도 반드시 집행되지 않으면 안 된다.

사나이 태어나 두 번 죽느냐?

죽음을 숭배하고 예찬하는 것은 파시스트들만의 전유물은 아니다. 전통적으로 무슬림들에게 있어서는 죽음 숭배와 예찬은 없었다. 하지만 이슬람 과격주의자들 중 일부는 오늘날 이슬람 전통에도 없는 자살숭배와 예찬을 독려하고 있다. 죽음 숭배와 낭만화는 분명히 급조된 것이다. 이런 태도들은 전통을 미화하거나 날조하면서 이루어진 것이지 이슬람의 고유 전통에 속하는 것은 아니었다. 독일의 군국주의와 일본 역시 한때는 이런 죽음에 대한 상징조작을 단행한 적이 있었다.

부시는 이란, 이라크, 북한을 악의 축으로 규정했다. 레이건은 소련을 악의 제국으로 단죄했다. 하지만 1945년 경 악의 축은 독일과 일본에 해당했다. 선과 악에 대한 이런 왜곡된 이분법은 정치적 삶의 영역의 단골 메뉴다. 부시의 현대판 십자군 전쟁인 이라크 침공은 아무 명분이나 대의도 없는 그냥 침략에 불과했다. 부시는 이라크 침공에 앞서서 침공의 불가피성과 정당성을 먼저 입증했어야 했었다. 하지만 그는 선결문제 요구의 오류를 저질렀던 것이다. 최첨단 무기를 갖고 자행된 이라크 침략이 아무런 성과나 증거도 발견하지 못했다고 한다면 그의 행위는 분명 국제 사법재판소에서 처벌받아 마땅한 것이었다. UN이 미국의 시녀이기에 우리는 이것을 기대할 수가 없다. 역시 재판은 피라미들이나 하는 것이었나 보다.

죽음을 연습할 수는 없다. 우리는 죽음을 경험하는 순간 그것을 더 이상 의식할 수 없다. 우리가 죽음을 의식하는 것은 우리가 죽지 않았을 때만 가능하다. 죽음의 의식과 죽음의 경험은 동시에 발생할 수가 없다. 역설적이지만 우리가 죽음을 생각하는 것은 그것을 동경해서가 아니라 삶을 더 의미 있게 살기 위해서다. 죽음은 나의 인간적 모든 가능성의 소멸이기에 우리는 죽음이라는 한계를 통해 우리 삶의 소중함과 귀중한 가치를 각성하게 된다. 사나이로 태어났건 여자로 태어났건 우리 모두는 단 한 번만 죽는다. 각자 어떻게 살았는가에 따라 죽음의 의미는 달라질 수 있다. 생을 꼭 비장한 죽음으로 마감할 필요는 없다. 죽음을 동경하고 매력을 느끼면 그렇게 죽으면 된다. 그것은 죽는 자의 자기 마음이다. 문제는 대다수 사람들이 죽음에 대해 느끼는 감정들이 그런 비애나 비극이 아니라는 데 있다. 영국 공군이 1945년 2월 퀼른과 드레스덴을 공격했을 때 대다수 독일인들은 죽음의 공포를 느꼈던 것이다. 이 공포로부터 자유로울 수 있는 자들은 그렇게 많지 않다.

예외가 일상적인 것을 대체할 수는 없다. 전시상태가 인간의 정상적인 조건은 아니다. 아주 예외적으로 일어나는 비극적 죽음을 삶의 일반적인 모습으로 여길 필요는 없다. 삶의 일상적 진부함을 거부한다고 해서 우리 삶이 다 순교자처럼 그렇게 죽을 필요는 없는 것이다. 중국인들처럼 우리는 삶도 다 즐기지 못하고 있는데 무슨 죽음에 대해 생각할 시간이 어디 있는가라고 반문할 수도 있다.

죽음 이후의 불확실한 삶보다는 살아 있는 현재에 충실한 것이 더 가치가 있는 것이다. 이 점에서 나는 체질적으로 나치가 될 수 없다. 물질들이 궁극적인 것은 아니지만 그것 없이 우리는 생존할 수가 없다. 우리는 정신과 물질이라는 그릇된 이분법에 의해 우리의 물질적 조건들을 부정해서는 안 된다. 우리는 물질과 함께 그리고 물질을 넘어서 사는 것이다. 하지만 물질적 충족도 그렇게 경멸만 받아서는 안 된다는 것이 인정되어야 한다. 하지만 자본주의처럼 상품을 물신숭배할 필요는 없다. 물질은 필요하지 결코 만능이 아니다. 삶의 재생산에 필요한 만큼 우리는 물질적 조건들을 충족하면 된다. 죽음의 낭만화와 예찬은 우리 대다수 인간들의 일상적 삶하고는 거리가 멀다.

누구나 죽는다는 것은 필연이다. 하지만 우리는 죽기 위해 태어난 것은 아니다. 어쩌면 많은 것을 보기 위해 태어났는지도 모른다. 적어도 나는 그렇게 삶을 본다. 그리고 죽는 날까지 삶을 재미있게 사는 것이 필요하다. 같은 값이면 많이 보고 경험하고 죽는 것이 더 행복하기 때문이다. 나는 내가 전체주의적 야만이 지배하지 않는 시대에 태어난 것을 무척 행복하다고 여긴다. 개똥밭에 굴러도 살아 있는 지금 현재의 삶이 너무 좋다. 그러니 나는 카르페 디엠(현재를 즐겨라)에 충실하고 싶다. 죽을 때 이것보다 더 잘 살 수는 없었다는 그런 말을 하고 죽어야 하는데 사실 내 삶은 그렇지 못하다. 그러니 당연히 삶에 대한 미련과 애착이 남아 있을 수밖에 없다. 나는 이 점에서 철저하게 세속적 삶을 예찬한다. 말벗이 있고, 태평양의 눈부신 태양과 파도가 있고, 맛있는 술과 대화가 있고, 사랑하는 여인들이 있으면 그리고 적절히 준비된 노후준비가 있다면 삶이 왜 아름답지 않겠는가? 나는 인간적인, 너무나 인간적인 삶을 살고 싶다.

삶에는 언제인가 끝이 있기에 삶이 항상 즐거울 수만은 없다. 죽음은 삶의 불가결한 조건이다. 하지만 죽음은 삶을 소진시키는 것으로서가 아니라 삶이 가치 있도록 하기 위해서 우리에게 넘어설 수 없는 한계로 다가온다. 그렇기 때문에 우리는 살아 있을 동안 아주 잔인할 정도로 행복하게 살아야 한다. 어떤 불가피한 상황에서는 조국을 위해서 죽을 수 있다. 하지만 조국이 나를 위해 죽어 주지 않는다면 내가 굳이 조국을 위해 죽을 이유는 없지 않은가? 나는 군에 있을 때

'사나이 태어나 두 번 죽느냐?'를 부르도록 강요받았을 때는 애써 이 노래를 외면했다. 지금은 아예 기억에서조차 지워 버렸다.

마음 약한 베드로는 닭이 울기 전 예수님을 세 번 부정했다. 나라도 아마 베드로처럼 행동했을 것이다. 배신이 좋아서가 아니라 삶에 대한 미련과 집착이 너무 커서 말이다. 나는 베드로에게서 어떻게든 살려는 그런 생존의지를 보고서 동병상련을 느꼈다. 나는 그렇기에 인간적인, 너무나 인간적인 삶을 좋아한다. 죽어서 되라는 것을 나는 받아 줄 수가 없다. 죽음을 미화하거나 동경하는 그런 이상주의적 질병으로부터 나는 나를 구제하지 않으면 안 된다. 나는 살아가면서 내 자유가 너무 소중하기에 나의 자유를 침해하거나 파괴하는 자들과는 싸울 것이다. 내가 잘 살 수 있었는데 내가 잘 살지 못했다면 이것은 내가 나에게 할 수 있는 가장 잔인한 복수가 된다. 나는 내 삶에 복수하기 싫어서 잘 살려고 한다. 죽음을 죽일 수는 없지만 죽음에 직면해서 덜 후회하려고 노력은 할 뿐이다. 삶도 다 즐기지 못하는 데 죽음 때문에 내 삶이 파괴될 수는 없다.

절제의 즐거움

부귀에 대한 집착과 중용은 서로 양립하기가 힘들다. 부를 위한 부의 추구는 때로 인간을 파멸시킨다. 삶의 행복에 기여하는 한에서 부의 추구는 장려된다. 하지만 삶의 행복에 기여하는 것이 아니라 부를 위한 부의 무한 추구에 집착하다보면 인간이 부의 노예가 된다. 성경은 "돈을 사랑하는 것은 모든 악의 근원이다."라고 우리에게 경고하고 있다. 중세에서 교회가 탐욕으로 물들어 갈 때 프란체스카 수도원은 오로지 필요한 만큼의 음식과 못을 기부 받았을 뿐 기도나 의식을 베푸는 대가로 돈을 받지는 않았다.

　인간은 과시욕구 때문에 자신을 필요 이상으로 닦달한다. 인간 종만이 극단적인 비교를 통해 심한 상실감과 우울증에 빠진다. 극단적인 경우 과시욕은 노출증이라는 정신질환으로 이어지게 하기도 한다. 타인들을 지배하려는 그릇된 욕망으로 인해 인간은 자신에게 필요하지도 않은 것을 구입하기도 한다. 사람들은 물건이 비싸면 안 사고 싸면 사려는 경향에 의해 소비하려는 경향이 있다. 하지만 물건의 사용가치와는 무관하게 오직 사회적 지위를 과시하기 위해 비싼 물건만 사는 사람들이 있기는 있다. 물건의 사용가치가 아니라 과시하고 싶은 지배욕구가 이들의 구매욕구를 결정한다. 이들은 욕망을 통제하는 제어력을 잃었다. 과시적 소비를 통해 사다리 오르기 경쟁을 하다 보면 이들은 물건의 주인이 아니라 물건의 노예가 된다. 제어되지 않은 욕망의 대가는 물건의 노예로 전락되는 비참함에 빠진다. 불교는 이를 경계해서 탐욕을 제어하는 것을 성불의 조건들로 제시할 수 있었다. 파괴적인 욕망도 있고 창조적이고 자극하는 욕망도 있다. 발견의 욕망은 사람을 움직이게 한다. 이것은 도전을 낳고 분발을 부추기기에 좋은 것이다. 하지만 파괴적인 욕망도 있다. 이것은 어떤 형태로든지 간에 극복되지 않으면 안 된다. 루마니아의 독재자 차우체스크는 수도꼭지와 욕실을 금으로 도배했다. 하지만 그 끝은 총살형으로 마감되었다.

　자신들의 열등의식을 감추기 위해 과소비와 명품에 유독 집착하는 자들이 있다. 하지만 이런 자들의 과시적 소비는 부러움보다는 비웃음의 대상이 된다. 부에 과도하게 집착하는 자들은 부를 지켜야만 한다는 강박증과 언제 무너질지도 모르는 추락에 대한걱정 때문에 과도한 스트레스에 노출된다. 이들이 탐욕을 버리지 않는 한 이들은 불안과 공포로부터 벗어날 길이 없다. 욕망에는 만족이 없다. 하지만 끝이 없는 욕망은 없다. 욕망의 끝은 언제나 파멸이고 죽음이다.

탐욕을 제어하는 절제는 그 자체가 미덕이다. 욕망을 지배하고 사는 것은 아주 적은 소수의 현자들의 몫이다. 대다수 사람들은 욕망의 포로가 되어서 절제되지 못한 삶을 살아간다. 욕망을 제어하고 지배하는 자들은 자기 삶의 진정한 주인이 된다. 하지만 그렇지 못할 경우 우리는 욕망의 포로가 되어 노예 같은 삶을 산다. 욕망의 제어는 오랜 동안 훈련과 노력의 결과로서 얻어진다. 수도자들이 하루도 게을리 하지 않고 욕망통제에 몰두하는 것도 이런 이유에서다.

모래 위에 세운 집이 오래가지 못하듯이 투기나 욕망 위에 세운 집은 몰락하게 되어 있다. 거품경제는 반드시 꺼지게 되어 있다. 일단 우리가 욕망의 포로가 되면 우리는 균형 잡힌 시선으로 세상을 대할 수가 없다. 제대로 보지 못하기에 삶의 중심을 잡을 수가 없다. 현대의 대중 소비사회는 미래의 소득도 미리 갖다 쓰게 유도하고 자연의 한정된 자원을 망각한 채 과소비를 부추긴다. 마치 욕망에는 엔트로피가 적용되지 않는 예외를 인정하려 들면서 말이다. 하지만 시장에서는 예측 불가능한 폭군이 늘 있기 마련이다. 수요불안정은 시장에 항상 있기 마련이다. 자본주의는 생산혁명을 함으로써 효율성을 증대시키는 장점이 있음에도 불구하고 욕망에 관한 한 과소비를 부추긴다. 이 잠재적 갈등이 자본주의 유지의 불안정성을 드러낸다.

엘도라도에 부풀었던 스페인 정복자들의 욕망은 시간이 지나면서 환상이라는 것이 드러났다. 자본주의는 성장이라는 신화를 만들어 냈지만 무한성장이라는 욕망을 현실화하지는 못하고 있다. 자연을 파괴하고 생태계를 고려하지 않고 오직 이윤을 위한 이윤에다가 모든 것을 종속시키는 자본주의의 무한성장 신화는 그 욕망을 이룰 수 없다는 불가능성 때문에 자기 파괴적이다. 인간의 욕구는 충족되는 순간 우울증에 빠진다. 오직 중용을 터득하고 생활화하는 자들만이 이 욕망의 덧없음과 부질없음으로부터 삶이 주는 단순성과 행복감을 즐길 수 있다. 스스로 선택한 가난은 절대로 가난한 것이 아니다. 그것은 오히려 풍부함이다. 욕망의 충족이 욕망의 파괴라는 이 역설로부터 자유로운 자들만이 삶이 주는 행복한 경험을 누리고 살 수 있다.

행복한 죽음을 위해

누가 행복하고 누가 행복하지 않은 지를 구별해 내는 것이 윤리적 지혜라고 플라톤은 말한다. 하이데거의 철학에는 죽음에의 선구적 결단, 본래성과 비본래성, 역운, 불안과 뿌리가 뽑힌 고향상실 등이 주조를 이룬다. 한결같이 독일적 어두움과 무거움으로 도배되어 있다. 명랑함, 즐거움, 가벼움, 섹스, 깃털처럼 가벼운 삶의 경쾌함 등은 찾아보기가 힘들다. 아마도 이런 삶들은 그에게는 비본래적 세간인들의 일상적 퇴락을 반영하는 그런 경박한 삶에 지나지 않을 것이다. 그의 철학 어디에도 행복에 대한 충족과 약속 따위는 보이지 않는다. 하지만 우리는 괴물과 싸우면서 우리 스스로가 괴물이 되는 것을 가장 경계해야만 한다. 행복을 경멸하는 철학자들을 우리는 계속 경계하지 않으면 안 된다.

삶이 항상 좋은 일로만 구성되어 있지 않다는 것을 우리는 살면서 경험을 통해 알게 된다. 우울함이 인간조건에 속한다는 것은 말할 필요조차 없다. 하지만 우리가 두 번 죽지 않고 오직 한 번만 죽기 때문

에 우리 삶이 그 만큼 소중하게 느껴지는 것이다. 프로이트가 회귀적
으로 유아성욕을 물신화하는 것 못지않게 하이데거는 죽음에의 선구
적 결단을 강조한다. 하지만 우리는 죽음에의 선구적 결단보다는 행
복하게 살고 싶은 욕구 때문에 우리 삶을 더 의미 있고 가치 있게 행
동하는 것이다.

누구나 죽지만 누구나 다 행복하게 죽는 것은 아니다. 누구나 다
살아가지만 누구나 다 자기의 궁극 목적을 충족하고 살아가는 것은
아니다. 사는 것과 잘 사는 것은 다르다. 행복한 삶은 그냥 사는 것이
아니라 잘 사는 것과 관계한다. 누구나 다 살고 있지만 누구나 다 잘
살고 있는 것은 아니다. 잘 살기 위해서는 연습을 해야 한다. 죽음이
라는 한계 지평과 절박함 때문에 내 삶에 결단이 필요한 것은 아니다.
잘 살기 위해서 우리는 우리가 지닌 모든 가능한 능력들을 행복 실현
에 투자하는 것이다. 우리가 죽을 때 이것보다 더 행복하게 살 수는
없었다라고 그렇게 후회하지 않고 자신 있게 말할 수 있는 자들이 과
연 얼마나 될까? 삶의 끝이 있다는 것은 우리를 우울하게 한다. 내가
사랑하고 소중하다고 여기는 모든 것들을 두고 떠날 때 그 이별을 아
쉬워하지 않을 사람이 어디에 있겠는가?

불확실한 내세를 위해 살아 있는 현실을 소홀히 할 수는 없다. 우
리가 역사 이래로 한 번도 유토피아를 경험하지 못하고 있는데 그나
마 지상에 잠시 살아가는 우리가 누릴 수 있는 유토피아의 경험이 있
다면 아마 사랑과 행복의 감정일 것이다. 하지만 이것도 그렇게 보장
된 것은 아니다. 내 삶에 품위와 의미를 주는 것은 죽음에 대한 절박
한 각성 때문만은 아니다. 하지만 하이데거와 같은 삶이 있다는 것을
부정할 필요는 없다.

우리는 행복하게 살아야만 했는데 그렇지 못할 경우 오게 되는 그런 아쉬움 때문에 더 행복에 집착하며 살게 되는 것이다. 잘 살 수 있었는데 잘 살지 못했다면 나는 결국 내 삶에 내가 복수한 것이다. 바로 이런 자기 복수를 피하기 위해서라도 우리는 잘 살지 않으면 안 된다. 죽음이 시간의 끝이라고 해서 이 끝이 완성이라는 어떤 보장도 없다. 그렇기에 끝을 시간적인 의미에서가 아니라 충족의 지평에서 바라보아야 한다. 그럴 경우 죽음은 우리에게 완성을 재촉하고 호소하는 것으로서 다가온다. 순간이 덧없이 지나가는 찰나일 수도 있지만 경우에 따라서는 영원성이 충족된 그런 순간일 수도 있다. 키르케고르에게 있어서 결단은 자유로운 선택이 아니라 영원의 순간을 의미하는 그런 충족을 의미했다. 우리는 이 점에서 깊고도 아주 깊은 그런 영원성의 충족을 갈망하는 것이다.

인간은 잘 살기 위해 갖추어야 할 것들이 너무 많다. 그래서 우리는 덕을 쌓고 노동을 하고 대화를 하고 불확실한 미래를 대비하고 산다. 그리고 보니 자신에 대한 염려(Sorge um sich selbst)가 필수다. 하지만 이 염려는 자신이 궁극적으로 되고자 하는 것(for the sake of myself = the realization of ultimate end)을 실현할 때만 의미를 지니게 된다. 행복을 이렇게 넓게 이해한다면 행복은 심리적 욕구 충족을 포함하면서 이것을 능가하게 된다. 셰익스피어의 표현을 빌리면 결국 자신이 될 것인가 아니면 자신을 상실한 것인가(To be or not to be) 바로 그것이 궁극적인 문제다.

목적이 이끄는 삶이 행복한 삶이지만 이 행복이 자동 보장된 것이 아니라는 점에서 우리는 오늘도 노력하고 방황하고 글을 쓰고 생각하고 지지고 볶고 싸우고 살아간다. 실패와 상실을 몰라서가 아니라 그것을 알면서도 우리는 충족되지 않은 삶이 주는 고통이 너무 쓰리고 아파서 이것을 벗어나려고 오늘도 발버둥 치고 산다. 누구는 좀 더 품위 있게 그러나 또 다른 누구는 좀 더 지저분하고 잔인하게 자기 삶을 유지하면서 사는 정도의 차이는 있지만 말이다. 하지만 이 사소한 차이가 중요하다.

현재 있는 것(is)과 완성된 것(To be) 사이에는 건너뛸 수 없는 심연이 있다. 행복은 이 심연을 모르는 그런 천진난만함이 아니다. 행복은 이 차이를 알고 있기에 그리고 우리가 할 수만 있다면 이 차이에 의해 지배를 덜 받으려고 하기 때문에 분발하고 노력하게 된다. 죽음에 대한 선구적 결단이 한계 지평을 통해 삶의 절박성으로 나가는 작업이라면 행복은 이 차이에 의해 지배당하지 않으려는 그런 노력에 의해 삶에 충실하게 만들고자 한다. 죽음을 죽이고 사는 자가 있다면 아마 신일 것이다. 하지만 우리 인간들은 신이 아니기에 죽음의 피할 수 없는 지배 아래 있다. 하지만 그렇다고 해서 우리가 명랑하고 행복하게 살지 말아야 하는 것은 아니다. 죽음의 피할 수 없는 한계를 목격함에도 불구하고 우리는 때로 살아가면서 우리가 추구하는 어떤 것이 이루어졌다는 영원성의 충족을 경험하고 있다. 물론 자살은 그 반대를 가리키지만 말이다. 죽음에 종속된 인간이 죽음을 능가하는 것은 살아서 우리가 영원성을 경험할 때다. 그리고 영원한 것이 완성된 것으로 이해될 수 있다면 이것을 다시 한번 반복하기 위해 우리는 추구하고 또 추구하는 것이다.

삶의 비약이 있었고 이것이 한번 일어났었으며 그리고 우리가 이것을 계속 반복하고 싶다라는 그런 욕구 때문에 우리가 행복에 매달리는 것이다. 38년의 아주 짧은 생을 살고 간 모차르트는 어쩌면 자신이 추구하는 것을 이루고 살았기에 더할 나위 없이 행복한 것이었을 것이다. 이것은 어느 정도 반 고흐에게도 적용될 수 있다. 영원은 시간이 아니라 완성과 관계한다. 오늘도 연인들은 남산 타워에서 영원의 맹세를 한다. 그들은 무엇을 맹세하고 무엇을 추구하기에 자물쇠를 걸어 두는 것일까? 그리고 사랑에 빠진 연인들은 왜 한결같이 얼굴에 환희의 빛이 날까? 하이데거도 한나 아렌트를 만났을 때 이런 감당하기 벅찬 환희의 감정에 들떠 있었던 것은 아닐까? 영원이 되어 버린 그런 순간을 반복하고 싶은 그런 감정을 유지 한 채 말이다.

고통의 즐김

천재들은 천재들을 알아본다. 그들도 때로는 질투를 하지만 그렇다고 개새끼들과 같이 그렇게 추잡하게 물고 늘어지는 싸움을 하지는 않는다. 하지만 열등의식에 사로잡힌 자들은 타인들의 고통이나 실수로부터 적지 않은 위안을 얻는다. 열등의식에 사로잡힌 자들은 타인들의 실수나 고통으로부터 기쁨을 느낀다. 타인들의 고통을 보면서 위로를 삼는 것이 전형적인 의미에서 열등의식에서 비롯되는 보상심리에 해당한다.

니체는 초인을 가리켜서 끊임없이 스스로를 능가하는 자로 정의했다. 옳은 지적이다. 이런 자들에게는 실수도 존재하기 위해 치러야만 하는 값진 실험에 지나지 않는다. 다시 말해 초인은 실수를 통해 개선해가고 능가해 간다. 하지만 마지막 인간들(여기서는 타인들의 고통을 통해 위안을 삼는 자들)은 초인들이 실수하면 거기에 안주해서 그것을 위안 삼아 더 이상 발전을 하려 들지 않는다. 바보들이 발전이 없는 것은 그들이 천재들의 실수로부터 무엇인가를 배우려는 것이 아니라 그 실수를 통해 자기 위안을 삼는 데 있다. 안주해서 더 이상 발전하려 들지 않는 자들은 타인의 결점을 통해 자신의 무능과 나약함을 보상받으려 한다. 이 숙주동물들은 기생하는 것이 천직이기에 자립하는 것을 가장 무서워한다.

타인들의 고통을 즐기는 것은 결국 열등의식을 보상받으려는 것에서 비롯된다. 바보들은 천재를 따라가지 못하는 자신의 무능력을 반성하지 않는다. 그들은 천재들의 실수로부터 자기와 같은 무능만을 확인하려 든다. 아인슈타인은 죽기 전에 내 일생 최대의 실수는 우주상수를 가정한 데 있다고 고백한 적이 있다. 하지만 그는 이런 오류를 인정함으로써 우주 전체에 대한 새로운 모델을 제시할 수 있었다. 적어도 수정된 형태로 말이다. 그리고 그는 자신의 오류를 벗어나는 계기를 통해 더 높은 지평에서 새로운 우주상을 제시할 수가 있었다. 하지만 바보들은 우주 전체에 대한 방정식은 고사하고 그것이 무엇지에 대해서 꿈조차 꾸지 않은 인간들에 지나지 않는다. 그렇기에 그들은 그것이 무엇인지 알지도 못한다. 무엇을 실수했는지도 모르기에 무엇을 고칠지에 대해서도 아는 바가 전혀 없다. 중요한 것은 실수했다는 그런 기억과 그것을 통한 거짓 위로다. 이런 자들은 무엇을 모르는지도 모르기에 무엇을 개선할지에 대해서도 무지하다. 무지에도 등급이 있는데 이들은 무지가 다 같은 것이라고 획일화시킨다. 그저 실수했다는 것 자체에 위안을 삼는 무리들은 무지가 다 똑같은 것으로 착각하고 있을 뿐이다.

앎에도 등급이 있다. 무지에도 등급이 있다. 우리는 무엇을 알고 우리는 무엇을 모른다. 타인들의 고통이나 실수를 보고 즐기는 자는 이런 등급의 차이에 대해 무지하다. 그들에게 중요한 것은 자기보다 나은 자가 실수를 할 때 그 실수를 통해 보상을 받는다고 위로한다. 니체는 이 동정심이 거짓이고 사이비라는 것을 아주 날카롭게 비판했다. 이런 자들은 니체의 표현대로 중력의 정신에 안주하는 자들이다. 이런 열등의식에는 치료약이 없다. 변화가 없는 삶에 익숙하다 보니까 변화 자체를 거부한다. 따라서 어떤 발전도 없다. 발전이 없으니 절망도 하지 않는다. 하지만 이런 자들에게 어떤 보다 나은 자의 실수가 확인되면 벌 때처럼 모여들어 공격하고 거기로부터 위안을 얻는다. 그 잠깐의 만족이 지나면 그들은 공허를 메우기 위해 또 다른 사냥에 나선다.

비행기가 이륙하지도 않으면 어떤 경우에도 추락할 수가 없다. 추락했다는 것은 비상해 보았다는 것이다. 하지만 격납고에 있는 비행기는 안전하기는 해도 결코 새로운 세계를 경험할 수가 없다. 비행기 추락이 무서워서 날지 않았다면 우리는 멋진 신세계를 경험도 하지 못했을 것이다. 역사가 아름답고 때로 새로운 것의 경험이 가능할 수 있었던 것은 날고자 하는 자들의 비상이 있었기 때문이다. 콜럼부스에게 중요한 것은 항해의 성공과 실패에 대한 평가가 아니다. 그에게 중요한 것은 멋진 신세계를 향해 항해를 했다는 사실이다. 타인들의 실수나 고통으로부터 위안을 얻으려는 그런 안일함이 지배한다면 역사는 그야말로 지옥이 될 것이다. 같은 것이 무한히 반복되는 그런 단조로움이 지옥이 아니고 무엇이겠는가?

실수나 오류로부터 자유로운 인간들은 없다. 하지만 천재들은 실수나 오류를 자기 발전의 계기들로 삼는다. 하지만 타인의 고통을 통해 위로를 얻는 자들은 실수나 오류를 자기와 같은 무능의 표시로 본다. 누구나 발견을 하고 참구를 하고 모험을 할 필요는 없다. 하지만 타인들의 실수나 오류로부터 위로를 삼으려는 자들은 자기 발전을 스스로 방해한다는 점에서 자기 파괴적인 삶을 사는 것이다. 고통을 즐기는 그런 안일함이 알고 보면 자신에게 남아 있는 가능성을 파괴하고 죽이는 것으로 작용하고 있는 것이다. 우리는 니체가 요구한 바와 같이 어떤 형태로든지 간에 우리 자신을 넘어서지 않으면 안 된다. 우리는 삶을 실험하고 있는 것이다. 설령 이 실험이 극단적인 모험일지라도 말이다.

실제로는

1532년 스페인의 피사로는 남미의 쿠스코를 공격해서 잉카의 제국을 무너뜨렸다. 8만의 잉카 병사들이 왜 그렇게 변변한 싸움도 하지 못한 채 165명 정도뿐이 안 되는 스페인 침략자들에게 패배했을까? 타임머신이 있다면 한 번쯤은 시간 여행을 해 보아야 할 문제다. 우리가 진화의 필름을 되돌릴 수는 없지만 이 전투에는 무엇인가 석연치 않은 것이 있다. 우리가 확인해 보지 않으면 안 되는 것은 스페인의 탁월한 군사적 우월이 아니라 잉카의 무기력이 도대체 어떠했는가를 밝히는 데 있다. 여하튼 이 문제는 전문 역사가의 몫으로 남겨야 할 것 같다.

중세 때 유럽은 페스트로 인해 인구의 1/3을 잃었다고 한다. 그 당시 콜레라는 유럽인들에게는 지옥의 묵시록이었던 것이다. 유럽인들은 콜레라를 겪고 나서 면역 기능이 쌓이기 시작했다. 하지만 남미는 유럽인들을 통해 이 병을 접하게 된다. 과연 잉카의 병사들은 콜레라에 걸려서 저항다운 저항 한 번 하지 못하고 맥없이 당한 것인가? 승자들의 기록을 갖고서 역사를 재구성하면 승자들이 미화시켜 놓은 허구적 사실을 재생산하는 것밖에 나오는 것이 없다. 인디오들은 성경 책을 갖고 있고 스페인들은 인디오들의 땅문서를 갖고 있는 것도 하등 놀랄 이유도 없다. 이런 전도는 침략자들의 미화에서 비롯된 것에 불과하다.

1차 세계 대전은 처음으로 생화학 무기가 살포된 끔찍한 전쟁이었다. 하지만 5백 년 전에 피사로의 군대가 세균전을 하지 않았다는 증거는 어디에도 없다. 하지만 세균전을 했다는 결정적 증거 또한 아직 발견되지 않고 있다. 승자들에 의해 기록된 역사를 갖고 역사적 과거를 재생산할 수밖에 없는 것이 그 당시를 검증하고자 하는 우리들의 한계다. 하지만 피장파장의 논리가 있다.

과연 유럽에는 매독이 없었는데 스페인 정복자들을 통해 남미로부터 매독이 유럽으로 유입된 것일까? 아니면 스페인의 남미 정복이 있기도 전에 유럽에 이미 매독이라는 병이 있었던 것일까? 이 불편한 진실 앞에 유럽의 역사적 자료들이 꽤나 곤혹을 치루고 있는 것은 사실이다. 유럽은 매독이 남미를 통해 유입된 것이라고 오랫동안 믿고 있었다. 하지만 이 믿음에는 무엇인가 불편한 진실을 숨기고 있다.

매독이라는 병이 과연 남미의 전유물일까? 이것은 역사적 사실이나 기록과 일치하지 않는다. 유럽의 고상함과 위선은 매독을 유럽 이외의 것이라고 매도하는 데서 극명하게 나타난다. 유럽이 계몽과 야만의 이중성에 의해 측정되듯이 고상함과 위선은 이들에게 항상 같이 나타났다.

1095년 유럽의 십자군 전쟁이 있기 한 달 전만 해도 이슬람은 성지 순례를 오는 자들을 박해하지 않았다고 한다. 그런데 교황이 성지순례를 보호한다는 명목으로 십자군 전쟁을 일으킨 것은 누가 보아도 앞뒤가 맞지 않는 억지다. 호전적인 것은 이슬람이 아니라 기독교인들이었다. 퇴각하는 십자군을 궁지에 몰지 않고 퇴각로를 열어 준 살라딘의 명예를 기억하는 유럽인들은 많지 않다. 자기 문화 밖을 야만으로 규정하는 이런 그릇된 이분법은 비단 유럽의 전유물만은 아니다. 단지 유럽도 이런 점에서 예외가 될 수 없을 뿐이다. 소위 강대국이라는 국가들 예를 들어 중국이나 미국 역시 이런 범주에서 자유롭지 못하다. 야만인인데 고상한 야만이라고 미화하면 도대체 무엇이 달라지는가?

매독은 유럽에서 발견되는 균, 남미에서 발견되는 균, 그리고 아프리카에서 발견되는 균이 서로 다르다. 매독은 동시 다발적으로 전 대륙에 걸쳐 있었던 성병이었다. 중국의 청나라 황제도 이 병 때문에 죽은 사례가 있다. 물론 이런 균들이 서로 섞여서 복잡하게 나타날 수도 있다. 중요한 것은 스페인의 남미 정복으로 인해 매독이 유럽에 유입되었다는 것은 전혀 사실이 아니라는 것이다. 남미의 여성들 역시 매독에 걸려 있었지만 죽음에 이를 정도로 치명적이지는 않았다. 니체와 슈베르트를 포함해서 매독에 걸려 죽은 유럽의 문인들과 예술가들은 매우 많았다. 니체는 망각을 할 수 없기에 인간이 때로 동물보다 더 불행하다고 고백한 적이 있었다. 이런 지적이 본인에게 해당한다면 매우 적합한 지적이다. 매독은 분명 니체의 아킬레스건이었으니까 말이다.

유럽인들에게도 감추고 싶은 치부가 있었을 것이다. 그렇기에 그들은 매독이 유럽의 것이 아니라 유입된 것이라고 믿고 싶었던 것이다. 하지만 감춘다고 드러나지 않는 것은 아니다. 그들이 감추고 싶은 치부가 드러날 때 그들은 이것을 외부로 돌림으로써 면죄부를 얻고

자 한 것은 아니었을까? 그런데 위선은 유럽만의 것이 아니라 모든 문화권 아니 모든 개인들에게도 나타날 수 있다는 것이다. 다만 위선을 인정하지 않은 채 고상한 유럽인들이라고 미화하는 것이 역겨울 뿐이다.

삶을 긍정하고 파괴적인 의지를 거부하기

나는 인간이 파괴를 위한 파괴를 동경한다거나 죽음을 동경하는 것을 잘 이해하지 못하겠다. 하지만 내가 이해하지 못한다고 해서 그런 사람들이 없는 것은 아니다. 죽음을 동경하거나 낭만화하는 자들이 있다는 것은 부인할 수 없는 사실이다. 파시스트들은 있는 삶도 즐기지 못하면서 죽음을 낭만화하거나 동경하는 병적 집단이다. 하지만 그렇다고 해서 그리고 그런 자들이 있다고 해서 죽음 자체가 미화되거나 정당화되는 것은 아니다. 그리고 죽음이 예찬될 필요는 없다.

인간은 각자 자신이 되는 것이 중요하다. 영웅적 삶도 어떤 특정한 인간의 삶의 방식에 지나지 않는다. 모든 인간들이 영웅이고 전사가 될 필요는 없다. 자유라는 공기를 마시지 않고 자랐기에 독일, 일본, 이탈리아는 전체주의에 쉽게 감염되었던 것이다. 의회 민주주의를 경멸하는 것이 파시즘의 기본 특징이다. 하지만 반대로 생각하면 의회 민주주의가 발달한 영국이나 프랑스에 태어났더라면 히틀러는 아마 정신이상자 취급을 받았을 것이다. 의회민주주의는 관용에 의해 히틀러를 병적인 인간으로 용인할 수 있었겠지만 전체주의는 체제에 동화되지 못하는 자들을 다 고문하고 죽인다. 이것이 근본 차이다.

자유주의가 때로는 무정부성으로 인해 혼란스럽기는 하다. 이런 자유주의는 때로 전체주의로 무장한 국가들에 대해 비효율적으로 측정될 때가 있다. 하지만 자유는 그것을 즐긴 자들에게는 절대로 빼앗을 수가 없는 것이다. 자유는 예속으로 떨어지는 삶을 싫어하기에 자유의 부정에 저항하지 않을 수 없다. 타인들의 도움 없이 자기 스스로 자기의 삶을 즐기는 자들은 어떤 경우에도 자유를 잃고 싶어 하지 않는다. 자유의 유지에는 때로 투쟁이 필요하다. 하지만 이 투쟁은 지배와 예속의 투쟁이 아니다. 이것은 삶을 노예화하는 전체주의적 야만으로부터 스스로를 지키고자 하는 그런 절박한 투쟁이다.

이성이 삶의 전부가 아니기에 이성이 아닌 충동과 의지가 우리를 지배하는 것도 사실이다. 하지만 인간은 이성의 올바른 명령과 의지의 추진력이 제대로 결합해야만 비로소 인간답게 살 수가 있다. 그런데 이 둘이 분리되어서 마치 의지나 충동이 인간의 본질을 구성하는 것처럼 말하는 것은 인간의 균형 잡힌 전체에 대한 올바른 규정은 아니다. 충동과 의지 그리고 때로는 악에 대한 매료 때문에 행위 자체가 때로 비합리적이거나 반합리적으로 타락하는 경우도 있다. 여전히 현실에서도 마니교 숭배자들이 있는 것은 이 점에서 부인할 수 없다.

감정을 소독하거나 거세화하는 자들이 행복할 수는 없다. 이성을 적대시하거나 박해하는 자들이 행복할 수는 없다. 행복은 인간을 구성하는 정당한 요소들을 잘 결합하는 데 있다. 이성을 통해 삶의 질서가 확립되고 감성을 통해 삶이 풍부해진다. 인격과 행복 그리고 자유는 인간이 평생을 살면서 추구하고 완성해야 할 과제다. 이것은 우리 인간들에게 방향을 제시하고 있지만 이것을 완성하고 사는 것은 각자의 노력을 통해서다. 자유가 무질서가 아닌 것은 각자가 자신이 되려는 궁극적 목적을 자발적으로 성취하고자 하기 때문이다.

역사에서 때로 자행되는 가공할 악을 보면 악의 종언이 절대로 사라진다는 보장이 없다. 이 때문에 나는 깊은 잠을 잘 수가 없다. 반대로 이성이 승리한다는 어떤 낙관이나 보장도 없기에 항상 경계심을 포기할 수가 없다. 악이 이기는 역사는 지옥 그 자체다. 선이 이긴다는 보장이 없다면 늘 경계하고 깨어 있어야만 한다. 악에 직면해서 좌절하지 않고 악을 이기는 그런 용기 있는 싸움이 필요한 것은 두말할 필요조차 없다. 자유가 소중한 것은 말할 필요도 없다.

전체주의라는 야만, 탐욕과 지배에 물든 추악한 자본주의, 자유를 무정부주의적으로 왜곡하는 자들, 인권을 희생하면서 사리사욕에 눈먼 정치 독재자들, 지배를 위한 지배에 모든 것을 거는 왜곡된 인간들 모두는 인간성을 부정하거나 파괴하는 자들이다. 이런 자들과의 싸움은 불가피하다. 선이 이긴다는 보장은 없지만 악이 이기도록 그렇게 방치해서는 절대 안 된다.

프로이트, 홉스, 순자, 니체 등은 인간성의 부정적 측면을 잘 밝혀 주었다. 인간 본성이 파괴적이고 어느 정도 악하기에 우리는 그것을 순화하고 교화하고 길들이지 않으면 안 된다. 누가 인간성의 부정적 측면들에 대해 외면할 것인가? 자기 이익을 극대화하기 위해 타인을 이용하고 착취하는 인간들이 너무 많이 있다. 북한의 김정일 독재는 전형적으로 이런 경우다. 그 밑에서 고생하는 북한의 선량한 주민들을 구해 내지 못하는 나의 인간적 무력감이 때로 원망스러울 뿐이다. 경제적 불평들을 막고 인간이 노예화되는 것을 거부하고 환경에 대한 열린 책임을 지는 유럽의 계몽된 사회주의에 비하면 북한의 공산당 일당독재는 당연히 비판받아 마땅하다.

신은 자신이 창조한 세상을 보고 나서 좋았다고 말했다고 한다. 하지만 도대체 무엇이 좋았던 것인가? 원죄 이전의 타락하지 않은 그

모습이 좋았던 것인가? 존재가 충만한 것도 아니고 존재의 충만함이 선과 같다는 보장도 없는 세계에서 말이다. 투쟁이 우리가 늘 경험하는 모습인데도 우리가 세계를 긍정해야만 하는 이유가 무엇인가? 살기 위해 속임수가 불가피한데 착하게 살라고 가르치면 어떻게 되는 것인가? 이것은 혹시 인지부조화가 아닌가?

인간들이 정말 낙원에서 순수하게 살다가 타락한 문명사회로 온 것인가? 루소는 무엇을 근거로 문명화 과정을 타락의 과정으로 묘사하는가? 그가 말한 원시사회가 그렇게 순진한 사회였단 말인가? 타히티는 살기 위해 주기적으로 영아를 죽였는데도 말이다. 자연상태에도 문명상태에도 평화나 공적 행복이 보장되거나 있었던 것이 아니다. 그것은 서글프지만 힘을 통해 마련할 수 있을 뿐이다. 우리는 평화를 누리기 위해서라도 그것을 현실적으로 보장할 힘을 갖추지 않으면 안 된다. 이 역설이 우리 인간들이 처한 근본 현실이다.

어떤 자연 조건들은 우호적이고 어떤 자연 조건들은 적대적이다. 우리는 자연을 획일화해서 낭만화해서도 안 되고 그것을 지옥으로 여겨서도 안 된다. 다만, 살기 위해 우리는 자연을 인간에 적합한 것으로 변형하지 않으면 안 된다. 하지만 자본주의처럼 자연을 이윤을 위한 원료로 탐욕화해서는 안 된다. 자연은 그 안에서 살아가는 인간이 자유를 위한 공조건들로서 우리 인간과 대화할 것을 요청한다. 그런 한에서 우리는 자연을 이윤을 위한 이윤의 재생산 과정에 종속하는 것을 벗어나지 않으면 안 된다. 자본주의는 생산성과 효율성에 있어서 사회주의를 능가했지만 행복한 삶을 위해서는 아직 갈 길이 멀다.

인간의 자유와 행복, 인권과 인격을 실하기 위해 이런 것들의 실현을 가로막고 있는 삶의 어두운 측면들과 나쁜 조건들을 우리는 헤아리지 않으면 안 된다. 억압적인 삶의 조건들과 싸우는 것 역시 행복한 삶에로 가는 과정이다. 삶의 억압적인 조건들을 먼저 이해하고 그 범위 안에서 삶의 해방을 추구해야만 한다.

신이 인간의 행복을 원해서 창조를 우호적으로 진행시켜 온 것인가? 신은 자신에게 의존하는 것을 불가피하게 만듦으로써 인간의 고통에 대해 사후보상과 처방을 준비한 것인가? 아니면 삶 자체가 아무런 목적도 방향도 없는 무질서인데 우리가 질서와 환상을 통해 삶을 기만하고 있는 것인가? 인간들은 질료적 제약 때문에 천사가 될 수 없다. 인간은 동물이지만 사고하는 동물이다. 그런 한에서 인간은 동물과는 다른 삶을 살 자격이 있는 것이다. 하지만 사고가 인간을 인간 아닌 것들과 구별 지어 줌에도 불구하고 그런 인간에게 고유한 사고가 늘 긍정적인 것만은 아니다. 다름을 인정하지 않고 하나의 사고만 강요하는 그런 야만적 전체주의가 있는 한에서 말이다.

악은 실재하는 힘인가? 아니면 결핍인가? 악이 실재하지 않는데 왜 악의 경험이 있는 것인가? 악이 결핍이라면 모든 것은 죽음의 피할 수 없는 한계를 경험하지 않으면 안 된다. 결국 신은 세계를 창조했지 완전하게 창조한 것은 아니다. 왜? 답이 없다. 니체는 도대체 어떤 운명을 긍정하라고 호들갑을 떨어대는가? 매독에 유전되어서 뇌 손상이 있는 그런 삶을 설마 긍정하라고 요구하는 것은 아니지 않는가? 그렇다면 나는 그런 운명이나 삶을 단호하게 거절할 것이다.

어떤 것이 지금 있는 모습과 그것이 완성된 모습 사이에는 건너뛸 수 없는 심연이 있다. 이 심연 위에 우리가 서 있다. 누구는 이 심연을 극복하려고 노력하기에 행복한 것이고 누군가는 이 심연에 의해 지배되기에 불행한 것이다. 하지만 정도의 차이는 있더라도 이 심연이 지배한다는 것은 부인할 수 없다. 삶의 기본 기준은 어느 정도는 우울이다. 인간은 이 심연을 지배하거나 정복할 수 없기에 고통과 불행한 어느 정도는 감당하고 살고 있는 것이다. 이것은 피할 수 없는 운명이고 비극이다. 우리는 이런 운명을 목격하면서 한 번은 항의해 보아야만 한다. 우리 인간들은 처음부터 의인이 아니었다. 의인의 기준에서 인간을 측정하지 말고 삶의 열악한 조건들을 극복하려는 그 가없은 노력 속에서 인간을 긍정해야만 한다. 살기 위해 부단히 간격을 좁히지 않으면 안 되는 그런 가없은 노력 말이다.

에덴에서 아담과 이브가 그렇게 즐기지도 못한 것 같은데 도대체 낙원추방은 왜 발생해야 하는가? 악에 탐닉하는 인간의 자기 파괴는 어떻게 이해되어야만 하는 것인가? 말로 표현할 수 없는 억압적인 조건들에 의해 우리 인간들이 측정되고 있다. 그러니 그런 인간 조건들을 보면서 우리는 도덕과 문화를 말해야만 한다. 계몽 이전의 유럽이 어떠했는가를 한 번 상상해 봐라? 자본주의 이전의 인간의 가난이 어떠했는가를 한 번 상상이나 해 봐라? 살고자 하는 이런 맹목적 의지를 한 번 겪어 보아라? 인간은 가없은 피조물이다. 니체는 동정이 싫어서 초인이 되려고 했다, 하지만 나는 살아 있는 동안 내 삶의 주인이 되어 보려고 발버둥 칠 뿐이다. 나는 살기 위해 나 자신을 속이고 위장한다. 초인이 내 삶을 불편하게 하고 피곤하게 만든다면 나는 과감히 그런 것을 집어던질 것이다. 나는 살기 위해 위선과 가면무도회를 연출하지 않으면 안 된다. 삶은 살려고 하는 맹목적 의지의 연속이다. 그런 인간들의 상황은 절대 개선되지 않는다. 조금 완화되기는 해도 말이다. 그렇다고 해서 의지가 아무런 제재를 받지 않고 그 자체로서 무제약적으로 긍정되어야만 하는 것은 아니다. 거짓 없이 살아가는 것이 힘들다면 우리 인간들은 거짓을 인간조건의 불가결한 구성요건이라고 왜 인정하지 못하고 있는 것인가?

상상력

예술은 창조다. 예술의 창조는 의지의 단념으로부터 비롯된다. 의지는 정화되고 때로 단념을 배우지 않으면 안 된다. 상상력은 대상에 의존하지 않으면서도 대상을 새롭게 창조할 수 있는 능력이다. 하지만 모든 상상력이 다 창조와 발견으로 이어지는 것은 아니다. 발견과 창조로 이어지는 상상력이 있는 가하면 다만 비현실적 허구로 머무르는 부질없는 상상력도 있다.

상상력은 자유롭게 놀 때 잘 자라난다. 놀이는 논다는 생각 없이 진행될 때 가장 자연스럽게 피어난다. 그것은 어떤 경우에도 강박증을 벗어나서 자유로운 공기에서 자유롭게 피어날 때만 결실을 얻는다. 결실을 얻으려고 노는 것이 아니라 놀다보니까 결실이 맺어지기도 하는 것이다.

수학은 명상적인 것이라기보다는 창조적인 작업이다. 0과 무한대는 분명 신의 이해 영역이다. 우리는 수학을 통해 이런 세계를 경험하고 싶어 한다. 빅뱅 이후로부터 우주 인플레이션에 이르기까지 우주의 진화는 같은 것을 다시 반복해서 진행된다는 어떤 보장도 할 수가 없다. 물질과 반물질의 대칭이 깨져 오늘날 우리가 경험하는 이런 물질적인 세상이 되라는 보장은 없다. 하지만 수학은 진화가 다시 되풀이된다고 해도 같은 길을 반복할 것이다.

존재가 수학으로부터 도출된 것은 아니다. 하지만 세계는 수학적 차원과 아름다움을 가지고 있다. 수학의 학문적 매력은 복잡성 속에서 단순성과 규칙의 지배를 찾아내는 것이다. 이것은 분명 창조적 작업에 속한다. 앙리 푸앵카레는 다음과 같이 말한다. "과학자들은 유익하다고 해서 자연을 탐구하지는 않는다. 그들은 거기서 환희를 느끼기 때문이며, 아름답기 때문에 환희를 느낀다. 자연이 아름답지 않으면 알 가치가 없다. 자연이 알 가치가 없다면 인생을 살 가치가 없다."

아르키메데스는 고민고민하던 문제를 풀었을 때 너무 기쁜 나머지 "유레카"라고 소리쳤다고 한다. 우리가 찾고 있는 문제는 그것이 도전할 가치가 있기에 우리를 흥분시킨다. 상상력은 이런 도전을 뜻한다. 우리는 우리가 발견하고 알고 싶은 것을 미리 생각해 보고 이것이 실제로 그런지 안 그런지를 계속 검증하게 된다. 그리고 추구하는 문제가 풀렸을 때 우리는 다음과 같이 말한다. 그것은 이미 사고실험 (thought experience) 속에서 미리 있었다고 말이다.

광속으로 여행하는 아인슈타인의 상상력이 없었다면 특수상대성이론은 발견되지 않았을 것이다. 얼마나 빨라야 도대체 빠르다고 할 수 있을까? 아인슈타인은 우리를 광속의 세계로까지 초대했던 것이다. 얼마나 작아야 도대체 작다고 말할 수 있을까? 우리는 이런 물음을 통해 양자의 영역에 발을 들여놓는 것이다. 모든 물질들은 중력의 지배를 받는다. 중력의 지배를 받는다면 우주는 팽창을 하는 것이 아니라 수축하게 된다. 그런데 우리의 관찰 결과와는 달리 우주가 팽창하고 있다면 우리는 이 팽창시키는 가속을 도대체 무엇이라고 이해해야 하는가? 과학자들은 정체를 알 수 없는 이 힘, 팽창을 가속시키는 힘을 웃기는 힘이라고 잠정 규정한다. 정말 웃기는 것이 암흑에너지인가? 현재로서는 확정적으로 답할 수가 없다. 하지만 이 물음은 탐구를 이끌어가는 동력으로 현재의 우리 모두를 사로잡고 있다. 과학과 수학은 이 모델을 통해 새로운 도전에 직면하고 있다. 삶이 재미있는 것은 이런 새로운 도전과 자극 때문이다. 상상력의 소유자들이 지배한다면 이것은 터무니없는 공상일까?

학문의 이데올로기화 비판

학파라는 것은 어떻게 보면 진리를 추구하면서 진리를 폐쇄하는 집단이기도 하다. 복잡성이 증가되는 시대에서 혼자서 영웅일 수 없는 우리 현대인은 학문들 간의 통섭과 대화가 필요할 때가 있다. 인간은 고립되면 천재가 되는 경향이 있다. 천재들은 정작 자신들을 미완성이라고 여기는데 고립된 천재들은 자기 우상에 갇혀서 남들이 알아주지 않는 자기만족에 빠져 산다. 하물며 개인들도 이러할 진대 집단 전체는 어떻겠는가?

"학문이 신념을 받아들이는 것은 스스로를 죽이는 행위다."라고 토마스 헉슬리는 잘 비판하고 있다. 집단의 구성원들은 이해관계 때문에 거짓말쟁이가 되는 경향이 있다. 이해관계는 진리를 왜곡한다. 이것은 집단과 개인 모두에게 어느 정도 사실이다. 진리를 위해 순교하는 자들은 그렇게 많지 않다. 있다고 해도 현실에서 너무 불이익을 많이 경험한다.

진리는 이데올로기가 사이비 객관성과 부분을 전체로 착각하기 때문에 그 폐쇄성을 비판하지 않을 수 없다. 한다. 반대로 이데올로기는 이익과 권력 때문에 진리를 희생하고 왜곡시킨다. 진리와 이데올로기의 갈등은 특히 자연과학, 인문학, 정치학과 법학 등에서 매우 심각하게 나타난다. 예술도 어느 정도 이것에서 예외일 수는 없다. 타자를 인정하지 않는 배타적 종교는 말할 것도 없다.

부처를 만나면 부처를 죽이고 선생을 만나면 선생을 죽이라는 불교의 가르침이 있다. 옳은 지적이다. 교주를 우상화하지 말고 참으로 있는 것을 깨우치고 알아들으라는 요구일 것이다. 엄밀하게 말한다면 마르크스는 마르크스주의자들이 아니다. 아류와 제자들이 스스로 살기 위해 스승을 우상화하는 행위는 동서양이 같다.

착하기만 한 자가 있다면 그 자는 신이거나 위선자일 것이다. 플라톤은 참으로 있는 것을 추구하고 그것을 위해 모든 노력을 쏟아야 한다고 가르친다. 하지만 플라톤 학파는 플라톤과는 달리 플라톤을 순혈주의로 고정시킨다. 플라톤은 참으로 있는 것과의 관계에서 검증하는 것이 학파나 제자들이 하는 일이 아니라 우상화하는 것이 그들의 본무가 되었다. 북한의 김일성 체재가 3대에 걸쳐 세습이 되는 슬픈 현실이 있는 가하면 플라톤을 가르치는 교수 자리가 3대에 걸쳐 세습되는 한국 대학의 현실이 있다. 이 고상한 위선자들은 또한 자신들이 도덕적으로 탁월한 인품의 소유자라고 선전하고 다닌다. 위선이 일상화되어서 굳어지면 누구도 구제할 수 없는 파멸이 기다린다. 그런데 어린애들은 그런 인간을 빨가벗은 임금에 지나지 않는다고 까발린다. 그러니 위선자들이 어린애를 무서워하고 피하는 것은 당연하다.

이데올로기의 화신인 빌라도가 예수에게 물어본 것은 진리가 아니었다. 빌라도는 진리에 대해 물은 것이 아니라 단지 물어보는 척만 했을 뿐이다. 그의 물음에는 진정성이 없다. 그것을 간파한 예수는 빌라도가 진리에 대해 들으려고 하지도 않고 들을 준비도 안 되었기 때문에 대답하지 않은 것이다. 효과가 진리를 대체할 수는 없다. 껍데기가 참을 능가할 수는 없다. 진정 진리만이 이데올로기를 그 폐쇄성과 편협함으로부터 해방시킬 수 있다. 빌라도는 예수에게 힘과 재력 그리고 명성이 진리라는 것을 가르쳐 주고 싶었던 것이다. 하지만 예수에게는 이런 것들은 세상의 기준이고 의인들의 기준은 아니었다. 현실에서는 이런 빌라도 같은 인간들이 승리를 하고 있다. 천국의 문은 누구에게나 개방되어 있지만 그 문을 통과할 수 있는 사람들은 매우 적다. 좁은 문은 예나 지금이나 변함이 없다. 이데올로기는 우리를 속박한다. 진리만이 우리를 해방시킨다. 진리를 통해 이데올로기를 비판하고 극복하는 것은 삶의 해방을 위해 필수다.

이정일

한국외국어대학교 독일어과 졸업
서울대학교 대학원 철학과 졸업
튀빙겐대학교 박사과정 수료
서강대학교 철학박사
현) 명지대학교 객원교수
　　한경대·남서울대·가톨릭대학교 출강

『칸트의 선험철학 비판』(2000)
『칸트와 헤겔, 주체성과 인륜적 자유』(2002)
『실천철학 오늘의 삶을 말하다』(2007)
『상호인정과 계몽된 삶』(2008)
『성좌』(2010)
『논증과 논쟁』(2010)

교양인의 삶

과학과 철학의 소통

초 판 인 쇄 | 2012년 3월 31일
초 판 발 행 | 2012년 3월 31일

지 은 이 | 이정일
펴 낸 이 | 채종준
펴 낸 곳 | 한국학술정보㈜
주   소 | 경기도 파주시 문발동 파주출판문화정보산업단지 513-5
전   화 | 031) 908-3181(대표)
팩   스 | 031) 908-3189
홈 페 이 지 | http://ebook.kstudy.com
E - m a i l | 출판사업부 publish@kstudy.com
등   록 | 제일산-115호(2000. 6. 19)

ISBN   978-89-268-3225-7 03160 (Paper Book)
          978-89-268-3226-4 08160 (e-Book)

이담 Books 는 한국학술정보(주)의 지식실용서 브랜드입니다.